Über die Autorin:
Louise Jacobs, geboren 1982, wuchs in der Schweiz und den USA auf. Ihr erstes Buch, *Café Heimat,* die Geschichte ihrer Familie, erschien 2006 und stand monatelang auf der Bestsellerliste.

Louise Jacobs

Fräulein Jacobs funktioniert nicht

Als ich aufhörte, gut zu sein

Besuchen Sie uns im Internet:
www.knaur.de

Vollständige Taschenbuchausgabe August 2014
Knaur Taschenbuch
Copyright © 2013 bei Knaur Verlag.
Ein Unternehmen der Droemerschen Verlagsanstalt
Th. Knaur Nachf. GmbH & Co. KG, München
Alle Rechte vorbehalten. Das Werk darf – auch teilweise –
nur mit Genehmigung des Verlags wiedergegeben werden.
Umschlaggestaltung: ZERO Werbeagentur, München
Umschlagabbildung: André Rival
Satz: Adobe InDesign im Verlag
Druck und Bindung: CPI books GmbH, Leck
ISBN 978-3-426-78597-3

2 4 5 3 1

Für John the Conqueroo

> Take me to the station
> And put me on a train
> I've got no expectations
> To pass through here again.
>
> — THE ROLLING STONES

Prolog

Ich wollte immer Cowboy werden. Ich träume davon, an nichts und niemanden gebunden zu sein. Ich sehne mich nach Schotterwegen, die nie auf eine Kreuzung stoßen, nach so viel Land und Raum, dass ich mich darin verlieren kann. Nichts berauscht mich mehr als die Weite. Da ich in der Schweiz aufgewachsen bin, machte sich die Sucht nach mehr Platz schon früh bemerkbar. Mit vierzehn begann ich davon zu träumen, ein Cowboy zu sein. Damals fühlte ich mich gefangen in Schulpflichten, eingepfercht von einem Zaun aus einem 4000 Meter hohen Bergmassiv, umschlossen von goldenen Gitterstäben. Ich hatte Sehnsucht und träumte von der endlosen Weite jenseits der Schweiz, jenseits des Ozeans.

Als Cowboy würde ich in einer Blockhütte mitten in der endlosen Weite eines Graslandes leben und zwei, drei Pferde und ein paar Hunde und Schafe besitzen. In meiner Vorstellung wäre ich alleine. Der Wind würde in den Überlandleitungen singen, die hohen Gräser wiegen. Ich würde jeden Tag ausreiten, um meine Rinder auf den Weiden zu besuchen.

Einmal die Woche würde ich mit einem blauen Chevrolet Truck, der einige rostige Stellen an den Kotflügeln hätte und innen nach Motoröl und Eisenketten röche, die paar Meilen zum Beispiel nach Bozeman, Montana, fahren. *AM Radio* würde Hank Williams' *Move over good dog cause a mad dog's movin' in* spielen. Ich käme linker Hand an den alten Traktoren vorbei, würde die Scheune mit dem Feldsteinfundament und dem Tonnendach passieren, da lägen Heubüschel auf der Straßenseite, die der Wind von der Ladefläche eines Trucks gezerrt hatte, und die knallblauen, kleinen Bluebirds würden vom Drahtzaun hüpfen und davonzwitschern. Zu beiden Seiten des Highways würde sich die goldene Talsohle, bedeckt von Licht und Schattenflecken ausbreiten, über mir die Wolkenteppiche im Himmel schweben. Da lägen die Baumschnitte und Eisenreste von altem Farmequipment herum, da würde eine Plastikabdeckung im Wind wabern, und die davon aufgeschreckten Pferde stünden mit geblähten Nüstern am Zaun ihrer Koppel. Dann in Bozeman würde ich beim *Leaf And Bean* an der Main Street einkehren und in der Lokalzeitung die Anzeigen durchgehen. Da gäbe es den zweiten Heuschnitt – die Tonne zu 100 Dollar – in kleinen Ballen zu kaufen, jemand würde ein ganzes Schwein anbieten – *cut and wrapped 320 $ call 388-1989* –, oder ich fände einen gebrauchten »John Deere 4720«-Traktor mit Vorderradantrieb in gutem Zustand. Ich würde mich bei den Arbeitern der umliegenden Farmen über günstigen Stacheldraht und elektrischen Drahtzaun informieren, mich mit Greg vom Zeitungsladen und Meredith vom Postamt unterhalten, würde erfahren, wer geboren und gestorben und wie bei jedem die Ernte ausgefallen war. Dann würde ich an den grasenden Rinderpulks mit Son House oder Lightnin' Hopkins im Radio wieder zurückfahren und mir ein Roastbeef-Sandwich zum Mittagessen machen. Nachmittags könnte ich die Pferde wieder auf die Koppeln bringen, nach den Hühnern sehen, in meinem Gemüsegarten Unkraut jäten oder zur Auktion fahren, um einen neuen Bullen oder ein Schaf zu ersteigern. Abends säße ich auf der Veranda und würde dem Atem des Windes lauschen. Ich bräuchte nur zwei Paar Jeans, hätte mehrere Hüte und eine Auswahl von karierten Hemden. Meine Hände würden nach dem Leder feuchter Handschuhe riechen, meine Stiefel nach Glyzerinseife.

Ich müsste nie Hunger leiden, hätte immer ein paar Geldscheine unter der Matratze, würde mich nie einsam fühlen, sondern wäre geborgen in der unendlichen Großzügigkeit der mich umgebenden Natur.

Meine Reise in diesen Mythos, dorthin, wo eine eigene Gesetzgebung und ungezähmte Elemente herrschen, beginnt mitten in Europa. Genauer: in der Schweiz, am Ufer eines Sees mit Blick auf einen Sendeturm.

Erster Teil

Im Tobel

1

Ich bin ein Kind aus dem Schlaraffenland, aus einem kleinen geographischen Wunder, das einst nur ein Fleck Land mitten im Heiligen Römischen Reich war. Doch dieses Land wurde von mutigen Vätern befreit und zur Schweizerischen Eidgenossenschaft ausgerufen. Heute gibt es in der Schweiz die beste Schokolade, der Lack der Autos glänzt hier am schönsten, die Straßen sind immer gesaugt und gefegt, wir haben die idyllischsten Blicke über See und Alp, und unsere Uhren gehen am genausten. Tag für Tag, Jahr für Jahr ist das so, seit dem Apfelschuss von Wilhelm Tell.

Ich bin in meinem Leben fast nie zu etwas gezwungen gewesen. Meine Familie wurde nicht politisch verfolgt, wir mussten nicht vor Krieg flüchten, ich musste nie Hunger leiden. Ich wuchs in einer Familie auf, in der großer Wert auf Harmonie und Ordnung gelegt wurde. Und doch wollte ich irgendwann nur noch eines: weg.

Die ersten sieben Jahre meines Lebens sind geprägt von der dörflichen Struktur des Ortes, in dem ich aufwuchs. Es standen noch Bauernhäuser mit Fachwerk im Dorf, auf den Fensterbrettern rote Geranien. Es gab einen Dorfplatz mit einem Süßwarenladen und eine Zoohandlung mit Hasen im Schaufenster. Ich lief zu Fuß zum Kindergarten und nutzte Schleichwege durch fremde Gärten als Abkürzung oder Erweiterung der Strecke. In unserem Dorf gab es keine Gefahren, keine Nöte. Was auch immer eine Kindheit zur glücklichen Kindheit macht, es fiel mir zu.

Und doch: Dort, wo ich geboren wurde, habe ich mich nie heimisch gefühlt. Wir wuchsen nicht in die Tradition eines Zunfthauses rein, haben beim Sechseläuten nie auf dem Balkon bei Sprüngli gestanden, und mein Vater ritt auch nie um den gigantischen Scheiterhaufen herum, während ein Schneemann aus Papier zum Ende des Winters auf dem Sechseläutenplatz in Zürich von Flammen zerfressen wurde. Wir waren Fremde in dem Land, in dem wir lebten. Mein Vater stammt aus einer Bremer Bauernfamilie, die sich im Lauf der Zeit als Unternehmerdynastie einen Namen gemacht hat. Die Familie meiner Mutter hat sephardisch-jüdische Ursprünge; ihre Spuren führen zurück bis ins 15. Jahrhundert, nach Portugal.

In Zürich kam ich mir, ohne von diesen Ursprüngen zu wissen, immer so vor, als sei ich angeschwemmt worden, wie Treibgut. Und nachdem ich der Schweiz einmal den Rücken gekehrt hatte, wollte ich mich nicht mehr umsehen, und ich habe nie die Sehnsucht verspürt zurückzukehren.

2

Es ist Ende September, ich überquere den Ozean, um mal wieder alles hinter mir zu lassen. Ich will mich von der Gegenwart trennen, mich in den zeitlosen Raum der Reise heben lassen und in der Fremde abgesetzt werden. Vielleicht ist es auch einfach eine Flucht. Obwohl mich weniger das Verlangen danach treibt, alle Seile zu kappen, als vielmehr ein großer Trotz und eine tiefe Verzweiflung darüber, immer mithalten zu müssen. Ich stamme aus einer Welt, in der ich nie gut genug war, und fliehe in eine Welt, in der es keine Maßstäbe gibt.

Ich sehne mich nach endloser Stille.

Wenn diese Sehnsucht unerträglich wird, verfalle ich in ein wiederkehrendes Handlungsmuster: Koffer packen und ab nach Vermont. Als könnte ich damit aus dem einen Film austreten und in einem anderen weiterspielen. In Vermont habe ich nichts mit meinem Leben zu tun. An diesem Ort wird mir alles verziehen, ich brauche mit niemandem umzugehen, ich brauche keine unerwiderten Gefühle niedezukämpfen. Ich wanke mit letzten Kräften in den Wald und lasse mich fallen. Vermont ist eine Droge, die mich über die Jahre abhängig gemacht hat, die mich immer wieder für dieses Muster belohnt: nicht argumentieren, einfach weggehen. Meistens bin ich traurig, verlassen, verzweifelt oder am Ende, wenn ich in Boston aus dem Flughafen trete. Meistens schleppe ich eine Haut mit nach Vermont, die ich dort ablege und begrabe. Egal, ob es die Liebe oder das Leben ist, ich bin voller nicht getroffener Entscheidungen, voller falscher Hoffnungen, voller ungelöster Konflikte, und meist suche ich in Vermont die Einsicht.

Andere gehen dafür zur Beichte, ins Bordell oder setzen sich an den Stammtisch. Mich holt immer wieder das gleiche brennende Verlangen ein: Vermont.

Seit Generationen besaßen die bäuerlichen Vorfahren meines Vaters Land und Hof. Wie es die Tradition vorsah, wurde beides immer dem erstgeborenen Sohn vererbt. Da weder mein Großvater noch mein Vater erstgeborene Söhne waren, bekamen sie nichts davon ab.

In meinem Großvater hat sich die Liebe zum Land schließlich mit sechsundfünfzig Jahren wieder durchgesetzt, er baute ein Vollblüter-Gestüt in Sottrum auf, züchtete Rennpferde und kaufte Bullen und Kühe bei Versteigerungen im Umland ein. Er liebte das Landleben und fuhr noch mindestens dreißig Jahre lang täglich um 16 Uhr und an den Wochenenden auf das Gestüt.

Mein Vater entdeckte während seiner beruflichen Tätigkeit in New York den Staat Vermont. Nur vier Autostunden von der Metropole entfernt fand er hier die stehengebliebene Zeit. Er lernte das Neuengland mit seinen ochsenblutrot gestrichenen Scheunen und den Country Stores kennen, die zugleich Fischlizenzen, Waffen, Unterwäsche, Bier und Panzertape im Angebot führen. Jedes Wochenende fuhr er nach Norden zu den Blueberryfeldern, Birkenhainen, den stillen Kirchen und den Familien, die seit Generationen die einzige Autowerkstatt im Ort betreiben. Auf Birch Hill Farm in Vermont ist auch mein Vater wieder zu seinen Wurzeln zurückgekehrt und Farmer geworden.

Vor dreiundzwanzig Jahren, als Birch Hill in unsere Familie kam, war es nichts als ein von meterhohen und meterdicken Bäumen umzingeltes Haus. Zu diesem Backsteinhaus mit schwarz geschindeltem Dach und vier gemauerten Schornsteinen gehörte ein Waldstück von vielleicht hundertfünfzig Acres. Außerdem standen auf dem Grundstück ein Garagenhäuschen, ein blau gestrichenes Holzhaus und ein alter Stall mit vier Stellplätzen für Pferde und einem ausgebauten Dachboden für Stroh und Heu. Diese drei Nebengebäude lagen dicht beieinander unterhalb des Backsteinhauses und wurden überragt von dem größten frei stehenden Ahornbaum, den ich jemals gesehen habe.

Vor dreiundzwanzig Jahren stand in einer Entfernung von fünf Minuten Fußmarsch auch noch ein Trailer auf einer Anhöhe mit Weitblick auf den Horizont. Dort lebte Mrs. Wilmot, die Dame, von der mein Vater das Grundstück und die Häuser gekauft hatte. Sie hatte das ganze Land gemeinsam mit ihrem Mann besessen. Doch ihr Mann war die Treppe des Hauses runtergestürzt und tödlich verunglückt. Sie räumte das Haupthaus, kaufte sich ein blaues Wohnmobil, das sie an diesem einzigen freigeschlagenen, schönsten Platz auf der Anhöhe aufstellte und beschloss, den Wald drumherum zu verkaufen. Es heißt, sie habe meinen Vater in ihrer Kutsche durchs Dorf gefahren und ihn gefragt, wo er das Geld verdient hätte, um sich ihr Land zu leisten. Mein Vater antwortete nur, er möge Pferde.

»Sie *mögen* Pferde?«, fragte Mrs. Wilmot weiter.

»Ich *liebe* Pferde!«, korrigierte sich mein Vater. »Wie heißen denn die beiden Prachttiere in Ihrem Gespann?«

»Oh, der Rechte ist ein Hurensohn, und den Linken nenne ich immer ›The Shit‹.«

Mein Vater kaufte das Land. Stellte er sich die Frage, ob Landarbeit auf diesem steinigen Boden Spaß machen würde? Wahrscheinlich nicht. Er konnte dem inneren Drang nach der freigebigen Natur einfach nicht mehr widerstehen. Und unsere Mutter und wir sechs Kinder mussten ihm, ob wir wollten oder nicht, folgen.

Niemand in Zürich wusste, wo Vermont liegt. Sprach man von Vermont, antworteten sie: »Eine wunderbare Gegend! Ich mag das französische Voralpenland auch, weil es so gar nicht typisch französisch ist. Ich war schon etliche Male dort unten.«

Ich fand es magisch, nach Vermont zu fahren und zu wissen, dass mir im Zweifel keiner folgen konnte, da er dieses Gebiet irgendwo in Frankreich vermuten würde.

Mein Vater hat sich das Land nicht einfach gekauft, er hat es sich auch erarbeitet, Stück für Stück der Natur abgerungen. Jim, der Forstarbeiter und zugleich das Herz von Birch Hill Farm, half meinem Vater beim Bäumefällen. Er konnte die eingewachsenen Ahornbäume – die zur Gewinnung von Maple-Sirup benötigt werden – von Nutzhölzern und Bauhölzern unterscheiden. Er markierte die Nussbäume, die Buchen, die meterhoch gewachsenen Zuckerahorne, die typisch amerikanischen Weißeichen und bestätigte die Qualität des guten, reichhaltigen Bodens, auf dem die Farm angesiedelt war. Er wusste genau, welche Hölzer für den Zaunbau verwendet werden konnten und welche gutes Feuerholz hermachten.

Mein Vater zeigte uns Birch Hill Farm zum ersten Mal in einem Herbsturlaub 1991. Wir wohnten in dem einzigen Hotel in der Umgebung, dem Hartland Inn. Es lag vierzig Autominuten von der Farm entfernt im nächsten Ort, Hartland. Wir aßen in weißen Blusen im Country Club Sandwiches und fuhren eines Nachmittages mit einem Chevrolet SUV, dessen stechender Ledergeruch Übelkeit erzeugte, an diesen gottverlassenen Ort. Meine Mutter stieg aus dem Wagen, sah sich um und war verzweifelt: weit und breit kein Meer. Die Küste lag Tausende Meilen entfernt. Seit ich denken kann, will meine Mutter »ans Meer«. Statt Kultur, Kirchen und Museen gab es in der nächsten Umgebung von Birch Hill nur einen Country Store mit Zapfsäule für Schneemobile, ein heruntergekommenes Hotel, einen verlotterten Stall mit matschigen Auslaufweiden für verbrauchte Pferde und einen daran angeschlossenen toten Tennisplatz.

Die gelben Blätter des Ahorns vor dem alten Stall der Farm begannen gerade erst abzufallen, und dennoch lag an seinem Stamm ein meterhoher Laubhaufen. Kreischend spielten wir im Laub. Das liegt über zwanzig Jahre zurück.

3

Wer konnte ahnen, dass mit meinem ersten Schultag ein erbitterter Kampf begann, um mich irgendwie durch ein System zu pressen, in welches ich, wie auch immer gedreht, nicht hineinpassen wollte. Es dauerte keine drei Schulwochen, bis klarwurde, dass an mir etwas nicht stimmte. Ich hatte einen Defekt. Aus dem Nichts kam eine Krankheit, die bis zu meinem siebten Lebensjahr völlig unerkannt geblieben war. Nun aber sollte ich Rechnen und Schreiben lernen, und da stellte sich heraus, dass ich weder addieren noch subtrahieren oder laut vorlesen konnte. Ein Jahr ging das so. Ich lernte nichts. Alles, was ich niederschrieb, war spiegelverkehrt oder unleserlich – bald weigerte sich meine Lehrerin, die Schulhefte zu korrigieren.

Als ich acht war, begann man mich zu untersuchen. Und das Faszinierende war: Je genauer man mich untersuchte, desto weniger an mir stimmte. Ich wurde immer falscher.

Ich konnte keine zwei Worte zusammenhängend lesen, und so musste ich mit meiner Mutter laut lesen üben. Fünf Minuten auf dem linken, fünf Minuten auf dem rechten Auge und fünf Minuten mit beiden. Meine Mutter stellte die Eieruhr. Fünf Minuten, das waren für mich damals wie fünf Stunden am Bahnsteig auf den Zug warten. Die Zeit nahm kein Ende. Nach fünfzehn Minuten Lesen war ich völlig erschöpft und bekam als Belohnung einen Anspitzer, einen Stift oder einen Schlumpf.

Mit dem Rechnen ging es mir ähnlich. Ich konnte drei und fünf nur mit den Fingern zusammenzählen. Da mir das Fingerrechnen von der Lehrerin verboten wurde, übte ich mich im Fingerdrücken. Das heißt, dass ich meine Hände unter dem Tisch zu Fäusten ballte und bei links anfing, dreimal zu drücken: Daumen, Zeige-, Mittelfinger. Plus fünfmal drücken: Ringfinger, kleiner Finger, Daumen der rechten Hand, Zeige- und Mittelfinger. Ich merkte mir den Mittelfinger und begann wieder von vorne zu zählen und kam so auf acht.

Eines meiner Probleme war, dass jede Zahl in meiner Vorstellung eine Farbe hat; die Null ist farblos, die Eins ist grau, die Zwei ist weiß, die Drei ist grün, die Vier ist pink, die Fünf ist gelb, die Sechs ist grün, die Sieben ist schwarz, die Acht ist braun, die Neun ist blau. Ich hege auch Sympathien und Aversionen gegenüber bestimmten Zahlen. Die schwarze Sieben habe ich immer gehasst, die Neun hingegen ist mir sympathisch. Mit der Sieben assoziiere ich auch Katzen, schwarze

Katzen. Mit der Neun hingegen Wasser. Ich rechnete also nicht sieben plus neun, sondern sieben schwarze Katzen plus eine blaue Neun, die bis zur Hüfte im Wasser steht, ergeben eine farblose Eins mit acht braunen Pferden, die auf einer Weide stehen und grasen. Das nennt sich nonverbales Denken in Bildern. Pro Sekunde spielt das Gehirn in diesem Fall zweiunddreißig Bilder ab – kontinuierlich. In derselben Sekunde produziert ein verbal denkender Mensch zwei bis fünf Worte.

Denken in Bildern ist 400- bis 2000mal schneller als verbales Denken. Es ist vielfältiger, tiefer und umfassender. Verbales Denken verläuft dagegen linear und strukturiert.

Lese ich einen Text, dann wächst das Bild mit jedem weiteren Wort, jedem weiteren Gedanken, der dem Grundgedanken angefügt wird.

Zum Beispiel: »Das braune Pferd sprang über die Steinmauer und rannte durch die Weide.«

Würde ich den Satz so beschreiben, wie ich ihn mir bildlich vorstelle, bräuchte ich dafür etwa eine halbe Seite.

»An einem sonnigen Tag, an dem die Schäfchenwolken im Himmel gen Westen ziehen, hebt ein grasendes braunes Pferd mit schwarzer Mähne und glänzendem Schweif seinen Kopf und erblickt einen vorbeifahrenden roten Traktor. Es richtet sich auf, hebt den Schweif an, schnaubt und fängt in großen Schritten an zu traben. Der Traktor kommt näher. Es rattert, und der Anhänger, den er zieht, scheppert. Das Pferd galoppiert an und nähert sich einer Steinmauer, die am Rand der Wiese steht. Die Trockenmauer ist bewachsen mit Moos und Flechten. Unkraut, Brombeeren und anderes Gestrüpp haben sich über die Jahre an ihr hochgerankt. Auf einem der obersten Steine sonnt sich eine Echse. Blitzschnell verschwindet sie in den dunklen Ritzen, als das Pferd heranprescht, zum Sprung ansetzt und das Hindernis in hohem Bogen überwindet. Auf der anderen Seite galoppiert es sich aus, fällt wieder schnaubend in Trab, dreht noch wild blickend ein paar Kreise, prüft die Gefahr erneut und erkennt, dass der Traktor ruckelnd hinter dem Hügel verschwindet.«

Ich habe in dem Beispiel die Insekten ausgelassen, den Geruch vom Gras, dem Pferd, die Wärme der Sonne auf meiner Haut. Wie sieht die Landschaft aus, in der das Pferd steht? Und so weiter. Ich kann die Bilder gar nicht alle auf die Schnelle erfassen, die beim Lesen auftauchen und wieder verschwinden. Vielleicht kann man es vergleichen mit Folgendem: Man spielt einen Ausschnitt aus der Ouvertüre von *La Belle Hélène* ab, lässt die Musik ein paar Sekunden laufen und drückt auf Pause. Nun soll man all die einzelnen Instrumente benennen, die man gehört hat, jede einzelne Note aufzählen, die Melodie in ihrer Fülle versuchen nachzuerzählen. So geht es einem in Bildern denkenden Menschen, wenn er sich Satz für Satz in einem Text vortastet. Er muss sich an den Worten festklammern, da die Bilder in beliebiger Reihenfolge durch das Gehirn jagen. Das führt beim lauten Vorlesen zur völligen Überforderung und Desorientierung. Das Gehirn sieht nicht mehr, was die Augen sehen. Es sieht, was die Person gerade denkt. Das Gehirn hört nicht mehr, was die Ohren hören, sondern es hört, was die Person gerade denkt. Es fühlt nicht den Körper, sondern es fühlt, was die Person gerade glaubt zu fühlen. Das fortgeschrittene Stadium dieser Desorientierung ist Autismus.

Heute habe ich keine Probleme, Texte zu lesen. Schwierig wird es erst beim Bankgespräch. Denn wie soll ich mir folgenden Satz in Bildern vorstellen: »Unsere Performance reflektiert die Entwicklung des jeweiligen Strategiedepots der fünf Sparkonten seit 2008.«

Bei *unsere* sehe ich uns hier beisammensitzen. Den Bankberater und mich. Hat er eine Frau? Ist er glücklich? Singt er unter der Dusche? Bei *Performance* sehe ich einen Sportler, der gerade eine Bestzeit geschwommen ist und jubelnd seinen Arm in die Höhe reckt. Bei *reflektiert* sehe ich mein Bild in einem Spiegel, das Abbild des Narziss auf der Wasseroberfläche. *Die* ist ein Wort, zu dem es kein Bild gibt, daher lassen es Legastheniker beim lauten Lesen auch oft aus oder vergessen es beim Abschreiben des Satzes ganz. *Des* und *jeweiligen* lösen ebenfalls kein Bild aus. *Entwicklung* löst eine Zeitrafferaufnahme eines Baumes im Sommer, Frühling, Herbst und Winter aus. Bei *Spar* sehe ich einen Bettler auf der Straße, der seine Centstücke im Plastikbecher schüttelt. Das *Konto* ist ein Fach mit Wänden aus dickem Stahl. Bei *seit 2008* überlege ich, was denn seit 2008 alles passiert ist in meinem Leben, und bis ich mit alldem fertig bin, legt mir der Bankberater das Formular zur Unterschrift hin, und ich weiß überhaupt nicht mehr, worum es eigentlich ging.

4

Es ist Nachmittag, vier Uhr nordamerikanische Zeit.

Für Anfang Oktober ist es sommerlich warm, Indian Summer, der Himmel leuchtet wasserblau. Die Temperaturen schwanken zu dieser Jahreszeit zwischen minus 15 Grad in der Nacht und plus 25 Grad am Tag. Ich nehme meinen Koffer vom Gepäckförderband und gehe nach draußen auf den Parkplatz vor dem Bostoner Flughafen. Ungelenk schiebe ich den Koffer neben mir her über die Bordsteinkante. Das Handgepäck hängt auf meiner Schulter, die Jacke habe ich über den Unterarm gelegt.

Dort steht Francis. Er ist der Verwalter von Birch Hill und der Kopf eines kleinen Teams aus Jim, vier Frauen und den Saisonarbeitern, das rund ums Jahr für Birch Hill zuständig ist. Auf der Farm wird Ahornsirup und Heu produziert, das

Fleisch der Schafe wird an Restaurants und andere Abnehmer in der Umgebung verkauft. So versucht sich die Farm mittlerweile selbst zu tragen.

Francis' Schatten liegt auf dem Asphalt des Parkplatzes. Nebeneinander parken die schwarzen Limousinen, ihre Chauffeure stehen mit dunklen Sonnenbrillen jeweils an der Kühlerhaube oder am Kofferraum lehnend daneben. Francis sticht aus den anderen wartenden Männern in schwarzen Anzügen hervor, da er seine grüne Steppjacke und Khakihosen trägt. Ich will ihn in den Arm nehmen, doch ich zögere, und so gibt er mir seine rechte Hand und klopft mir mit der Linken liebevoll auf den Rücken. »Ich habe dich ein bisschen vermisst.«

»Erzähl mir keinen Quatsch.«

Francis ist Ire, hat aber diese klassischen Gesichtszüge: herb, nobel, mit einem vornehmen Witz in den wasserblauen Augen. Er lacht sehr viel, auch jetzt lacht er, dabei legt er seinen Kopf zurück und guckt mich dann wieder an. An den Mundwinkeln entstehen für Sekunden tiefe Furchen, an den Augenwinkeln sind es Dutzend Fältchen, die dann wieder verschwinden. Er hat einen dichten roten, kurzen Bart und blondes, welliges Haar mit einem rötlichen Stich.

Auf seinem Handrücken treten, als er mir den Koffer abnimmt, die Adern hervor. Er öffnet die Kofferraumtür, versucht das Gepäck hochzuheben, zieht und zieht am Henkel. »Brauchst du Hilfe?«, frage ich mit gerunzelter Stirn. Francis lacht und hievt den Koffer mit einer kräftigen Bewegung seiner Arme in den dunkelgrünen Chevi.

Erleichtert öffne ich die schwere Beifahrertür und klettere auf den Sitz. Von Müdigkeit keine Spur mehr.

Francis startet den Motor und streicht sich, bevor er den Rückwärtsgang einlegt, mit seinen groben großen Händen übers Haar.

Francis kommt, wie er selbst sagt, aus dem »bitterkalten, nassen und kargen« Norden Irlands. Ich kann ihn mir als Kind sehr gut vorstellen. Er wird als Junge im Regen über hügelige Wiesen gerannt sein. Er wird die Milchkanne geschleppt haben, mit nackten Füßen auf dem Rücken eines Ponys durch das Moor geritten sein und, die Beine baumelnd, auf einem Zaun gesessen und selbstgepflückte Äpfel gegessen haben.

Dieser Junge ist er heute auch mit Anfang fünfzig noch, nur die Haut in seinem Gesicht ist gealtert. Auf einer festgetrampelten Rennstrecke irgendwo auf dem irischen Land ritt er, keine zwölf, Ponyrennen. Mit Pferden konnte er einfach besser umgehen als mit Eseln, sagt er.

Francis' Familie zog später nach London zu einer Tante des Vaters, die ihrem Neffen Arbeit in einem Stahlwerk verschafft hatte. Francis verbrachte nach wie vor jedes Wochenende auf einer Rennstrecke. Er wollte eigentlich Jockey werden. Doch da er nicht so klein und schmächtig blieb, sondern mit fünfzehn in die Höhe schoss, entdeckte er das Kutschefahren. Als jüngster Knecht bekam er ein Jahr später in den königlichen Ställen seine erste Stelle. Er musste die störrischsten Pferde reiten. Er putzte die prunkvollen Zaumzeuge und zwängte sich für Spazierfahrten mit einem Gespann von acht Pferden quer durch London in steife, hundert Jahre alte Hosen, in Rock und Stiefel. Er saß auf Kutschböcken, die so hoch über der Erde lagen wie das erste Geschoss eines Reihenhauses. Doch Kutschefahren ist für Francis sowieso ein Kinderspiel, egal wie viele Pferde er angespannt hat. Je mehr Pferde, desto mehr Spaß.

Noch nie habe ich Francis schlecht gelaunt erlebt, er kann selbst noch lachen, wenn er sich den Finger bricht. Er singt Countrysongs wie *Blue Canadian Rockies* von Gene Autry bis zu *The Taker* von Waylon Jennings auswendig, und er erzählt

Pferdegeschichten. Zum Beispiel kann er die grausigsten Kutschunfälle schildern. Darin kommen Uferböschungen von reißenden Flüssen, tote Pferde und querschnittsgelähmte Fahrer vor, und er gibt sie so nüchtern wieder wie die Rezeptur von Yorkshire-Pudding. Bis nach Polen ist er gereist, um weiße Lipizzaner für den Stall von Mr. Cummings einzukaufen. Mr. Cummings, unser Nachbar in Vermont und passionierter Kutschenfahrer, hat Francis vor Jahrzehnten in London entdeckt und ihn nach Amerika geholt. Seitdem lebt er mit seiner Frau und einem Sohn in Hartland, und doch ist er bis heute der irischste Ire außerhalb Irlands geblieben.

Als wir den Flughafen hinter uns gelassen haben und uns durch die Rushhour bis zum Stadtrand von Boston durchgeschlängelt haben, stellt er die Frage, die alle Vermonter einem Fremden stellen: »Wie lange bleibst du?«

»Für immer«, sage ich und lache. Wir wissen beide, dass es ein Witz ist.

Mit 75 Meilen pro Stunde schleicht der gekühlte Chevi Richtung Norden. Während der drei Stunden Fahrt nach Birch Hill Farm nähern wir uns den »Grünen Bergen«. Sie bilden das Rückgrat des kleinen Staates und verlaufen von der kanadischen Grenze im westlichen Vermont bis nach Connecticut. Auf 400 Millionen Jahre schätzt man das Alter des Gesteins ein, welches die Hügelkette bildet. Über die Zeit wurde sie durch Wind, Wasser und Eis abgeschliffen und erhielt so ihre typische weiche Silhouette.

Der Himmel erscheint unendlich weit und groß, der Highway endlos lang und sanft. Ich kann nicht anders: dafür liebe ich Amerika. Dafür kehre ich immer wieder zurück an diesen Ort, nach Vermont, das mir – zumindest auf Zeit – ein Leben mit und in der Natur ermöglicht. Hier lebe ich mich selbst, und diese Erkenntnis hat mich unter dem tiefblauen endlosen

Himmel auch oft traurig gestimmt. Anscheinend lebe ich mich woanders nicht oder kann mich nicht leben.

Vermont ist für mich ein Ort der Besinnung. Für Francis ist es Heimat geworden. Ich beneide ihn darum.

Nach zwei Stunden verlassen wir den Highway. Die untergehende Sonne färbt den westlichen Himmel rot. Francis biegt rechts ab. Er hält an einer Kreuzung und biegt links auf die Route 12 ab. Die Route 12 schlängelt sich über eine kleine Schlucht, die »Pippin Gorge«, vorbei an dem Souvenirshop, in dem man Tassen, Hüte und T-Shirts mit dem Namen der Schlucht erwerben kann. Wir passieren die Orte Springfield und Weathersfield, eine Tankstelle, eine weitere Tankstelle und noch eine Tankstelle und fahren schließlich mit 25 Meilen pro Stunde über die Hauptstraße durch Hartland durch. Von hier führt uns die Route 4 Richtung Birch Hill. Uns umgibt das Connecticut Valley. Das ist das Tal, in dem der Connecticut-Fluss fließt. Es ist umringt von Hügeln, und auf einem von ihnen sitzt das Haupthaus der Farm. Wir biegen auf die Rick Road ab, die steil bergauf geht.

Mittlerweile ist es Abend geworden. Vor der kleinen, schwach erleuchteten Garage nimmt unsere Fahrt ein Ende. So gerne hätte ich Francis noch zum Essen eingeladen, doch ich weiß, dass er – im Gegensatz zu mir – erwartet wird.

Wir verabschieden uns mit Handschlag, und ich nehme den Koffer entgegen.

Ich schaue mich noch mal um. Die Autotür schlägt zu, und der Wagen wendet auf dem Kies. Ich sehe den Rücklichtern nach.

5

Ein Grundstein meiner Erinnerung an die Kindheit sind die Sommer und Winter im Engadin. In der Bergwelt fühlte ich mich heimisch und wohl, und das, obschon sich rechts und links die Granitwände türmen und im Sommer die Gebirge wie versteinerte Elefantenfüße auf dem Talboden stehen. Zwei Stunden Autofahrt von Zürich, und ich war in einer anderen Schweiz. Sie ist geprägt von der reinen Luft, dem kristallinen Licht und der Ursprünglichkeit der Bündner.

Leider verfügt der Kurdirektor des Engadins über einen unerschöpflichen Werbe- und Bauetat. Der Massentourismus ist seit den Neunzigern von Davos und Arosa auch ins Engadin gespült worden. Für manche bietet St. Moritz Après-Ski, schillerndes Clubleben und schäumenden Luxus. Für dieses sporteifrige Volk werden Pferderennen im Schnee veranstaltet, Gourmetfestivals organisiert und Kaviar herangekarrt. Diesen öden Vergnügungsnomaden ist eben egal, wo auf der Welt sie sich befinden – Hauptsache, Krach.

Hinter dem St. Moritzersee, wo wir in den Ferienwochen wohnten, haben wir winters und sommers nichts von dem Krach mitbekommen. Ich legte noch nie Wert auf Nachtleben in 1800 Metern Höhe, und meine Eltern hielten sich raus aus dem gesellschaftlichen Zirkus, den die Züricher von Dezember bis Februar ins Engadin verlagerten.

Im Winter ging es mit meinem Vater und dem seit Urzeiten gleichen Skilehrer um acht Uhr auf die Piste. Bis mittags wurde Ski gefahren. Dann aßen wir gemeinsam auf einer der Hütten, fuhren weiter bis 15 Uhr und gingen ab ins Tal. Zu Hause wartete meine Mutter mit Schwarztee und Kuchen aus einer Konditorei in Pontresina. Während dann die Sonne allmählich zwischen Piz Nair und Piz Corvatsch versank, saßen wir auf unseren Zimmern, in denen wir zu zweit schliefen, lasen mitgebrachte Bücher, lagen bäuchlings auf dem Flur, bastelten mit Bausteinen, malten oder spielten Karten vor dem Kamin. Einen Fernseher gab es nicht in dem Haus.

Stattdessen gruben wir jedes Jahr aufs Neue in der gleichen Hörspiel-Kassettenkiste. In dieser Kiste befand sich unter anderen eine Pinocchio-Kassette. Ich hörte diese so oft, dass ich irgendwann die ganze Geschichte auswendig miterzählen konnte. Und ich musste immer an den gleichen Stellen schallend lachen.

Das Engadin ist für mich ein Ort der Konzentration und der Kreativität. Ich glaube, das liegt an der Prägung dieser langen Nachmittage und Sonntage (sonntags durften wir nicht auf die Piste), an denen ich meiner Phantasie freien Lauf lassen konnte.

Und immer kochte meine Mutter aufwendig und in Engadiner Tradition. Abends war das Haus erfüllt vom Geruch des brennenden Feuers im Kamin, von Ragouts mit Polenta, überbackenen Spätzle, Steinpilzsaucen oder Rahmgeschnetzeltem.

Im Schoß der schroffen Gebirge, des überall aufblitzenden Granits, umgeben von knorrigen Fichten, Lärchen, den vom Wetter gebeutelten Tannen, fühlte ich die Zugehörigkeit, die mir in Zürich in jeder Hinsicht fehlte. Die Unmittelbarkeit der Natur imponierte mir. Nichts ist vergleichbar mit dem Sonnenaufgang auf dem Berg. Nimmt man um halb acht im Dorf die erste Bergbahn zur Corviglia hinauf, erlebt man das imposante Schauspiel, wie sich das weißgoldene Licht allmählich über die kohlschwarzen Steinkanten ergießt. Dann verwandelt sich innerhalb von Minuten die stumpfe Schneedecke in eine millionenfach funkelnde Oberfläche. Das Bergmassiv wird durch Licht und Schatten plastisch und lebendig.

Bergdohlen kreisen in der Luft, Wind fegt pulvrigen Schnee umher. Der Himmel nimmt dieses unbeschreiblich tiefe Tintenblau an und spannt sich makellos über die Bergkulisse. Und das alles geschieht geräuschlos.

Egal ob Schneesturm, Blindsicht oder Nebel – wir waren immer auf der Piste. Wir haben uns auf jeder Sessselliftfahrt nach Frostbeulen untersucht und immer noch eine Schicht Kälteschutzcreme aufgetragen. Mit Schönwetter-Skifahrern konnten wir nichts anfangen: Gerade wenn sie aus Deutschland kamen, verachteten wir sie. Schönwetter-Fahrer waren entweder Frauen, die ihre Haarpracht so auftoupierten, dass sie keine Mütze brauchten, auf der Toilette immer den Lippenstift nachziehen mussten, weiße Skischuhe trugen und eine Parfümwolke hinter sich herzogen. Die Männer fielen auf durch ihre krampfhaft erholten Gesichter, über die sich weiße Schlieren von nicht verstrichener Sonnencreme zogen. Ihre verspiegelten Sonnenbrillen setzten sie nur ungern ab, und ihre Skiausrüstung war besetzt von großen, aufgenähten Abzeichen des entsprechenden Herstellers.

Im Sommer wanderte ich schon sechsjährig wie ein Bergbub mit zum Maiensäss – dem Sommersitz der Bauern –, lief und lief neben dem pfeiferauchenden Thore her und trug meinen Rucksack und die Hundeleine mit unermesslichem Stolz. Thore war unser Bergführer, ein großer, wohlbeleibter Mann mit dicken Händen und vom Tabak verfärbten Fingerkuppen. Er hatte einen schweren, gleichmäßigen Gang und immer zu Schlitzen verengte Augen. Er sprach Italienisch, Rätoromanisch und wie alle Bündner Schweizerdeutsch mit breitem Akzent. Er rauchte Pfeife und hatte die Gewohnheit, fortwährend an dem Mundstück zu nuckeln, während er erzählte. Er hüllte sich dann in den Rauch, nuschelte ein bisschen und grummelte wie ein Brummbär. Auf unseren Tageswanderungen ging ich immer ganz vorne an seiner Seite. Dort lief auch Sira, eine English-Setter-Hündin, die ihm aufs Wort gehorchte und auf jeden kleinen Fingerzeig von ihm reagierte. Thore konnte aus dem Augenwinkel Steinpilze oder Edelweißblüten entdecken. Er erspähte die Steinböcke in den Felsritzen mit bloßem Auge, er trug ein handgeschmiedetes Jagdmesser bei sich, mit dem er die Haut seines Hirschsalsizes abschälte oder lange Stecken zum Grillen anspitzte. Thore machte uns die Schweizer Bergwelt zugänglich und bot sie uns als das Wunderland dar, das sie noch immer ist.

Hier leben Gämsen und Murmeltiere, Bergbäche stürzen von halsbrecherisch steilen Hängen herab, die Bergseen sind klar und kalt, milchig weiß oder moosig grün.

Wir wanderten zu Hütten, wo es frische Milch für Mensch und Tier gab, Käse vom Laib und Brot und Wurst aus der Hand. Wir rasteten an sprudelnden Bächen mitten in bunten Bergblumenwiesen, wir kraxelten angeseilt über Gletscher und durchstreiften abgelegene Dörfer.

Nach diesen Wochen in den Bergen fiel mir der Abschied immer schwer. Der Tag, an dem mein Vater das Auto belud und meine Mutter Brote strich und Proviantüten packte, war meist ein strahlend schöner Tag. Dann saß ich oft noch in meinem Zimmer im ersten Stock auf dem Fensterbrett des Doppelkastenfensters und schaute zu den Bergen hinüber. Sie bildeten einen Schutzraum, in dem ich mich geborgen fühlte.

Aus der scheinbaren Grenzenlosigkeit der Bergwelt führte uns der Julierpass wieder hinab ins Tal. In Zürich war die Luft nicht mehr so kristallin und rein, in Zürich wurden die Haare wieder wellig, die Haut fühlte sich nicht mehr so straff und trocken an, und der gesunde Appetit ging verloren. Nach dem Skifahren und Bergsteigen war ich hier unten höchstens noch eine schlechte Schülerin.

6

Die Heilbehandlung begann mit dem Besuch einer Logopädin, einer gewissen Frau Rössler – denn ich lispelte. Ich glaube, sie hieß in Wirklichkeit Müller und legte sich nur aus Schikane den Namen Rössler mit Doppel-s zu. Wenn ich auf dem rechteckigen Edelstahlklingelschild mit dem eingestanzten Namen den Klingelknopf drückte, öffnete sie die weiße Tür mit einem Lächeln. Es gibt unterschiedliche Formen des Logopäden-Lächelns: Manche Logopäden lächeln aus Berufszwecken mitleidig. Denn ihnen tun all die von *Schwächen* befallenen Kinder leid. Andere Logopäden lächeln diabolisch, denn sie sehen ihre Aufgabe darin, den Kindern die *Schwächen* mit allen erdenklichen Therapien und Methoden gänzlich auszutreiben. Wiederum andere lächeln analytisch. Sie können während des Lächelns feststellen, inwieweit ihre Therapiemethode schon Erfolge erzielt hat.

Bei Frau Rössler musste ich einmal in der Woche, immer montags nach der Schule, ein Papierbällchen durch ein Labyrinth aus Pappwänden pusten, sehr viele Worte mit dem Buchstaben s nachsprechen und wiederholen. Einmal sollte ich etwas vorpfeifen. Und ich erinnere, danach mit dem Pfeifen aufgehört zu haben.

Im März 1991, ich war in der zweiten Klasse, begann die nächste Therapie mit einem zweistündigen Orientierungsgespräch. Bei Frau Godenschweig, die auch Rechenschwächen behandelte, machte ich laut Therapie-Bericht ein Augen-Koordinierungstraining. Ich kann leider nicht mehr beschreiben, worum es sich dabei handelte. Auf Frau Godenschweig wirkte ich fröhlich und offen trotz meiner Schulprobleme. Wenn sie mich auf das Rechnen ansprach, antwortete ich: »Ich brauch ein bisschen lang.«

Sie versprach mir, mich so hinzukriegen, dass es schneller ging.

Ich wies darauf hin, dass ich auch weniger Fehler machen wollte. Fehler mochte ich nicht, weil sie rot eingekreist wurden.

Es wurde eine Sitzung pro Woche à fünfzig Minuten vereinbart. Und so wurde ich wöchentlich vor einem Stadthaus in Zürich abgesetzt, das einem senkrecht aufgestellten Schuhkarton glich. Frau Godenschweig war hager, klein und ehemalige Schweizer Meisterin in der Leichtathletik. Ihr Lächeln war streng und diabolisch. Sie besaß nur zwei weite Kleidungsstücke, die sie abwechselnd über schwarzen Leggins trug. Dazu offene Hausschuhe. Durch den klaustrophobisch engen Flur, an dessen rechter Wand Mantel über Mantel über Jacke über Schal über Poncho hing, zwängte ich mich an zwei Katzen vorbei, eine enge, gewundene Treppe hinauf. Auf dem düsteren Dachboden, in dem nur Frau Godenschweig aufrecht stehen konnte, roch es stets leicht muffig. Der Sauerstoff war immer knapp. Alles, was an Spielsachen herumlag, war von hundert Kinderhänden abgegrabbelt und angefasst. Wir setzten uns an dem einzigen Tisch einander gegenüber, und die stechenden Blicke von Frau Godenschweig wichen keinen Augenblick mehr von mir ab. Immer dieses Beobachten und ihr Schweigen, während ich an einer Aufgabe saß. Je länger ich brauchte, umso höher wuchs die Wand der Stille.

Die Therapie zeigte keinerlei Niederschlag auf meine messbaren Schulleistungen. Ich wusste noch immer nicht, ob 43 kleiner oder größer ist als 46. Wenn Rechnungen über 100 führten, verwechselte ich 102 mit 200.

In den schriftlichen Prüfungen sanken meine Noten ab.

Weder wollten meine Eltern, dass ich die zweite Klasse wiederholen musste, noch wollten die Lehrer, dass ich den Notendurchschnitt der ganzen Klasse herabdrückte. Die Folge war: Man strich das Unwichtige aus meinem Stundenplan und konzentrierte sich auf das Wichtige. Statt am geliebten Kunstunterricht in der Schule teilzunehmen, musste ich nun jede Woche neunzig Minuten zu Frau Godenschweig.

Schon seit Beginn der zweiten Klasse wurde ich in Mathematik nicht mehr benotet, da dies den Aufbau meines Selbstvertrauens in Bezug aufs Rechnen empfindlich stören und die Wirkung der therapeutischen Arbeit ein Stück weit zunichtemachen würde. Alle in meiner Klasse fanden es ungerecht, dass ich Prüfungen ohne Noten schreiben durfte, und alle fragten, warum.

Ich wusste es selbst nicht so genau, saß nur weiter in der düsteren Stube, umgeben von den Katzen, vor mir die Logopädin mit rot gefärbten Haaren und einer riesigen Holzkette auf der faltigen Brust, und musste rechnen.

Zur Rechnung 7−3 führte ich folgende unlogische Handlung aus: Ich legte sieben Spielfiguren hin und erklärte: Sieben Kinder haben drei Kinder eingeladen, dann sind sie weggegangen. Dann sind es noch vier gewesen. Ich addierte also und zog dann von zehn wieder sieben ab und kam so auf vier.

?

Das haute nicht hin.

Die Logopädin fragte nach und verlangte für die Subtraktion ein weiteres Beispiel. Ich erklärte: Es treffen sich zwei Leute, dazu kann man auch $1 + 1 = 2$ sagen. Dann gehen sie wieder auseinander, jetzt heißt die Rechnung 1×1, nein, ich war verwirrt, $1-1$, nein, $1-0$, nein, $2-1$.

Seufzen.

Ich begriff gar nichts.

Also noch mal von vorne. Und so ging das stundenlang.

Erstaunlicherweise wirkte ich, laut Protokoll, dabei aber immer noch fröhlich. Ich würde sogar in der Klasse mitmachen! Was als Erfolg für die Therapie verbucht wurde. Sie wurde fortgesetzt.

Meine Mitschüler gingen auf Klassenfahrt, während ich Kugeln auf einem Draht von rechts nach links schob. Im Klassenzimmer hingen die Zeichnungen und Malereien der Schüler – nur meine Zeichnungen fehlten.

Ich konnte Gehörtes nicht in Geschriebenes umsetzen. Man empfahl, dies noch einmal abzuklären – diesmal in der klinischen Logopädie. Meine Mutter setzte sich mit mir ins Kinderspital in Zürich ins Wartezimmer. Die Wände waren beklebt mit bunten Punkten und Clowngesichtern, lauter fröhlichen Dingen. Zwischen Kasperlefiguren und Holzpyramiden fieberten wir der Diagnose entgegen, die endlich darlegen würde, welchen Knopf man drücken musste, um die Maschine Louise endlich zum Laufen zu bringen. Es folgte eine ganztägige Untersuchung.

Das Ergebnis: Ich hatte eine normale Hörschwelle. *Die im Vordergrund stehende Lernstörung ist vorwiegend auf eine weitgehend intelligenzunabhängige Schwäche des sprachlautlichen Gedächtnisses zurückzuführen.* Aus der klinisch-logopädischen Sicht wurde empfohlen, während des *Operierens mit Zahlen* laut mitzusprechen, da durch das laute Denken eine *akustische und artikulatorisch-taktil/kinästhetische Rückmeldung* stattfände.

Ich fand das total albern. Laut mitsprechen beim Rechnen, dafür schämte ich mich, da somit jeder meine Fehler hören konnte. Die Untersuchung enttarnte auch eine *auffallend verkrampfte Stifthaltung.* Beim Schreiben würde ich starken Druck auf den Stift ausüben. Zudem verdeckte der Daumen die Stiftspitze. Eine Kontrolle des Geschriebenen sei so nicht möglich. Aus Sicht des Arztes war im schreibmotorischen Bereich somit ein zusätzliches, leichtes Defizit vorhanden. Er empfahl, diesen Bereich bei der Therapie stärker zu berücksichtigen. Dieses krankhafte Stifthalten hieß in der logopädischen Fachsprache: *Dysgraphie.*

Ebenfalls kam nach dieser Untersuchung zu meiner Links*händig*keit auch eine Links*äugig*keit hinzu. Die vom Arzt empfohlene Maßnahme war der Besuch einer Sehschule, was meine Eltern gleich in die Wege leiteten.

Während der Rest meiner Klasse Wandertag hatte und durch den Wald streunte, saß ich einen ganzen Nachmittag in St. Gallen bei einem alten Arzt in weißem Kittel auf einem Stuhlungeheuer. Auch er schrieb nach meinem Besuch einen unglaublich komplizierten Befund mit Sätzen wie *»pos. möglich alt Fix. Licht zeitw. Hg od«* und dem wenig erhellenden Ergebnis: *»Therapievorschlag: Schulung in Leseschwierigkeiten und Rechenschwierigkeiten.«*

Meine Eltern verhandelten mit jedem Lehrer, jedem Direktor um mein schulisches Weiterkommen.

Ich war zehn Jahre alt, und die Siebener-Reihe löste Angstzustände in mir aus. Wenn Frau Stein, meine Grundschullehrerin, auftrug, die Siebener-Reihe (7, 14, 21, 28 usw.) zu üben, graute es mir vor dem nächsten Morgen. Dann würde es wieder heißen: bitte zwei Gruppen bilden. Diese gegnerischen Mannschaften stellten sich hintereinander in zwei Reihen vor der Tafel auf. Frau Stein sagte: »Drei mal sieben!«, und der, der das Ergebnis zuerst herausschoss, durfte sich bei seiner Gruppe wieder hinten anstellen. Die Gruppe, in der der Vordermann zuerst wieder an die Reihe kam, hatte gewonnen. Ich und Christoph (der auch nicht rechnen konnte) wurden immer auf beide Mannschaften aufgeteilt, sonst war es nicht fair, da klar war, dass die Gruppe mit Christoph *und* Louise niemals gewinnen konnte.

Distanzen, Maßeinheiten, die Stunden und Minuten, alles,

was mit Zahlen zu tun hatte, verwirrte mich. Zwischen einem Kilometer und drei Metern bestand für mich kein Unterschied. Sagte man mir aber: »Das ist etwa so weit wie zehn große Schritte«, konnte ich die Distanz sofort einschätzen. Beim Gewicht erging es mir gleich – Gramm, Kilo und Tonnen konnte ich nur einschätzen, wenn sie mit einer bestimmten Anzahl von Mehlsäcken oder Elefanten verglichen wurden. Das Gewicht von einem Elefanten konnte ich mir vorstellen, man brauchte einen Kran, um ihn hochzuheben, das musste schon ziemlich schwer sein.

Manchmal blieb ich auf dem Nachhauseweg von der Schule an dem Süßwarenladen im Dorf hängen. Wenn ich gerade etwas Taschengeld bei mir hatte, bat ich die Dame, das Geld, das ich ihr in die Hand legte, auszuzählen und mich so lange aussuchen zu lassen, bis es nicht mehr reichte. Aus all den bunten Kisten, voll mit sauren Schlangen, Katzenzungen, Colaflaschen, Lakritzen, Bonbons und Karamellstangen nahm ich mir, bis sie »stopp« sagte, und ging glücklich weiter meinen Weg. Die Beträge von fünf Rappen, fünfzehn Rappen, zwanzig Rappen und zehn Rappen zusammenzuzählen, hätte mich den ganzen Nachmittag gekostet.

Dann: Nach zweiundzwanzig Therapiesitzungen zeigte ich eine bisher noch nicht da gewesene Lockerheit beim Rechnen. Alle waren, was meine Weiterentwicklung betraf, zuversichtlich, und ich durfte in die dritte Klasse.

7

Nach der dritten Klasse kam der Übertritt in die vierte Klasse. Frau Godenschweig behandelte mich nach wie vor. Doch um mich vor der drohenden Wiederholung der dritten Klasse zu bewahren, leiteten meine Eltern eine weitere Maßnahme ein. Sie meldeten mich zum Horchtraining an. Jeden Mittwochnachmittag saß ich von nun an zweieinviertel Stunden lang bei einer gewissen Frau Hoffmann in einem Souterrain, während meine Mutter im Warteraum Fotoalben klebte. Mir wurde ein Kopfhörer aufgesetzt, aus dem Klassik oder Softpop ohne Gesang klang. Dazu durfte ich malen. Immerhin!

Nach drei Einheiten Therapie, die insgesamt drei Monate dauerte, erfolgte das Gespräch mit den Eltern und dem Kind. Ich kann mich erinnern, dass wir an einem großen weißen Tisch saßen in einem vakuumierten Raum ohne Geräusch und mit wenig Sauerstoff. Meine Mutter, mein Vater, Frau Hoffmann – die Erfinderin des Horchtrainings. Ach ja, und ich – Louise. Diese Louise aus »Schwächen«, »Therapien«, »Therapieverläufen«, »Maßnahmen« und »Schwierigkeiten«. Meine Mutter wagte es endlich, Frau Hoffmann ihren Eindruck zu schildern. Sie war vielleicht die erste Mutter, die sich traute, dieser Frau offen zu gestehen, dass ich durch das Horchtraining keine sichtbaren Fortschritte mache und sie sich überlegen würde, die Therapie abzubrechen.

»Abbrechen!?« Frau Hoffmann bewegte sich in ihren fischhautähnlich schimmernden Tüchern, ließ die zahllosen Reifen an ihrem Handgelenk klimpern und legte die alten Hände schließlich auf dem weißen Tisch ab.

Dann sprach sie die alles entscheidenden Worte: »*Ich* habe

das *Gefühl,* Herr und Frau Jacobs, dass Sie nicht genug an den Erfolg der Therapie glauben!«

Das war das Ende dieser Behandlung.

```
                        I.A.P.P.
         Institut für Audio – Psycho – Phonologie
            Tomatis Methode® seit 1978 in Zürich


Ulrike Hoffmann
Wikingstraße 20
8022 Zürich


                               Zürich, im Dezember

Sehr geehrte Klientin,
Sehr geehrter Klient,


aus Platzgründen senden wir Ihnen anbei die
während Ihres Horchtrainings angefertigten
Zeichnungen zurück.

Mit freundlichen Grüßen und besten Wünschen
für die kommenden Festtage!

I.A.P.P.
U. Hoffmann
```

Ich hatte hauptsächlich mit Ölkreide gemalt – farbige Flächen, die ich mit einem Gitter versah. Ich malte Bäume mit abgesägten Stümpfen, nach unten wachsenden Ästen und ohne Blattwerk. Ich malte Dreiecke und Vierecke in Grün und Blau. Die Buchstaben meines Namens schrieb ich zwar richtig herum, aber aus irgendeinem Grund wirken sie so, als seien sie spiegelverkehrt geschrieben.

Zusätzlich zu Frau Godenschweig und Frau Hoffmann wurde nun Herr Sager hinzugezogen. Er forderte von meinen Eltern, ich müsse meine Aktivitäten neben der Schule einschränken, um meine Leistungen in der Schule zu steigern. Herr Sager war ein Mensch, der weder diabolisch noch mitleidig lachte – er lachte gar nicht. Er ließ mich auf einem Bein mit drei Bällen jonglieren, um meine Konzentration zu schulen, und er verfolgte ein ehrgeiziges Ziel: *Jede Therapie muss sich selbst überflüssig machen.* Und das innerhalb *zeitlicher Gefäße.*

Dann war da Frau Fink. Frau Fink hatte wie auch Frau Godenschweig eine Vorliebe für großen Schmuck. Sie empfing mich im Wohnzimmer ihrer Wohnung, das ganz dezent nach einem ätherischen Öl roch. Überall lag therapeutisches Spielzeug. Nichts war zufällig, alles war zur Analyse eingerichtet. In diesen therapeutischen Welten wurde jedes Ding, nach dem man griff, jedes gesprochene Wort analysiert, das wusste ich irgendwann, deshalb hasste ich es, Sachen anzufassen, und ich sprach kaum. Stumm baute ich Welten in Sandkästen auf und ordnete Figuren an. Diese wurden von Frau Fink fotografiert und analysiert. Wortlos malte ich Bilder von Pferden mit drei Beinen. »Wo ist denn das vierte Bein, Louise? Pferde haben doch vier Beine?« In den Akten wurde sofort notiert, ich leide unter Realitätsverlust.

Zu dem Zeitpunkt war ich elf.

SCHULPSYCHOLOGISCHER BERATUNGSDIENST
IM BEZIRK MEILEN

streng vertraulich!

**Schulpsychologischer Bericht
FIS – Zuweisungsantrag**

Im Einverständnis aller Beteiligten der Schulpflege stelle ich den Antrag, **Louise Jacobs als Sonderklassen-D-Schülerin** im Rahmen der Integrativen Schulung von Kindern mit Schulschwierigkeiten der **FIS-Gruppe von Herrn Ph. Dietrich zuzuteilen.** Louise wurde in den vergangenen drei Jahren von Fachstellen (Ophthalmologische Tagesklinik, St. Gallen, Mathematiklabor Zürich, Logopädische Abklärungsstelle der Universität Zürich sowie eine Logopädin) untersucht.
Trotz mehrerer Therapieangebote, welche darauf angelegt waren, mit unterschiedlichen Ansätzen und Techniken die kognitiven Ausfälle und Wahrnehmungsdefizite abzubauen bzw. zu kompensieren, konnte bisher der erhoffte Therapiedurchbruch nicht erzielt werden. Zurzeit tritt bei Louise in immer stärkerem Ausmaß ein Gefühl von Überforderung und des »Nicht-genügen-Könnens« auf. Das schulische Selbstvertrauen schwindet derart, dass sich das Mädchen nichts mehr zutraut. Anlässlich der ersten Besprechung gab ich die Empfehlung, Louise bis Ende der Primarschulzeit in Rechnen und Sprache der FIS-Gruppe zuzuteilen.

Herliberg, 28. Oktober 1993
Der Berater: Dr. C. Krieger

Den sozialen Anschluss zur Klasse hatte ich schon seit längerem verloren. An mir haftete etwas, das mich gegenüber meinen Mitschülern herabstufte. Es war diese *Schwäche*. Sie zwang mich nun auch noch dazu, in den Keller des Schulgebäudes hinabzusteigen, um bei Herrn Dietrich mit all denen zu sitzen, die offensichtlich nur halbschlau waren. Ich zählte dazu und hasste es. Manchmal blieb ich einfach nach dem Klingeln zur Deutschstunde in meiner Klasse sitzen, bis Herr Dietrich persönlich kam, um mich abzuholen.

Ab in die Zelle!

Ausgerechnet Deutsch. Wo ich doch so intensiv das Lesen trainierte und auch immer besser wurde. Abend für Abend las ich vor dem Einschlafen in meinem Bett. Ich las ein Buch nach dem anderen, und das Schönste war, wenn ich mit meinen fünf Geschwistern im Kreis um meine Mutter herumsaß, die uns vor dem Zubettgehen aus *Pipi Langstrumpf*, *Pan Tau*, den *Kindern aus Bullerbü* oder *Michel aus Lönneberga* vorlas. Bücher waren in unseren Kinderzimmern so selbstverständlich wie Kuscheltiere im Bett.

Frau Godenschweig hatte ihren Auftrag nach mehreren Monaten der aus ihren Augen sehr erfolgreichen Behandlung erfüllt. Ich besuchte nun einmal wöchentlich Frau Fink, und an die Stelle von Frau Godenschweig trat Frau Bernegger. Sie behandelte in einem Hexenhaus in Zollikerberg mit grüner Haustür und vergitterten Fenstern. Immer wenn ich den Klingelknopf drückte, betete ich zum lieben Gott, die Tür möge nicht aufgehen. Immer ging sie auf. Der Geruch von staubfreier Sauberkeit, Kiefernholzmöbeln mit rauher Stoffbespannung und Gymnastikbällen in Rot und Grün wehte mir entgegen. Frau Bernegger arbeitete nach einer brandneuen Methode aus Amerika, bei der man ein imaginäres Tortenstück überm Hinterkopf plazierte. Mit diesem »dritten Auge« sollte ich meine

Texte lesen, um die Rechtschreibfehler zu erkennen. Ebenjene Methode sah es auch vor, die Buchstaben des Alphabetes mit bunter Knete zu kneten oder sie an imaginäre Wände zu malen. Alle sechsundzwanzig Buchstaben musste ich in der umgekehrten Reihenfolge lernen. Da aber diese Methoden gerade erst neu aus Amerika in der Schweiz eingetroffen waren, fühlte sich Frau Bernegger in der ganzen Arbeit noch nicht sattelfest. Und wie sich später herausstellte, litt sie sogar selbst an einer Dyskalkulie. Vielleicht verwies sie mich deshalb zur vertiefenden Therapie auch an einen Spezialisten in Hamburg.

Ich reiste also mit meinem Vater nach Norddeutschland. Morgens Therapie, nachmittags Therapie. Eine Woche lang Bälle auf einem Bein jonglieren, das Alphabet rückwärts aufsagen, Texte lesen, kneten, den Rest erinnere ich nicht. Das Ergebnis des Ganzen erinnere ich ebenfalls nicht – nur, dass meine Eltern fortan Briefe aus Hamburg bekamen mit der Anrede: *Liebe Freunde, liebe Legasthenikerfamilien* … und ich erinnere die Folgen.

Diese Therapie sah nämlich einen streng einzuhaltenden Strategieplan vor.

Üben:

1. *Jeden Tag, am besten vor dem Frühstück, die Feineinstellung des Orientierungspunktes finden und festigen.* So konnte ich, gewappnet mit einem imaginären Tortenstück über meinem Kopf, zur Schule gehen und sicher sein, dass mir beim Schreiben und Lesen keine Fehler unterlaufen würden. Spätestens nach den dreißig Schritten aus dem Haus schleuderte ich das imaginäre Tortenstück in die Hagebuttensträucher.

2. *Täglich mit der inneren Wand üben.* Das hieß, ich musste täglich das Alphabet vorwärts und rückwärts von dieser Wand ablesen, und jeden Tag sollte ich dem Ganzen eine andere Farbe verleihen.

3. *Jeden Tag ein kurzes Diktat.* Ätzend.
4. *Unter Aufsicht lesen.* Langweilig.
5. *Täglich die Laute hören und identifizieren.* Aus Roogen mach Roggen. Wie viele o hat das Wort Roggen?
6. *Ein Wort aus der Liste klären: zunächst besprechen, dann damit Sätze bilden, eine Zeichnung anfertigen und ein Tonmodell bilden.* Diese Liste war ein fingerdicker Papierbogen, in dem Satzzeichen und Wörter nach Arten unterteilt aufgelistet waren. Begonnen mit *Punkt, Komma, Doppelpunkt, Semikolon, Ausrufezeichen* und so weiter hin zu den Wortarten wie Nomen – *Mensch, Ding, Ort, Idee.* Die Verben waren in ihre Untergruppen sortiert, und dann gab es noch die Präpositionen, die Interrogativpronomen, Indefinitpronomen – kurz: alle, alle Wörter, die in der deutschen Sprache existieren und in meinem Gehirn kein Bild auslösten. Zum Beispiel das Wort *während:* Da zeichnete ich einen Cowboy, der, mit dem Rücken an einen Baum gelehnt, schläft. *Während* er schläft, löst sich sein Pferd vom Strick und geht davon.

Nach der Zeichnung musste ich kneten. Hätte ich sonst nichts zu tun gehabt, wäre es kein Problem gewesen, diese Aufgabe zu meistern. Aber allein das Tonmodell anzufertigen kostete unendlich viel Zeit! In dreißig Minuten war das alles einfach nicht zu schaffen. Meist führte ich dieses Programm abends mit einer Studentin oben in meinem Zimmer aus, während meine Mutter kochte. Die Zeit bis zum Abendbrot war immer knapp, und die Studentin wollte um sieben Feierabend machen und drängte mich, das Tonmodell nicht zu aufwendig zu machen. Ich knetete oder zeichnete und hörte meinen Vater, der vom Büro nach Hause kam. Spätestens um 18.45 Uhr rief meine Mutter zu uns Kindern hoch: »Kann mal einer von euch den Tisch decken!« Wenn sie ein zweites Mal rief, brach ich ab und zog das Tischdecken der Gehirnschulung vor.

Irgendwann weigerte sich die Studentin, weiter mit mir zu arbeiten, und mein Vater musste ran. Weder für ihn noch für mich war das leicht. Während eines der »kurzen Diktate« kratzte ich mit der abgebrochenen Klemme der Kappe meines Füllfederhalters *Ich hasse* in das Holz meiner Schreibtischplatte. Mein Vater wurde furchtbar wütend – wir brachen ab. Ich schäme mich noch heute dafür. Fortan standen diese Worte in meinem Schreibtisch. *Ich hasse* (dieses Training).

Um 19.15 Uhr aßen wir dann schließlich alle zusammen zu Abend.

Doch der Strategieplan war da noch nicht ganz abgearbeitet.

7. Zeichnen: Vor der weißen Wand einen Gegenstand visualisieren, bis er ganz klar ist. Augen auf: zeichnen. Sich selbst fragen: Was ist gut und fertig? Was nicht? Es wundert mich nicht, dass ich, wenn ich später zeichnete, mit nichts anderem zufrieden war als mit der perfekten Kopie einer Vorlage. Ich erinnere, dass mich mehrere Lehrer von Grundschule bis Gymnasium verdächtigten, meine Zeichnungen nicht selbst gemacht zu haben und mir dafür schlechte Noten gaben.

8. Einmal die Woche metamorphische Massage. Das bedeutete, mich von Frau Bernegger anfassen lassen zu müssen, womit sie meine persönliche Schutzmauer zu durchbrechen beabsichtigte. Noch heute hasse ich Massagen.

9. Im Falle von Fragen oder Problemen anrufen. Wenn die Übungen nicht mehr ausreichen, vorbeikommen oder anrufen, um neue Übungen zu bekommen.

8

In europäischer Zeit muss es bereits halb vier Uhr morgens sein. Die Zeiger meiner Uhr, die auf dem Nachttisch neben einem Buch liegt, leuchten mir die Vermonter Zeit. Es ist halb zehn Uhr abends. Ich liege noch wach in meinem Bett. Da ich das Fenster spaltbreit geöffnet habe, dringt Kälte herein. Wollsocken und eine zusätzliche Wolldecke, die ich auf die Daunendecke gelegt habe, halten mich warm. Im Dämmerschlaf lausche ich dem Geräusch des plätschernden Wassers, das sich, von dem Weiher der Farm kommend, über eine Steinmauer in ein kleines Becken ergießt und sich von dort ins Connecticut Valley schlängelt. Draußen ist es stockdunkel. Nachts ist es so finster, dass man sich um diese Uhrzeit ohne Taschenlampe verläuft – egal, wie kurz die Strecke ist. Stumm ist diese Dunkelheit und undurchdringlich.

Durch die Zeitumstellung erwache ich um fünf am nächsten Morgen. Ich liege noch eine Stunde wach im Bett und beschließe dann, aufzustehen, ziehe mich an und gehe in die Küche. Meine Uhr lasse ich bewusst auf dem Nachttisch liegen. Von nun an steht die Zeit.

Ich mache Kaffee, höre Musik, schreibe, lese etwas und lasse den Morgen an mich herankommen.

Bald stehen die Bäume entflammt in der Morgensonne. Ich beschließe, schwimmen zu gehen. Der Weiher ist gefüllt mit Wasser, das einen, je kälter es ist, wie Seide umfängt. Ich gehe langsam bis zu den Knien hinein, schöpfe das Wasser über Brust und Schultern und lasse mich dann mit einem tiefen Atemzug hineingleiten. Ich höre nur meinen Atem und die kleinen Wellen, die um mich herum brechen. Auf dem

Rücken, die Ohren unter Wasser, schaue ich in den Himmel. Drei, vier Runden schwimme ich, dann wickle ich mich in den Bademantel und gehe barfuß übers nasse Gras unter die heiße Dusche.

Nach einem Kaffee nehme ich meinen Resistol-Cowboyhut, den ich mir einmal in Wyoming gekauft habe, ziehe die Gummistiefel über und gehe zum Studio rüber. Das Studio ist ein kleines Holzhaus aus rot lackierten Brettern und einem spitzen Dach, aus dem ein kurzer Schornstein emporragt. Es liegt im Windschatten von vier bauchigen Tannen mitten in einer Weidefläche. Die Wiese jenseits des riesigen Ahornbaumes, der vor dem alten Stall steht, erstreckt sich über eine Hügelkuppe und stößt am Ende der dahinterliegenden, eingezäunten Schafweiden an den Waldrand. Das Studio ist umringt von großen Feldsteinen. An den Seiten sind jeweils Fenster eingebaut, die Front ist ebenfalls verglast und mit Fliegentüren versehen. Man hat einen herrlichen Blick über die Schafweiden ins Tal und auf die bläulichen Hügel am Horizont. Als ich herantrete, verkriecht sich blitzartig ein großes schwarzes, plüschiges Etwas im Hohlraum hinter den Steinen. Erstaunt bleibe ich stehen, höre ein Rascheln und Scharren, kann aber nichts erkennen. Das muss ein Groundhog sein, denke ich, ein Murmeltier. Jim sagt, sie seien zu nichts nütze. Man kann Ragout aus ihnen kochen, sonst würden sie nur Löcher graben. Er schießt sie tot und stapelt sie, wie er sagt.

Im Studio steht ein Tisch, ein Stuhl, es gibt Strom, eine Toilette und einen roten Kaminofen. Ich lege meinen Computer, den Block und die Bücher ab, suche die Steckdose und höre ein merkwürdiges Trommeln unter meinen Füßen. Das wird der Untermieter sein, denke ich mir. Ich mache die Türen weit auf und schaue in den blauen Himmel auf die pittoresken Wölkchen, die sich zu einer Herde gesammelt haben. Die »Falling Leaf Season« naht – wie die Indianer den Herbst nennen. Die Luft ist so klar, als würde ich durch ein magisches Glas schauen. Es weht ein kühler Wind, er streift wie ein glücklicher Vagabund über die Lande, ohne Last und Sorge. Die Schafe weiden auf den saftig grünen Wiesen, ich höre den Bach, der den Sleeper Hill runterfließt. Typisch Vermont. Ich bin ausgewechselt, der Großstadt entflohen, endlich zu Hause.

Auch mittags wirken die Anhöhen am Horizont blau und dunstig. Nach etwas getaner Arbeit setze ich meinen Hut wieder auf und trete aus der Fliegentür. Der große Hunger treibt mich ins Haupthaus an den Kühlschrank. Ein erstes Sandwich mit Pickles, darauf freue ich mich. Da aber fällt mir ein, dass ich ja erst einkaufen muss.

Auf dem Weg zum Haupthaus kicke ich die abgeschnittenen Grashalme mit der Fußspitze vor mir her und rieche die aufsteigende Wärme in der Wiese. Aus der Richtung des kleinen Obst- und Gemüsegartens, wo man die Zaunlatten der kleineren Auslaufplätze für die Schafe sehen kann, kommt mir eine Gestalt entgegen. Ich erkenne sie sofort an dem Gang, an der Schirmmütze, der Art, wie die Arme baumeln: Jim.

Ich halte die Hand gegen die Sonne.

»Hallo, Jim!«, rufe ich ihm zu. Einige Schritte später stehen wir uns gegenüber. Jim kümmert sich um den Wald, der zur Farm gehört, hält die Reitwege frei, das Wild im Auge, die Maschinen in Schuss. Er schneidet das Heu, und im Frühling kocht er den Saft aus den Ahornbäumen zu Maple-Sirup. Er trägt Carhartt-Hosen wie immer, feste Schnürschuhe, ein Flanellhemd und seine langen, lockigen Haare zum Pferdeschwanz gebunden. Er ist groß und stark. Sein Alter ist schwer zu benennen, er ist wie eine Schildkröte. Seit Jahrhunderten scheint er hier zu leben, ohne dabei älter zu werden. In seinem Gesichtsausdruck liegt immer eine Mischung aus Trauer und Verletzlichkeit. Für einen Mann seiner Statur sind diese

Züge so ungewöhnlich, dass ich immer zweimal hinschauen muss. Er vermittelt mir nichts von dem romantischen Landleben, Jim nimmt mir jede Illusion, man bekäme irgendwas von der Natur geschenkt. Das Leben hier ist hart erkämpft.

Wir geben uns die Hände, seine sind wie aus Holz geschnitzt. Er nimmt sein Käppi ab, streicht sich über die Stirn und setzt es wieder auf. Schüchtern und zurückhaltend lächelt er.

»Ich bin auf dem Weg in den Ort. Mir ist gerade klargeworden, dass ich vor dem Essen erst noch einkaufen muss. Und du? Gehst du zum Stall?«

»Yep.« Jim nickt.

»Ach, ich komme mit«, sage ich, und wir schlagen den gleichen Weg ein.

»Francis holt gerade Lunch. Wenn wir uns beeilen, erwischen wir ihn noch.«

Das ist ein ungewöhnlich langer Satz für Jim. Eigentlich ist er wortkarg – ein Vermonter. Doch wenn er erzählt, ist seine Stimme ölig und geschmeidig wie flüssiger Honig. Sein Englisch ist breit, und von vielen Wörtern verschluckt er die letzten Silben.

»Wie war die Reise?«

»Gut«, sage ich und habe das Gefühl, dass meine Reise vor allem eines ist: endlos. Wo hat meine Reise eigentlich begonnen?, frage ich mich. »Es ist ein Geschenk, hier sein zu dürfen«, füge ich hinzu.

»Ja, das ist es.«

Die Wälder haben auch Jim nicht vom Leben verschont – im Gegenteil. Er war verheiratet, doch bei seiner Frau diagnostizierte man kurz nach der Hochzeit Krebs, der Tumor saß in ihrem Nacken. Die Chemotherapie führte zu unvorhersehbaren Persönlichkeitsveränderungen. Sie wurde hysterisch, was Jim schließlich dazu bewog, nach mehreren Monaten des

Aushaltens in die Garage im Haus seines Vaters zu ziehen. Soweit ich weiß, erlag seine Frau Jahre später ihrer Krankheit. Kurz nach ihrem Tod schnitt sich Jim seinen Zopf ab und spendete das Haar. Mittlerweile sind seine dunklen, von grauen Strähnen durchzogenen Haare wieder länger, er hat eine neue Lebensgefährtin gefunden und ist Vater eines kleinen Sohnes. Es gibt Menschen, mit denen redet man und redet und hat das Gefühl, sie bleiben immer Fremde. Mit Jim habe ich in den zwanzig Jahren, die ich ihn kenne, wenig gesprochen, aber ich habe das Gefühl, ihn trotzdem sehr gut zu kennen. Mich verbindet eine besondere Freundschaft mit ihm, da wir am selben Tag Geburtstag haben. Vielleicht war ich auch mal etwas in ihn verliebt. Ich war diese Vollblutpfadfinderin und habe Jim so bewundert, weil er Tierfährten im Matsch lesen konnte und weil er so viel von sich verbarg. Er ist wie Wild – man braucht Stunden, um es aufzuspüren. Und dann, wenn man es auf einer Lichtung erblickt, steht es minutenlang bewegungslos da und beobachtet einen. Ich habe Jim nie rennen sehen. Er geht immer kraftvoll und gemächlich, immer in Gedanken versunken, wie es scheint. Alles, was er tut, ist Muskelkraft oder Ruhe, darüber hinaus gibt es für ihn nur den Rückzug. Und wenn man ihm nicht nachgeht, ihn über seine Zeit als Firefighter in der Wildnis von Oregon und Wyoming oder die Technik, Biber zu fangen, ausfragt, bleibt Jim stumm. So verschmilzt er im Wald mit seiner Umgebung. Und er ist nur einer der vielen kantigen Charaktere, die man hier aufspürt.

Die Vermonter sind nicht besonders religiös, was sie von den anderen Bewohnern der ländlichen Regionen weiter westwärts stark unterscheidet. Man trifft sich eher bei der Jahresfeier im Feuerwehrhaus. Die Vermonter leben als verkannte Maler, Aussteiger, Witwen, Schreiberlinge oder Farmer in den Grünen Bergen. Jim ist vor allem Jäger, Gesellschaftsflüchtling und Hippie.

Wir stehen vor den roten Toren des Stalls. Er ist auf die Anhöhe gegenüber vom Haupthaus gebaut. Von Pferdeschweiß süßliche Luft schlägt mir aus den weit geöffneten Schiebetüren entgegen. Das Radio läuft, und ich höre die Pferde, die, den Kopf aus dem Fenster gestreckt, in der Sonne dösen oder mit den Nüstern im Heu stöbern. Ich gehe zu jedem hin und streiche ihm über die Stirn. Giovanni, ein kecker Brauner, wendet sich von mir ab und steckt seine Nase wieder ins Heu.

Francis ist schon losgefahren. Jim ruft im Country Store an und bestellt ein »Speck-Salat-Tomaten-Sandwich mit Vollkornbrot, Senf und einer extra Gurke« für mich.

Aus dem Radio kommen Nachrichten. Es steht auf einem Hocker neben der offenen Box, in der die Pferde nach der Arbeit abgeduscht werden.

Eins der Pferde hämmert mit dem Huf gegen die Boxentür, Jim ist irgendwo verschwunden, um nach etwas zu schauen. Ich gehe die Stallgasse rauf und runter und genieße jeden Schritt. Da taucht Jim wieder auf. Im Gegenlicht wankt er mir ganz langsam mit in den Hosentaschen vergrabenen Händen und hochgezogenen Schultern entgegen. Ich habe das Gefühl, etwas sagen zu müssen, aber dann finde ich jeden Gesprächsansatz unnötig. Da höre ich den Motor eines Wagens. Francis kommt. Er steigt aus und trägt eine Pappkiste voll mit drei eingewickelten belegten Broten, Pappbechern und kleinen bunt bedruckten Chipstüten in beiden Händen. Wir begrüßen uns. Francis nimmt seine Kappe ab, streicht sich mit den Händen übers Haar und stützt dann die Rechte in die Hüfte.

Zu dritt essen wir unsere Brote draußen auf Strohballen, trinken Cola, Wasser und essen Chips dazu.

»Schicker Hut. Wo hast du den her?«, fragt mich Francis.

»Aus Jackson Hole«, sage ich stolz.

»Du warst im Cowboy-Land?«

»Aber klar!«

Francis lacht. »Das kam ja wie aus der Pistole! Ich war mir nicht sicher, tut mir leid.«

»Ich bin ein Cowboy.«

»Ja, ich auch«, seufzt Francis. »Aber ich glaube, mein Akzent ist zu irisch. Die würden mich im Westen höchstens als Hufschmied anstellen.«

Ich schmunzle und schnippe mit dem Zeigefinger gegen die Hutkrempe. »Ich trage ihn nur viel zu selten.«

»Du nimmst ihn nicht mit ins Bett? Dann, meine Liebe, kannst du kein Cowboy sein.«

»Oh doch!« Ich zucke mit den Schultern, um zu bedeuten, dass ich für den Wunsch, ein Cowboy zu sein, nichts kann.

Francis und Jim nicken beide wissend.

9

Aus mir sollte allerlei werden. Physikerin, Mathematikerin, Chemikerin, Ärztin, Juristin, aber keinesfalls ein Cowboy.

Vielleicht tun Eltern ihrem Kind auch keinen Gefallen, wenn sie ihm jeden Abend vor dem Schlafengehen ins Ohr flüstern: »Und du wirst Cowboy, hörst du?« Vielleicht muss man wirklich das Abitur haben, damit was Vernünftiges aus einem wird. Als Cowboy fährt man rostige Trucks, zupft Gitarren und ist immer unterwegs. Man trägt zerbeulte Jeans und immer denselben Gürtel. Man streitet nicht, reitet lieber schweigend davon und sucht Trost bei einem braunen Vierbeiner.

Das Pferd ist der Anfang jeder Phantasie vom freien, wilden Leben. Das Pferd ist so selbstverständlich Teil meines Lebens wie der Traum vom Cowboy. Ohne Pferde ergibt mein ganzes Streben nach Freiheit keinen Sinn.

Auf besondere Weise ist die Liebe zum Pferd in meiner Familie enthalten wie der Hang zum o-beinigen Gang mit leicht nach vorne gebeugtem Oberkörper.

Ohne Land ist ein Bauer kein Bauer, ohne Tiere ist eine Farm keine Farm. Ohne Pferde ist ein Jacobs kein Jacobs. Es gibt Schwarz-Weiß-Filme meines Urgroßvaters Jacob Jacobs, der am Strick eine Hannoveraner Stute mit ihrem Fohlen durchs Bild der Kamera führt. Die Landschaft drumherum ist karg, die Erde aufgewühlt, die Zaunlatten krumm und ungehobelt. Mit großen Schritten führt er seinen ganzen Stolz vor, und dahinter hüpft behende das Fohlen. Man sieht dem Mann die körperliche Arbeit an, die Schultern sind rund und schwer, es ist dieses Pferd, das ihn aufrecht gehen lässt.

Mein Großvater Walther Jacobs war mit ähnlicher Passion dem Pferd verfallen. Fünfzig Jahre nachdem er die Sümpfe in Sottrum trockengelegt hat, um Weiden einzuzäunen, blickte wiederum mein Vater auf einen Stall mit Halle und Weideflächen davor, die er sich vom Wald zurückgeholt hat. Und ich?

Wenn ich meine Reitstiefel aus dem Schrank nahm, standen sie zwischen den Stiefeln meines Vaters, mein Helm lag neben dem Helm meines Vaters. Zwischen mir und meinem Vater gehört eine Unterhaltung über Pferde so natürlich dazu wie die Frage nach dem eigenen Befinden.

Obwohl ich die Reiterei nie als Leistungssport betrieben habe, kann ich mir ein Leben ohne das Pferd nicht vorstellen.

Ich habe mit sechs Jahren an der Longe mit dem Reiten begonnen. Einmal die Woche, mittwochs von 15 bis 16 Uhr. Nach zwei Jahren durfte ich zum ersten Mal in der Abteilung reiten, das heißt, dass ich in der Reithalle mit acht anderen Pferden in der Einerkolonne im Kreis ritt. Immer wenn ich zum Reiten gebracht wurde, hatte ich Herzklopfen. Dieses Herzklopfen verspüre ich noch heute, wenn ich zum Stall fahre.

Der Stall meiner Kindheit liegt an einer Straße auf einer Anhöhe, bevor es runter nach Herliberg geht. Ich habe ihn hauptsächlich als dunkel in Erinnerung. Die Boxen waren viel zu niedrig und zu klein, die Schulponys standen am Halfter in Ständen und konnten sich kaum hinlegen. Wie in den meisten Ställen war das Gelände nach starken Regenfällen ein Schlammloch, das sich während anhaltender Trockenperioden wieder in ein Staubloch verwandelte.

Am Stall lernte ich, Fliegen mit der Hand zu fangen und den Geruch von Silage zu lieben. Anfangs verspürte ich immer Brechreiz, wenn im Stall das in Folie eingewickelte, in der Sonne gegärte Heu gefüttert wurde. Es roch nach einer Mischung aus zerquetschten schwarzen Oliven, Bier und süßem Erbrochenem. Ich musste mir die Nase zuhalten, wenn ich durch die Stallgasse ging. Heute atme ich diesen köstlichen Duft ein und liebe sogar die Vorstellung von zerquetschten Oliven. In diesem Geruch liegt so viel Sonne und so viel Saft, dass ich mich hineinlegen könnte.

Es gab einen uralten Kaffee- und Kakaoautomaten, der aus Heißwasser und einem Pulver entweder das eine oder das andere in einen braunen, gerippten Plastikbecher tröpfeln ließ. Im Winter war das ein Genuss, und ich hatte immer ein Frankenstück in meiner Reithose für diesen heißen, wässrigen Kakao. Ich besaß eine einzige blaue Reithose, und die durfte nicht gewaschen werden. Wenn ich zwischen Daumen und Zeigefinger den elastischen Stoff am Oberschenkel hochzog und zurückschnappen ließ, musste eine kleine Staubwolke aufwallen. Nur so war ich zufrieden. Statt Reitstiefeln trug ich Gamaschen und Stiefeletten. Bald glänzte das Leder speckig, und weiße Ränder vom Schweiß der Pferde zeichneten sich ab.

In den über zwanzig Jahren, in denen ich reite, habe ich vier Paar Lederhandschuhe besessen. Je länger man Lederhandschuhe trägt, desto intensiver duften sie nach Seife, Schweiß und feuchtem Heu – es gibt nichts Schöneres als abgetragenes Leder. Wenn ich die Handschuhe auszog, liebte ich den Geruch meiner Hände. Ich wusch sie nur, wenn ich zu Hause dazu aufgefordert wurde.

Als ich älter wurde, durfte ich mittwochs und samstags zum Stall. Mittwochs putzte und fegte, fütterte und vertrieb ich die Zeit, bis es dunkelte. In der Regel wurde ich um sechs abgeholt.

Aber in einem Haushalt mit sechs Kindern konnte man auch mal in Vergessenheit geraten – was auch Vorteile haben konnte –, und so wartete ich einmal bis zum Einbruch der Dunkelheit am Stall darauf, dass mich jemand abholte. Die Kinder und die Angestellten hatten das Gelände längst verlassen, und ich blieb auf der Holzbank vor der Sattelkammer sitzen und fing Fliegen. Da ich mich nicht traute, zu Herrn Schmutz, den Reitlehrer und Besitzer der Reitanlage, zu gehen, um zu telefonieren (es vielleicht auch nicht wollte), wickelte ich mich in eine Wolldecke und setzte mich zu der Stute Rebecca ins Stroh und hoffte ein bisschen, man würde erst morgen früh merken, dass ich zu Hause fehlte. Eine Stunde später glitten dann doch die Scheinwerfer des Wagens meines Vaters über den Beton vor den Stallungen.

Samstags ritt ich um neun mit den Erwachsenen und um 15 Uhr noch mal. In der Zeit dazwischen tat ich alles Mögliche, manchmal nahm ich den Haflinger Karino ohne Sattel auf einen Ausritt. Es war das einzige Pony, das ich mich traute ohne Sattel zu reiten. Er hatte einen so dicken Bauch, dass ich mich gut mit den Beinen festklemmen konnte, er war so klein, dass ich, wenn ich fiel, nicht tief fiel, und seine Mähne war so dicht, dass ich meine Hände darin vergraben konnte, wenn der Galopp nach Hause etwas zügiger wurde.

Rebecca war, als ich sie mit elf zum ersten Mal reiten durfte, so groß, dass ich sie nicht selbst satteln konnte. Meine Beine reichten nur knapp übers Sattelblatt des Kindersattels. Aber da Rebecca ein richtiges Pferd war, durfte ich in der Abteilung immer an der Spitze reiten.

Rebecca hatte glänzendes, rostrotes Fell und als einziges Abzeichen auf der Stirn einen weißen Stern. Sie hatte große dunkle Augen und gräuliche Nüstern.

Ich malte ihr ein Namensschild für die Box und pflegte sie stundenlang von Kopf bis Huf, von Schweif bis Schopf.

Ich machte mein erstes und einziges Reitabzeichen auf Rebecca. Wieder und wieder bandagierte ich ihre Beine, bis sich der Stoff gleichmäßig und faltenfrei um ihre Fesseln legte. Bandagen sind handbreite Stoffbahnen, die man den Pferden um die Schienbeine wickelt, damit sie sich mit den Hufeisen nicht an den empfindlichen Sehnen oder der Fessel verletzen. Ich übte das Mähnezupfen an ihr, schnitt mir dabei in den Zeigefinger und habe diese Narbe heute noch.

Ich flog nie von Rebecca runter, und sie ging mir nur einmal durch, ruinierte dabei allerdings mit einem Hinterbein Kotflügel und Fahrertür eines geparkten Autos.

10

Nicht nur der Stall bot mir die Möglichkeit, aus dem Schulalltag zu fliehen. Jedes Kind in unserem Dorf durfte in der dritten Klasse den Pfadfindern angehören. Bei den Pfadfindern kümmerte es keinen, wie gut oder schlecht jeder in der Schule abschnitt. Hier zählten Mut, Durchhaltevermögen, ein lautes Stimmorgan und das freche Mundwerk.

Wie stolz ich war, als ich mit meinem Vater ins Gemeindehaus gehen durfte, um mein Pfadihemd, meinen Pfadipullover, die Pfaditasche und ein leuchtend gelbes Halstuch abzuholen, das jeder Jung-Pfadi als Krawatte um den Hals trug. Ich schnitt selbst meine Lieblingsjeans an den Knien auf und schabte mit dem Schweizer Messer den Stoff am Oberschenkel kaputt. Ich dachte mir Geschichten aus, um den Pfadipulli in die Schule anzuziehen. Zum Beispiel sagte ich meinen Mitschülern, ich käme gerade von einem Pfaditreff und hätte deshalb »Uniform« an.

Jeden Samstag um 14 Uhr knöpfte ich mir das Pfadihemd zu, hängte mir meine Pfaditasche um und schlüpfte in die Wanderschuhe. Ich stieg auf mein Fahrrad und raste die Straße hinunter, um pünktlich um 14.30 Uhr zum Antreten bei der Pfadihütte im Tobel zu sein.

Das Tobel ist eine Art Schlucht. Ich erinnere es als einen Ort von tausend Schatten und einem fortwährenden Gurgeln des Baches. Das Gewässer floss gemütlich über buckelige Feldsteine, die hier und da aus dem Wasser ragten. Das braune Laub schimmerte auf dem Grund, manchmal trieben Stöcke und Äste auf den Wellen flussabwärts. Ging man auf dem Wanderweg den Fluss entlang, kam man an einen etwa drei Meter tiefen Wasserfall, an dem wir Staumauern bauten und im Sommer in das natürliche Becken sprangen. Im Tobel kam die Sonne fast nie durch, somit war der ganze Wald in einen Duft aus feuchtem Holz, Pilzen und aufgeweichtem Humus gehüllt. Inmitten der Buchen und Tannen direkt am Fluss lag die Hütte der Pfadfindergruppe »Heureka«.

Nie mehr wieder hatte ich die Gelegenheit, so verdreckt zu sein, von Kopf bis Fuß so nach Feuer zu riechen, in quatschenden, nassen Wanderschuhen nach Hause zu watscheln, so zu frieren, so zu schreien, mich so zu ängstigen, mich zu schlagen wie bei den Pfadfindern. Bei ihnen habe ich meine Ängste vor Räubern, Gaunern und der Dunkelheit überwunden. Ich lernte in den Pfadilagern, den Rucksack zu packen und meine Eltern zu vermissen. Wir sangen von glücklichen Cowboys, dem schönen Zigeunerleben, von Landstreichern, Seefahrern und Geisterreitern. Wir haben über offenem Feuer gekocht. Wir wickelten Schlangenbrotteig um einen Holzstecken und garten ihn in der Glut. Meist verbrannte der Teig allerdings im Feuer, statt zu backen. Oder das Feuer war nicht heiß genug, und weil man die Geduld verlor, rupfte man den angeschwärzten, aber rohen Teig vom Stecken. Nach Brot schmeckte es nicht wirklich. Spätestens zu Hause hatte man Bauchschmerzen. Wir gruben aber auch Schätze aus, sammelten jungen Löwenzahn für Salat, ergründeten Höhlen, lernten, ein Zelt aufzuschlagen oder geheime Botschaften zu entschlüsseln.

Nichts verschaffte mir größere Genugtuung, als mich mit den Jungs-Pfadis zu schlagen und mit einem blutigen Kratzer oder einer Blessur am Knie davonzukommen. Im Wald durften wir schreien, so laut wir wollten, klettern, rennen, toben, und dennoch hatte jeder Respekt vor seiner Gruppenleiterin – und vor der Dunkelheit. Ich war kein Angsthase, aber ich fürchtete die Nacht wie den Teufel. Im Zelt verkroch ich mich, eingequetscht zwischen der Zeltstange und den drei anderen Mädchen, mit denen ich das Zelt teilte, in den Schlafsack und betete leise, die Nacht möge schnell vergehen.

Die Angst vor der Nacht hielt mich jahrelang in ihrem Bann. Monster, Gauner und Räuber bereiteten mir den größten Schrecken, weil sie nicht greifbar waren. Sie entstammten allein meiner Phantasie, und diese war so mächtig, dass ich bei Nachtübungen im Pfadilager alles dafür tat, in meinem Schlafsack vergessen zu werden. Ich war der rotzfrechste Bengel, solange die Sonne schien – wurden wir aber um drei Uhr morgens mit Geschrei aus dem Schlaf gerissen, überkam mich blanke Angst. Dagegen war die Furcht, im Schlaf auch mal Zahnpasta in den Mund gequetscht zu bekommen, gar nichts. Auch vor Kaugummi auf dem Kopfkissen – der sich am nächsten Morgen nur mit Hilfe einer Schere aus den Haaren lösen ließ – musste ich mich nicht fürchten, da ich immer kurze Haare hatte. Doch bei der Gaunerübung kam keiner davon.

Weil eines der Kinder entführt worden war, wurden wir zusammengetrommelt. Schuhe an, Pulli und Jacke über den Schlafanzug ziehen, und raus ging es in die Nacht. Die Entführer würden unseren Pfadi nicht hergeben, solange wir ihren Forderungen nicht nachkamen. Diese wurden auf einem kaum lesbaren Zettel, der an den Ecken und Kanten angebrannt worden war, formuliert. Im Licht einer Kerze musste einer die Zeilen vorlesen. Den Geschmack von Schlaf noch im Mund und die brennenden Augen starr in die Dunkelheit gerichtet, lauschte man, hörte nichts als diese eine Stimme. Die Gauner schickten uns in den Wald an einen bestimmten Ort, meist ohne Taschenlampe und ohne eine Ahnung, was uns dort erwartete.

In einer Kolonne machten wir uns auf den Weg in die Dunkelheit. Niemand wollte zuletzt gehen, denn dort war die Gefahr am größten, von den Gaunern geschnappt zu werden. Wir durften kein Licht machen und nicht sprechen. Hinter jedem Baum, jedem Holzstapel, jedem Busch vermutete ich den Bösewicht. Auf einer Lichtung setzten wir uns in einen Kreis und warteten. Wenn nichts geschah, fingen wir an zu singen oder zu rufen. Nichts. Die Nacht lag über uns wie ein schlappes Zelttuch, sie verwirrte alle Sinne und machte das vorlauteste Kind zum schüchternen Knirps. Mein Herz klopfte in der Brust, und die Augen zuckten nach links und rechts in fürchterlicher Ahnung, doch ohne die Umrisse einer vermummten Person zu erkennen. Dann, auf einmal, preschten brüllende, schwarze Gestalten hinter den Bäumen hervor. Ein gellendes Geschrei durchfuhr die Gruppe. Jeder versuchte eine Hand zu fassen, hinter einen Baum zu hechten, manche klammerten sich an das Bein eines Räubers und versuchten ihn so an der Flucht zu hindern, doch sie wimmelten einen ab und verschwanden so schnell, wie sie gekommen waren, im Nichts.

Jeder musste nun seinen Namen nennen, damit wir feststellen konnten, ob jemand fehlte. Tatsächlich hatten die Gauner eine weitere Geisel genommen. Wir suchten den Waldboden mit der einzigen vorhandenen Taschenlampe ab, um herauszufinden, ob einer der Räuber eine Botschaft fallen gelassen hatte, ob wir Hinweise fanden, die uns zu ihrem Versteck führten. Es konnte ein Schlüssel sein, eine Karte mit Koordinaten, ein Brief mit weiteren Bedingungen.

So wanderten wir weiter durch den dunklen Wald, um unsere Geiseln zurückzuerobern, bis wir entweder das Versteck der Gauner aufspürten und sie aus dem Hinterhalt überfallen konnten oder sie mit uns um Mutproben verhandelten oder Fragen stellten, die wir beantworten mussten. Irgendwann hatten wir unsere Pfadis zurück und aßen mit den Gaunern, die sich als Führer der Jungs-Pfadis enttarnten, Schokofondue am Lagerfeuer.

In solchen Nächten umfing mich die wohlige Schwärze. Die Flammen des Feuers loderten, und ich wärmte mich und stocherte in der Glut, in der in Alufolie gewickelte Bananen mit Schokolade lagen. Einer der Jungs spielte Gitarre, und wir sangen, lachten und erzählten bis in den frühen Morgen.

Bald wurden die Gaunerübungen zur Routine. Wieder wurden alle aus dem Schlaf gerissen, wieder mussten wir uns hastig anziehen und raus, wieder wurde eine Botschaft verlesen, wieder wanderten wir in den bizarren Wald. Aber diese Furcht war weg. Sie war einfach nicht mehr da.

11

Mit zwölf sah ich aus wie ein Junge, war von Kopf bis Fuß Junge, fuhr Skateboard, Snowboard, BMX und Rollerblades, trug meine Haare kurz und vermied es zu lachen, weil es uncool war. Ich trug Pullover, die heute meinem Vater passen, machte eine Weltreise, um die richtigen Turnschuhe zu erwerben, und schrieb in mein Aufgabenheft: »*Wenn ich sechzehn bin, gehe ich nach Montana auf eine Ranch und werde dort der beste Cowboy, den es gibt.*«

Als Mädchen hatte ich mich nie gefühlt. Ich hatte nie mit Puppen gespielt und hasste es, Röcke und Haarbänder zu tragen. In die Schule trug ich keinen Schulranzen, sondern einen Rucksack. Ich fuhr kein Damenrad, sondern das Rennrad meines Bruders. Dass ich mit dem Skateboard zur Schule fuhr, hatte schon in der vierten Klasse begonnen. Nach dem Unterricht traf ich mich mit den Jungs zum Skaten. Wir sprangen die Betontreppenstufen runter und übten den Kick-flip (das Board in der Luft einmal um die Achse drehen) und den Ollie (mit dem Board in die Waagerechte hochspringen). Mit Jungs wollte und konnte ich mich messen. Auf der Straße und im Fußball entwickelte ich Ehrgeiz, dort lagen meine Stärken. Meine Hosen wurden durchs Skaten immer weiter, saßen immer tiefer auf den Hüften. Da ich nur mit Jungs zusammen war, trug ich, was sie trugen. Meine Mützen zog ich fast bis auf die Oberlider ins Gesicht.

In meinem Mädchenkörper fühlte ich mich nicht wohl. Er bot zu viel Angriffsfläche, war zu sensibel, zu sehr von Therapeuten und Kinderpsychologen eingenommen. Wenn ich rumlief wie ein Junge, machte mich keiner blöd an, und ich konnte allem aus dem Weg gehen. Der Junge war für mich der Inbegriff von Stärke und Freiheit. Der Junge durfte machen, was er wollte, konnte ausreißen, musste sich nicht benehmen oder Spangen in den Haaren tragen.

Meine Eltern sahen das etwas anders. Meine Mutter versuchte mir beizubringen, dass ich auch hübsch aussehen konnte. Sie mochte es, wenn ich Haarbänder trug, Röcke, Lackschuhe oder weiße Blusen. Doch das letzte Mal, dass ich eine weiße Bluse in die Schule anzog, war, als mich ein Klassenkamerad dafür vor der Klasse auslachte. Er riss mir das Haarband vom Kopf und machte Witze darüber, wie albern ich aussah. Darauf zog ich die Bluse aus der Hose, rannte mittags nach Hause und zog mich um.

Ging ich mit meiner Mutter fortan Klamotten einkaufen, wollte ich immer in die Jungsabteilung. Am schönsten war es, wenn mein Vater *und* meine Mutter eine Woche verreist waren – was im Schulalltag äußerst selten vorkam – und ich sieben Tage lang die gleichen Hosen in die Schule anziehen konnte, ohne dafür beim Frühstück zum Umziehen wieder auf mein Zimmer geschickt zu werden.

In der fünften und sechsten Klasse, als nicht klar war, ob ich auf die Behindertenschule sollte oder gerade noch den Sprung in die Sekundarschule in unserem Dorf schaffen konnte, war ich in meiner Klasse nicht mehr besonders beliebt. Und ich bemühte mich, mehrere Male vom Unterricht verwiesen zu werden.

Ich schlug mich auf dem Pausenhof, und wenn ich an den Haaren über die Betonplatten geschleift wurde, aufstand und nicht weinte, dann hatte ich gewonnen. Unter den Jungs brachte mir das Respekt ein, Daniela und Tina aus meiner Klasse beäugten mich dafür argwöhnisch, wenn ich nicht mit ihnen Gummitwist spielen wollte, sondern es vorzog, in der Zehn-Uhr-Pause auf den Fußballplatz zu gehen.

»Wo warst du denn wieder?«, fragte Daniela, als sich der Pulk von 200 Schülern wieder ins Schulgebäude drängte.

»Nirgends«, wich ich der Frage aus.

»Du lügst«, schmetterte sie mir entgegen. »Du warst doch wieder bei den Jungs auf dem roten Platz und hast Fußball gespielt.«

»Stimmt nicht. Ich habe nicht gespielt, nur zugeschaut«, log ich mich heraus.

Daniela trug immer die neusten modischen Trends zur Schule und war ein Mädchen, das überall ganz vorne mit dabei war. Sie raubte mir Kaspar, einen Jungen, den ich auf der Straße »geheiratet« hatte und mit dem ich händchenhaltend zur Schule ging. Daniela war furchtbar neidisch auf mich, weil Kaspar ein hübscher, liebenswerter Junge war. Es muss in der vierten Klasse gewesen sein: Eines Mittwochnachmittages gingen alle mit Frau Stein auf eine Wanderung, zu der ich nicht mitkonnte, da ich zum Hörtraining musste. Als ich am nächsten Morgen zur Schule kam, erfuhr ich, dass Kaspar jetzt mit Daniela ging. Sie gab ihm fortan die Küsse und hielt seine Hand. Ich war verletzt und schämte mich so sehr vor Kaspar, weil ich zu solchen Trainings musste. Und Daniela hätte ich am liebsten erschlagen.

Tina, die andere, war groß, hatte Sommersprossen um die Nase herum, lange Beine, ein wunderhübsches Lachen und einen weißen Hund zu Hause, der nur ihr gehörte. Mädchen wie sie bekamen im Schultheater die Hauptrollen, und ihre Bilder hingen prominent plaziert im Klassenzimmer. Ich bekam nur Nebenrollen, musste zur Therapie, hatte Schrammen an den Schienbeinen und trug am liebsten T-Shirts und Jeans. Tina und Daniela lebten mir etwas vor, das ich nie würde sein können. Wenn sie in meiner Nähe waren, ahnte ich, dass ich irgendwie anders war.

Für Tina und Daniela war immer alles ganz einfach, ich

dagegen musste Krieg gegen Zahlen, gegen Logopäden, gegen eine unsichtbare Krankheit führen. Darüber staute sich in mir Wut auf. Ich hatte eine unerschöpfliche Energie, die ich in Schlägereien oder beim Skateboarden versuchte abzubauen. Nach der Schule blieb ich manchmal extra noch länger auf dem Pausenplatz, um zu skaten oder Wasserschlachten im Brunnen auszutragen.

Zu Hause war ich Teil der Gang, die wir Nachbarskinder bildeten und zu der auch Fabio gehörte. Bei allabendlichen Treffen in den Frühlings- und Sommermonaten trafen wir Nachbarskinder uns für allerlei Unfug und Gemeinheiten auf der Straße vor unserem Haus und spielten, bis unsere Mütter zum Abendessen riefen. Oder nach dem Abendbrot, bis in die Nacht. Wir fuhren Rollschuh um die Wette, spielten Verstecken, bis es dunkelte, und entfachten aus den Hölzern, über die wir mit dem Skateboard sprangen, ein Feuer. Wir erzählten uns Geschichten aus der Schule (es gab nur eine Grundschule im Dorf), lästerten über unsere Feinde und schrieben Mutproben und Leistungstests aus. Zum Beispiel in Form von Radrennen. Immer zwei aus der Gruppe wurden ausgewählt, um gegeneinander anzutreten. In die entgegengesetzten Richtungen wurde gestartet. Rund um unser Haus verlief die Rennstrecke, und wer von den beiden zuerst wieder am Start ankam, hatte gewonnen. Ich wurde ausgewählt, um gegen Roman anzutreten. Roman hatte ein rundes Gesicht, volle Lippen und dunkle Haut und Haare. Er war schweigsam und wohnte zwei Häuser weiter. Seine Eltern hatten Hühner im Garten. Das Kommando zum Start gab mein Bruder. Ich raste die Straße runter, bog bei der Zoohandlung Meierhans nach links ab, bei der nächsten Gabelung wieder nach links, sprintete auf der Rückseite unseres Hauses die Straße hoch und sah von weitem, dass Roman sich, genau wie ich, dem Ziel näherte. Ich fuhr so schnell ich konnte auf ihn zu. Um alles in der Welt wollte ich die Erste sein. Doch da er das Gleiche wollte wie ich, rasten wir aufeinander zu, und keiner wollte ausweichen, keiner wollte bremsen, und so knallten wir am Ziel beide gegeneinander.

Wieder eine Schramme mehr an meinem Ellbogen. Aber dafür unentschieden.

Wenn wir alle fünfzehn Kinder aus der Nachbarschaft zusammentrommeln konnten, spielten wir Verstecken. Der Sucher zählte mit geschlossenen Augen von zwanzig runter auf null. In der Zeit musste sich jeder ein Versteck suchen. Bei null öffnete der Sucher die Augen und durfte nun von seinem Ausgangspunkt drei Schritte machen, um die Versteckten zu erspähen. Konnte er keinen finden, begann er bei neunzehn runterzuzählen. Alle hechteten aus ihren Verstecken, rannten zu dem Sucher hin, berührten ihn mit einem Handschlag und versteckten sich aufs Neue. Wieder durfte der Sucher drei Schritte machen. Wenn er jemanden erkannte, rief er ihn beim Namen aus seinem Versteck, dann begann er wieder bei achtzehn runterzuzählen und so weiter. Ich liebte dieses Versteckspiel. Und gerade, wenn nur noch zehn Sekunden Zeit blieben, sich zu verstecken, hechtete ich ins Laub, unter die Böschung oder hinter eine Hecke und lag mit hämmerndem Puls im Gras. Dieser Nervenkitzel kannte nur eine Steigerung: Klingelstreich.

Wir hatten eine Menge Unfug im Kopf.

Als der Acker am Ende unserer Sackgasse aufgerissen und mit Siedlungshäusern bepflanzt wurde, kletterten wir über die Bauzäune und schlichen um die Rohbauten der Häuser herum. Auf den Gerüsten musste man immer etwas geduckt gehen. Als einer aus unserer Gang laut »Polizei!« rief, richtete ich mich auf und rannte blindlings gegen die nächste eiserne Querstrebe. Gegen das blaue Auge half mir im ersten Augenblick nur meine dreckige Hand. Zu Hause erklärte ich knapp: »Beim Skaten.«

Wir versuchten, mit Steinen Alarmanlagen auszulösen, und lockten die Nachbarstöchter Bänziger mit scheinheiligen Sprüchen aus dem vergitterten Haus, um sie dann mit Wasserbomben durch die Straßen zu jagen.

Doch bald musste der eine oder andere unserer Gang für »Prüfungen lernen«. Das war neu, seit manche von uns in die Oberstufe gingen. Eines Nachmittages klingelte ich bei Roman an der Tür, seine Mutter öffnete und sagte, Roman habe keine Zeit mehr, er müsse »lernen«. Da wusste ich, nun ist es vorbei. Bald darauf kam keiner mehr zum Skaten oder Versteckenspielen auf die Straße.

12

Wie der Schatten eines Scheinriesen wuchs der Ernst des Lebens, je älter ich wurde. Wie die meisten aus meiner Klasse wollte ich nach Abschluss der Grundschule auf die Sekundarschule in unserem Dorf wechseln. Ich sah der dreimonatigen Probezeit gleichgültig entgegen, obwohl man nur nach bestandener Probezeit auf der Sekundarschule bleiben durfte.

Während die Oberteile meiner Mitschülerinnen immer enger wurden, wurden meine T-Shirts immer weiter. Manchmal kommentierten Mädchen meine Kleidung mit verwunderten, abschätzigen Blicken – das war neu.

Die Schule kümmerte mich immer weniger, und ich hatte längst begriffen, dass ich nichts taugte. Mir war die Lust daran vergangen, Dinge zu lernen, die ich so, wie sie mir vermittelt wurden, nicht verstand.

Im Deutschunterricht der Sekundarschule zum Beispiel mussten wir die *Odyssee* lesen – wir waren dreizehn. Das

Buch langweilte mich, und ich verstand diese verschachtelte Sprache gar nicht. Immer neue Fremdwörter verhinderten, dass ich in meinem Kopf die Kulisse aufbauen konnte, vor der sich die Geschichte abspielen sollte. Ich las einen Satz und vergaß ihn sofort wieder. Das einzige Bild, das mir aus diesem Buch geblieben ist, ist ein Segelschiff vor Anker in einer von aufragenden Felsen umschlossenen Bucht. Am Mittelmasten auf dem Schiffsdeck liegt ein Mann in Ketten, hat die Augen verbunden und schreit.

Statt der *Odyssee* las ich bis Mitternacht in Emily Brontës *Sturmhöhe* – ein Buch voller Bilder, die ich noch heute in meinem Gedächtnis aufrufen kann, als hätte ich das Buch selbst verfilmt.

Es war noch Probezeit, und nun sollte ich im Unterricht nacherzählen, was bei der *Odyssee* in dem Kapitel, das zu lesen uns als Hausaufgabe aufgegeben worden war, geschehen war. Ich hatte es nicht gelesen und konnte daher diese Frage nicht beantworten. Da verkündete die Lehrerin der Klasse, dass ich die Probezeit sowieso nie bestehen würde.

Sie sollte recht behalten. Ich bestand nicht und musste die Schule wechseln.

Es gab nur eine Schule in der Stadt Zürich, die eine »Übergangsklasse« anbot. Das war ein milderer Begriff für die Wiederholung der sechsten Klasse.

Mit meinem Skateboard, einer neonorangenen Hose, einem schwarzen T-Shirt und einer Mütze von der Marke Stüssy fuhr ich zu einem Informationsnachmittag der Schule in die Stadt. Als jeder von uns sich den anderen Schülern vorstellen musste und seinen Namen sagen sollte, drehten sich alle ungläubig nach mir um. So wie ich aussah und so cool, wie ich mich gab, hatten wohl alle erwartet, dass ich mich als Tom vorstellte.

Jeden Morgen fuhr ich nun mit der Bahn nach Zürich. Die

Ticket-Kontrolleure beäugten mich misstrauisch, weil sie auf meinem Ausweis den Namen »Louise« lasen.

Einmal rief die Bahnhofspolizei sogar zu Hause an, weil die Beamten glaubten, ich würde sie veräppeln.

»Hier steht jemand, der sich als Louise Jacobs ausgibt – ist das Ihr Sohn?«

Auf die Personenbeschreibung antwortete meine Mutter, ich sei ein Mädchen und sie könne die Angaben im Ausweis bestätigen.

Saß ich mit meinem Bruder in einem Restaurant und der Kellner kam, fragte er: »Na, Jungs, was wollt ihr trinken?«

In der Mädchentoilette auf der Skihütte riefen die Mädchen manchmal erschrocken: »Iih, ein Junge!« Oder sie guckten einfach nur blöd, wenn ich die Tür zur Damentoilette öffnete.

Im Zug diskutierten andere Jugendliche, ob ich ein Mädchen oder ein Junge sei, und konnten sich nicht einig werden. Da war ich fünfzehn. Aber mir war's recht. Keiner sollte mich erkennen.

Mit vierzehn fuhr ich immer noch mit dem Skateboard zur Schule und zur Therapie. Das gab mir mehr als alles andere das Gefühl: Ihr könnt mich mal. Ich war permanent so schlechter Laune, dass mir die Lehrer androhten, mich wegen Unverschämtheit zu verwarnen. Ich war wütend auf alles und umgeben von Menschen, die nur das Beste für mich wollten.

Auf der Autofahrt zu Frau Bernegger starb ich tausend Tode und zählte die Markierungen am Straßenrand, die ich mir gesetzt hatte, um die Distanz zwischen mir und Frau Bernegger abschätzen zu können: »Das Autohaus: noch zwanzig Minuten. Die Tankstelle: noch fünfzehn Minuten. Die Tanne, die größer ist als der Kirchturm, vor dem sie steht: noch sieben Minuten. Die Abzweigung nach links, wo es am

Weinberg entlanggeht: noch fünf Minuten. Der Kreisverkehr: drei Minuten. Blinker links: eine Minute. Und dann musste ich den Klingelknopf drücken.

»Louise, wie geht es dir denn heute?«

Beschissen ging's mir. Glaubte diese Frau wirklich, ich würde ihr ins Gesicht sagen, wie sehr ich diesen Sitz-Gummiball und das Kiefernholz in ihrer Praxis hasste? Und wie sie mich, kaum hatte ich mich gesetzt, fragte: »Louise, wie viele Freunde hast du denn jetzt schon in der Schule?« Ich fühlte die Enge der Zwangsjacke. Sie wollte alles über mich wissen, sie testete mich anhand ihres verinnerlichten Legasthenikerrasters durch und suchte nach Übereinstimmungen, mit denen sie mich würde entschlüsseln können. Hinweise, die sie anhand meines Verhaltens, meiner Äußerungen ablesen konnte, kritzelte sie auf grau kariertes Papier. Immer wenn sie schrieb, versuchte ich nachzuvollziehen, was ich gerade gesagt oder getan hatte, das für sie von Relevanz sein könnte.

Wenn ich mit geschlossenen Augen das Alphabet rückwärts aufsagen musste, bekam ich Atemnot. Ich fürchtete, einen Buchstaben zu verwechseln, ich fürchtete, Frau Bernegger könnte anhand ihrer Akte herausfinden, dass ich gar nicht legasthenisch war, sondern einfach nur geistig zurückgeblieben.

»Welche Farbe hat denn jetzt das G?«, fragte sie mich.

Was sollte ich darauf antworten? Was war, wenn das G in meiner Vorstellung gar keine Farbe hatte?

»Gelb«, sagte ich. Vielleicht auch einfach, weil Gelb mit G geschrieben wird.

»Gelb?« Frau Bernegger sah von ihren Notizen auf. Ich fühlte es: Sie zog die Zwangsjacke fester zu.

»Ja«, bestätige ich.

»Aber in deinem gekneteten Alphabet hast du blaue Knete verwendet. Schau noch mal nach, ist das G wirklich gelb?«

Ich schloss die Augen und sah nach. »Stimmt«, sagte ich, »es ist blau.«

Sie lächelte und notierte dies.

Selbst wenn ich handgreiflich geworden wäre, hätte sie ihren Kugelschreiber zur Hand genommen und Notizen über mein Verhalten gemacht. Also blieb ich sitzen und starrte auf die Tischplatte.

Ich konnte sehr schlecht lügen, aber was ich gut konnte, war, nicht ehrlich zu sein. Es gab so viele Dinge, die ich »am liebsten sagen würde«. Aber ich brachte sie nicht über die Lippen. Ich musste vierzehn Jahre alt werden, um sie zu Papier zu bringen. Und ich brauchte Frau Bernegger, denn sie löste eine bald unbändige Wut in mir aus, die mich eines Montagnachmittages dazu brachte, meiner Mutter zu sagen, dass ich nicht mehr dorthin wolle.

Ohne Hilfe könne ich die Schule nicht schaffen. Ob ich eine Alternative hätte? Nein, die hatte ich nicht, aber ich beharrte darauf: Ich wollte nicht mehr zu Frau Bernegger. Und so kam es zu einem Gespräch mit meiner Mutter, Frau Bernegger und mir. Die Sitzung begann wieder mal mit der Frage der Therapeutin: »Und, wie geht es dir heute?« Den weiteren Verlauf der Unterhaltung kann ich nur noch anhand meiner ersten schriftlichen Notiz zurückverfolgen. Diese paar Zeilen kritzelte ich an jenem Abend nach dem Gespräch fast unleserlich vor Wut auf ein Blatt Papier. Das erste Mal hatte ich das Verlangen verspürt, etwas aufzuschreiben, meinen Ärger einfach niederzuschreiben.

Frau Bernegger hat mich gefragt wie es mir ginge, am liebsten hätte ich verschissen gesagt und ihr eins gebrettert. Ich kann mein Leben selbst bestimmen, ich mache was ich will und nicht was sie will. Es kam noch dazu, dass sie mich fragte womit ich den Montag ausfüllen würde. Weißt du, es geht sie einen Scheiß an! Was würde sie denn machen, wenn sie so ein Shit-Training machen müsste? Sie würde sicher nicht vor Freude an die Decke springen. Es tut mir leid wenn ich nun mal keinen Bock habe. Herrgott! Man ich hasse Menschen die meinen sie können mich mit diesem Scheiß heilen, der einzige aber auch einzige der mich heilen kann bin ich selbst und das Reiten.

Wieso kapiert die nicht, dass sie mich mal kann. Ich will jemanden der mich versteht, jemand der mich versteht, hast du verstanden, versteht! So eine wie diese Bernegger versteht mich nicht.

Einmal niedergeschrieben, faltete ich das Papier zusammen und steckte es dem großen Bären, der in meinem Zimmer saß, ins Halstuch. Ich hatte Angst, jemand könnte diese fürchterlichen Worte finden. Gleichzeitig verspürte ich eine befreiende Erleichterung. Endlich hütete ich ein Geheimnis, hatte jemanden gefunden, dem ich all meine zornigen Gedanken eröffnen konnte. Als das Halstuch nicht mehr reichte, legte ich einen Ordner an.

Nach einem zweiten Gespräch mit meiner Mutter, das mit einer Drohung an mich endete: »Aber wehe, du packst die Schule nicht!«, musste ich nicht mehr an der verhassten Therapeutentür klingeln. Ich hatte einen Befreiungsschlag vorgenommen, ohne zu wissen, was Freiheit ist.

13

Es muss in dieser Zeit gewesen sein, Spätsommer, mein Geburtstag vielleicht, als mich meine Tante fragte, ob ich in den Herbstferien nicht Lust hätte, mit ihnen nach Argentinien zu reisen. Damals gab es in meinem Bewusstsein keinen Begriff von Freiheit, und es gab nichts, was sich so anfühlte wie Zufriedenheit. Alles, was ich bisher kannte, war Enge, war Pflicht, war der Makel. Ich nahm es hin, da ich nichts anderes kannte.

Doch Argentinien, das klang nach mehr, und ohne zu ahnen, was da draußen auf mich wartete, trat ich diese Reise ans andere Ende der Welt an.

Ich erinnerte mich, wie ich oft mit gebanntem Blick auf das eine Foto an der weißen Wand im Haus meiner Tante gestarrt hatte. Ich weiß nicht mehr, was meine Augen so anzog, ob es der in der unendlichen Weite verschwindende Steinweg, die Landschaft oder der darübergezogene Regenbogen war. »Wenn du dann alt genug bist, kommst du mit uns dorthin«, hatte mir meine Tante immer versprochen.

Ich hatte dieses Versprechen etwas hoffnungslos aufgenommen, es war ja doch nur ein Foto, und das, was darauf zu sehen war, lag so weit weg, dass es mir unmöglich schien, jemals genau diesen Weg entlanggehen zu können.

Nun durfte ich in die fremde Welt aufbrechen, und es sollte eine Reise zum Horizont meiner Träume werden.

Wir reisten mehrere Tage, machten einen Stopover auf Salvador da Bahia, besuchten Freunde meines Onkels, die in einem Anwesen mitten im Dschungel lebten. Zwölf Stunden lang waren wir umhüllt von undurchdringlichem Nebel, guckten *Doktor Schiwago* im Fernseher und langweilten uns.

Ich erinnere mich an ein Mädchen – es muss die Tochter des Freundes gewesen sein. Sie war damals vielleicht siebzehn, zierlich und hatte dennoch runde Hüften, ihr Haar reichte an die Spitzen ihrer Schulterblätter, ihre Haut war schokoladenbraun, und über ihre Augen zogen sich dichte Augenbrauen. Sie grüßte uns auf Spanisch. Ich muss sie mit offenem Mund angestarrt haben, denn ihre Stimme war tief und rauh wie die einer ausgewachsenen Frau, die jeden Abend in einem verqualmten Club Akustikgitarre spielte und dazu sang. Zum ersten Mal machte ich mir einen Begriff von Erotik. So neu waren mir diese Züge der jungen Frau. Ihre Erscheinung ist mir ebenso in Erinnerung geblieben wie die Formen der argentinischen Landschaft.

Zum Frühstück gab es Dulce de Leche, eine dick eingekochte Creme aus Kondensmilch und Karamell. Wir sahen aus dem Wohnzimmer in den Nebel und versuchten uns vorzustellen, was sich darin verbarg.

Von Salvador da Bahia aus ging die Reise weiter nach Bariloche. Wir flogen über eine endlose, in riesige Quadrate geteilte Landfläche – nirgends ein Haus, nirgends ein Zeichen von Zivilisation. Ich hing am Fenster und traute meinen Augen nicht. Es war kein Entdecken. Es war auch kein Finden. Zum ersten Mal glaubte ich auf den Grund meiner Seele zu schauen. Da war das Land in mir, schon immer da gewesen, an einer Stelle in mir, die ich noch gar nicht kannte.

Als ich nach etlichen Flugstunden meine Füße auf den Boden hinter dem Äquator setzte, umschlang mich ein kühler Wind, der von irgendwo da draußen kam und in meinen Haaren wühlte. Sofort schloss ich diese Fremde tief in mein Herz ein. Auf dem Weg zur Farm meines Onkels im ratternden und quietschenden Jeep fuhren wir an spiegelglatten Seen, hohen Bergen und heruntergekommenen Dörfern vorbei. Ich musste an das Foto denken, das zwei Tagesreisen von hier an der Wand hing, als der Jeep auf einen steinigen, fast endlosen Weg abbog. Die Vorstellung, die das Foto in meinem Kopf ausgelöst hatte, war so nahe und unglaublich wahrhaftig! Was ich hier sah, war anders als alles, was mir bisher unter die Augen gekommen war. Meine Maßstäbe passten nicht auf diese gewaltige, große Welt – ich konnte es nicht fassen. Ich hatte dieses Gefühl noch nie zuvor gefühlt – das Gefühl, nach Hause zu kommen.

Wir fuhren durch eine Allee von Pappeln und hielten auf einem Platz vor dem großen, zweigeschossigen Blockhaus – dem Wohnhaus der Estancia.

Der harzige Geruch im ganzen Haus war süßlich und erfüllt mit dem Duft von Holz und sonnengetrockneten Gräsern.

Am nächsten Morgen wurden den Pferden Decken und Sattel auf den Rücken geschnallt. Mit Lederriemen, die durch Metallringe gewickelt und angezogen wurden, befestigte man den Sattelgurt. Die Zaumzeuge bestanden aus einfachen Lederhalftern ohne Nasenband, die meisten Pferde hier wurden auf Kandare geritten. Für manche ist die Kandare ein Folterinstrument – die Gauchos kümmerte das wenig, auch wenn die Pferde aus dem Maul bluteten. Die Tiere lebten elf Monate auf der Weide, da konnten sie auch mal einen Monat aus dem Maul bluten. Man sah das hier nicht so eng. In einer Kolonne ritten wir ins Nirgendwo und Überall dieser Landschaft. Einer der Gauchos ritt vorn, ein anderer am Schluss. Ich saugte den wohlbekannten Geruch der fast wilden Pferde, der verschwitzten Filzdecken, Sättel und Zäume ein. Wir waren alleine mit der unendlichen Weite, den sich endlos dahinschlängelnden Wegen und der Wildnis. Meine Blicke reichten in endlose Fernen. Nur die dunstig schwarzen Berge der Grenze zu Chile reihten sich am Himmel auf wie ein Heer, das mich zu beschützen schien.

Wir ritten auf Hügel, die den Blick nochmals erweiterten, durch Schluchten, die umgeben waren von scheinbar pulsierenden Bergen. Über riesige Weiden, durch Herden blökender Schafe, seichte Bäche und Flüsse und kniehohes Gras. Auch wenn es sturmartig wehte oder Regenschauer auf das trockene Land fielen, es war immer wunderschön. Manchmal sah ich ein von einem Wolf oder Puma gerissenes Schaf, das zerfetzt im Zaun der Landbegrenzungen hing. Oder ich entdeckte mit bloßem Auge die Hirsche, die mit ihren riesigen Geweihen an den Berghängen harrten und mich mit ihren wilden, schwarzen Augen ansahen.

Nie war ich so weit entfernt von dem, was mich zum ständigen Nachdenken zwang. Hier fühlte ich mich zugehörig, als hätte ich mein Leben lang nichts anderes gekannt.

Abends las ich die *Schachnovelle* von Stefan Zweig mit der Taschenlampe, schlief ein, wenn der Generator schon längst abgeschaltet war, und erwachte, wenn er um sieben Uhr wieder ansprang. Der Schein der Morgensonne blitzte durch den Vorhang, und leise pfiff der kalte Wind. Wir bekamen auch hier die dicke Karamellcreme aufs Brot und schmorten ein ganzes Schaf über dem offenen Feuer. Es gab argentinisches Steak und selbstgemachte Nudeln.

An einem Nachmittag kletterte ich auf einen Felsen, von dem aus man die Farm überblicken konnte. Ich lehnte mich an einen Stein und saß, bis die Sonne sank, im Gras. Keiner rief nach mir, ich musste nirgends hin, ich hatte Zeit. Der Wind sang und zerzauste mir die Haare, ich fröstelte leicht, da ich nur einen Baumwollpullover trug. Aber ich war süchtig nach diesem Nichts und harrte aus. Erst als gegen sieben Uhr zum Abendessen geklingelt wurde, kletterte ich wieder runter.

Zwei Tage später bot mir mein Onkel an, mit meiner Tante und ihm für einen Tag nach Buenos Aires zu kommen. Die Idee klang erst absurd, weil man nach Buenos Aires nur mit dem Flugzeug kam, an einem Tag hin und wieder zurück, dass so was überhaupt möglich war! Ich wollte mit.

Um sechs Uhr morgens verließ der Jeep die Farm, und drei Stunden später landeten wir an der argentinischen Uferseite des gigantischen Flusses Rio de la Plata, der Argentinien von Uruguay trennt. Als ich aus dem Flugzeug stieg, schlug mir Gestank entgegen, die Luft über dem Asphalt vor dem Flughafengebäude waberte. Aus dem Gewimmel von geparkten Autos nahmen wir uns eine der Taxen, stiegen ein und schlängelten uns auf die Straße.

Nach vierzig Minuten Fahrt hielten wir direkt vor der Terrasse eines Restaurants. Wir setzten uns an einen weißen, mit Silber gedeckten Tisch und warteten. Mir war schlecht von der Fahrt und der dicken Luft, die mich erdrückte. Ein junger Kellner trat heran. Er hatte glänzende, pechschwarze Haare, die mit viel Gel glatt zurückgekämmt worden waren. In der Hitze trug er einen steifen Anzug und ein schiefes Lächeln. Er nahm unsere Bestellung auf und ging. Wenige Minuten später servierte er jedem von uns ein durchsichtiges Häufchen zerhackten Fischs auf einem Glasteller. Ich aß Brot dazu.

Nach dem Essen standen wir wieder im Stau. Wir wollten zu einem Einkaufscenter – zum Shoppen. Ich entdeckte auf dem Gehsteig ein Mädchen. Ich beobachtete, wie es zur Straßenecke hüpfte. Ihr Kleidchen wehte im Wind, und ihre Locken wippten auf ihrem Kopf. Ich fragte meine Tante, was dieses Mädchen dort zu suchen hatte, und sie antwortete: »Die geht hier schon den ganzen Tag auf und ab, wartet nur darauf, dass sie einer mitnimmt und sie für ihre Prostitution bezahlt. Ihre Mutter, die sitzt an einer anderen Ecke und bettelt.«

Ich sah wieder hin. Ich schätzte das Mädchen auf fünf Jahre! Abrupt blieb unser Taxi stehen. Ich kippte nach vorne und musste mich mit der Hand an der Rückenlehne des Beifahrersitzes abstützen. Als wir an ebenjener Ecke ausstiegen, war das Mädchen verschwunden.

Durch zwei gläserne Schiebetüren, die sich lautlos zurückzogen, betraten wir die mit klimatisierter Luft gefüllte Halle eines Einkaufszentrums. Wir zogen durch Leder- und Silbergeschäfte, bis wir wieder draußen vor den lautlosen Schiebetüren, mitten im Lärm der Straßenschluchten standen. Ich hielt eine Tüte, deren Kordel fest um mein Handgelenk gewickelt war, an meinen Körper gepresst. Meine Augen schlichen den Gehweg entlang, an dem Krüppel mit nur jeweils einem Arm oder Bein kauerten und mich mit ihren rotgeäderten Augen anstarrten. In Fetzen gehüllt lag dort auch eine Frau, stumm wie ein Geist oder ein krankes Tier. Alle Menschen zogen auf der belebten Straße an ihr vorbei. Ich riss meine Blicke von ihr und rief stumm nach den Pferden und der endlosen Landschaft, sehnte mich nach dem großen Himmel.

Auch später am Tag nahm die Hitze nicht ab. Wir schlenderten fast endlos durch die Viertel, bis wir uns in den Rücksitz eines der Millionen Taxis sinken ließen. Die Fenster unseres Wagens waren heruntergelassen, ich sah eine Gruppe Jugendlicher am Straßenrand sitzen. Ein Junge etwa in meinem Alter erhob sich und kam auf unser Auto zugelaufen. Wie tausendmal wiederholt, leierte er die Worte herunter. Ich lugte zu ihm hoch. Er wedelte mit in Plastik verpackten Buntstiften und streckte die freie Hand immer wieder bettelnd aus. Minutenlang dauerte sein Gerede an, dann hielt er seinen Mund. Verstummt. Ich sah ihn immer noch an. Kaum atmen konnte ich, die Luft verstopfte meine Lungen. Noch einmal begann der Junge zu reden. Ich sah zu meinem Onkel, der in Anzug und Krawatte neben mir saß. »Sorry, I don't understand«, sagte er, ohne den Blick von seinen Händen zu heben, die vor ihm auf dem Aktenkoffer ruhten. Wieder bettelte der Junge um Geld, doch mein Onkel fiel ihm ins Wort. Er wiederholte nur den immer gleichen Satz.

Langsam begann ich zu begreifen, dass ich Armut und menschliche Erniedrigung noch nie unmittelbar erlebt hatte. In der Schweiz sah man keine Jungs in meinem Alter, die Filzstifte verkauften, weil sie Geld für Essen brauchten. So was gab es bei uns im Paradies nicht.

14

Der Tag beginnt mit Schneegestöber. Francis begrüßt mich nach einem Blick auf meine Kleidung mit den Worten: »So kalt ist es doch noch gar nicht!« Er lacht. Auch heute trägt er wieder ein blaues Hemd und Krawatte. Seine hellen Reithosen haben Bügelfalten, und die braunen Stiefel sind geputzt.

Ich muss auch lachen. »Aber heute Morgen war es unter null! Muss mich eben noch akklimatisieren.«

Wir reiten mit zwei Braunen aus. Der kleinere, auf dem ich sitze, heißt Giovanni, der lange große, auf dem Francis reitet, heißt Walther.

Im Wald ist es still. Nur die Schritte von Walther und Giovanni im knöcheltiefen Laub durchdringen das Schweigen der Bäume. Kein Vogel singt, kein Wind geht, es fällt kein Regen, und auch kein Schnee mehr, es ist, als gingen wir durch längst verlassene Räume eines alten Hauses. Hier und da stehen nur noch ein paar Gegenstände herum: Quer und über Kreuz liegen umgestürzte Baumstämme. Astgabeln, die von Birken abgebrochen sind, hängen in fünf Metern Höhe auf Ästen der kahlen Ahornbäume, kurios geformte Baumruinen liegen oder stehen, vom Blitz geköpft, herum. Ich kann die Abhänge und Felder, die Täler und Berge sehen, die einem im Sommer hinter dem undurchdringlichen Blätterwerk verborgen bleiben. Die Natur ist dabei, sich auf den Winterschlaf vorzubereiten. Wir reden nicht viel. Die Pferde kauen auf ihren Gebissen und fangen nach einer Stunde trotz der Kälte an zu schwitzen. Wir machen eine lange Schrittpause. Giovanni geht am langen Zügel. Ich genieße die Stille, schaue in den Wald.

An der nächsten Kurve taucht aus dem Nichts ein Mann auf, der einen so langen Bart hat, dass seine Gürtelschnalle von dem weißen Haar verdeckt ist. Er trägt einen verformten Hut und einen mächtigen Mantel. Die Pferde spitzen die Ohren, und Giovanni bleibt stehen und schnaubt, als uns die Gestalt grüßt.

»Was für ein herrlicher Tag«, sagt der Mann.

Dem stimmen Francis und ich zu. Und da ist der Langbärtige schon wieder im Wald verschwunden.

»Manche Menschen sind merkwürdig.« Francis reitet weiter.

»Vielleicht dachte er dasselbe von uns. Weißt du, so würde ich auch aussehen, wenn ich dreißig Jahre im Wald leben würde.«

Francis dreht sich nach mir um: »Ich würde dich trotzdem noch mögen.«

»Aber du würdest mir doch sagen, dass ich mal den Bart stutzen müsste, oder?«

Francis lacht. »Gibt es da etwas, das ich noch nicht weiß?«, grinst er und fängt an zu traben. Ich kitzle Giovanni mit meinen kurzen Sporen, und im leichten Trab reiten wir die Straße hoch. Wir kommen an eine Kreuzung, nehmen die Zügel kürzer und lassen die Pferde in Schritt fallen. Rechts am Straßenrand stehen Ahornbäume, sie wirken, von Moosen und Flechten bewachsen, wie steinerne Fossilien. Ich sauge diesen unvergänglichen Anblick auf. Giovanni fängt ungeduldig zu tänzeln an.

Wir reiten nach links die Straße hoch und biegen dann wieder in den Wald ab. Nach einem weiteren Galopp erreichen wir bald die mir bekannte Umgebung der Farm. Wir passieren das Grundstück eines Nachbarn namens Tim Butterfield, tauchen wieder in den Wald ab und galoppieren mit den Pferden schließlich über ein weites Feld, das oberhalb der Farm liegt.

Walther hat einen so großen Galopp, dass Giovanni selbst im Renngalopp nicht mithalten kann. Wir jagen am Waldrand entlang und kommen schließlich in einer Kurve der breiten Schotterstraße aus dem Wald. Wir bringen die Pferde zum Schritt und lassen die Zügel auf den letzten Metern wieder lang.

»Francis?«

»Was?«

»Meinst du, man kann von Natur süchtig werden?« Es ist eine rhetorische Frage. Francis gibt darauf die rhetorische Antwort: »Wieso? Musst du befürchten, zu Hause in eine Entzugsklinik zu kommen?«

»Ich denke ja.«

Er lacht. »Die Selbstmordrate unter Farmern ist im Vergleich zu Beamten oder Unternehmern weitaus höher. Landwirtschaft ist Krieg. Da ist das Wetter, da sind Ungeziefer, Krankheiten, die die Saat bedrohen. Oder wenn der Weizen hoch und golden steht, schlägt der Hagel die Halme zu Boden oder ein Sturm peitscht die Körner aus den Ähren. Und wenn du Glück hast, kommt der Regen erst bei der Ernte. Dann musst du den feuchten Weizen in den Speicher schaffen. All das überstanden, ringst du um den Preis, und dann kriegst du den alten Traktor nicht mehr in Gang. Es ist ein Kampf, da darf man sich nichts schönreden.«

»Es ist ein Kampf, den ich viel lieber führen würde als den Kampf, den ich immer gegen ein künstlich geschaffenes System führe. Am Ende sterbe ich lieber an einem Hagelschauer als an Termindruck.«

»Nein«, gesteht Francis, »in der Stadt könnte ich auch nicht mehr leben. Da müsste ich auch in eine Klinik. Ich glaube, wenn gar nichts mehr geht, dann würde ich zu den Amish People gehen. Zurück zur Basis allen Lebens.«

»Das würde ich auch. Das Schlimme an dem Gedanken ist,

dass ich so viele Dinge neu lernen müsste. Weißt du, ich kann ja nicht mal mehr stricken. Holz hacken allerdings, das könnte ich.«

»Man lernt sehr schnell – keine Sorge.«

Ich denke einen Moment nach. Könnte ich den Kampf gegen die Elemente, mit der Natur denn aufnehmen? Ich weiß es nicht.

Die Pferde trotten heimwärts. Ich brauche Giovanni nicht zu lenken, er kennt seinen Weg.

15

Ich kehrte aus Argentinien nach Hause zurück. Die verstümmelten Menschen starrten in meinen Gedanken immer weiter zu mir hoch, das wehende Kleid des Mädchens, es ging mir nicht aus dem Kopf. Diese bleibenden Eindrücke rissen die Kulisse meiner Heimat nieder.

Zum ersten Mal hatte ich körperlich verkrüppelte Wesen auf Gehsteigen dahinsterben sehen, zum ersten Mal hatte ich Menschen leiden sehen, und ich war geschockt.

Aber es war nicht nur menschliches Leiden, das mir neu war – mit meinen eigenen Augen hatte ich grenzenloses Land ermessen können und mich darin wiedergefunden. Die Schweiz war so klein, dass alles und jedes ordnungsgemäß begrenzt sein musste. Ich kehrte aus Argentinien zurück und war vergiftet. Ich hatte die Freiheit gesehen.

An den Schein der Schweiz konnte ich nun nicht mehr glauben. Goldene Gitterstäbe sperrten mich ein. Die Ordnung erschien mir als Manie, die Perfektion dieser scheinheiligen Welt als ein Wahnsinn, dem ich nur noch entkommen wollte.

Ich erkannte die Ignoranz der Schweizer, die über ihren Tellerrand nicht schauen. Jeder pünktliche Zug, alles, was schön war und glänzte, war für mich Wahnwitz. Die Schweiz war nicht mein Begriff von Realität. Real zu sein hieß, Mängel zu haben, die armen, leidenden Menschen spiegelten wider, wie ich mich fühlte. Krank und schwach. Doch so zu sein schien mir auf einmal normal. Ich war so gut, wie ich war, und nur in der Schweiz war das nicht gut genug.

Ich wollte so gerne fliehen. Doch wohin sollte ich zwischen Schulweg, Unterricht, Schulweg, Nachhilfe, Therapie, Hausaufgaben gehen? Ich steckte in einem unerbittlichen System und hätte es nicht gewagt, dagegen aufzustehen.

Meine Flucht vollzog sich also nach innen. Ich träumte mich weg. In dieser Zeit liefen Filme wie *Thelma & Louise* im Fernsehen, *Legenden der Leidenschaft* kam ins Kino. Ich sah mir diesen und andere Filme drei- oder fünfmal zu Hause oder im immer gleichen Kino an, um mir noch mal und noch mal jede Szene ganz genau anzuschauen. Ich verliebte mich in Schauspieler und Geschichten über die Freiheit und das Wildsein. Bei *Braveheart* musste ich am Ende immer weinen, weil mich dieser »Schrei nach Freiheit« mitten ins Herz traf. Ich verfolgte gierig die Landschaftsaufnahmen in *Aus der Mitte entspringt ein Fluss* und fand heraus, dass der Schauplatz in Montana lag. Irgendwas an diesen Bildern faszinierte mich, und der Westen Amerikas manifestierte sich in meinem Gehirn als ungezähmter Ort. Ich las Bücher über die Reise nach *Out West,* und mehr und mehr stellte ich mir Montana als einen Ort vor, an dem es niemanden gab, der mich analysieren oder herausfinden wollte, ob ich mit der Gesellschaft würde konfigurieren können, wenn ich dieses und jenes Training absolvierte. Dort gab es nur die Natur – der einzige Ort, an dem ich mich geborgen fühlte.

Manchmal konnte ich mich tagelang nicht aus dieser Traumwelt befreien. Ich badete in den Vorstellungen von Luft, Wetter, Flüssen, Nebel, Gräsern, Wolken und Gebirgen, ich stellte mir vor, wie ich in einer Holzhütte in ebenjener Umgebung leben würde, mein Pferd in einem Korral wüsste und beim Schein einer Öllampe schrieb und las.

Abend für Abend zog ich mich in mein Zimmer zurück, gab mich meinen Sehnsüchten hin und notierte meine Gedanken. Ich dachte über die Welt, in der ich lebte, nach. Warum war ich ausgerechnet in der Schweiz gelandet? Ich dichtete mir Flügel an, ich kreierte meine eigene Freiheit, schrieb meine Träume nieder. Träumen war, neben all den Dingen, die ich nicht konnte, etwas, das ich sehr gut konnte.

An einem dieser Nachmittage, an denen ich knietief in meiner Sehnsucht nach Montana oder Argentinien stand, klang der Ruf meiner Mutter durchs Haus, ich müsse los, zur Nachhilfe. Ich hatte keine Lust auf das enge Zimmer des Französischlehrers, auf diesen harten Stuhl, auf diesen quadratischen Garten, der vor dem Fenster des ebenerdigen Zimmers klebte. Ich hasste das Geräusch, das entstand, wenn der ältere, dickliche, durchweg in Blassblau gekleidete Nachhilfelehrer seine Halter-Bonbons zwischen seinen Backenzähnen ganz langsam zerkaute.

»Du musst los!«

Mit etlichen Verwünschungen stieg ich auf mein Rad. Ich trat heftig, vornübergebeugt, in die Pedale, die Schultasche rutschte mir vom Rücken und knallte gegen den Lenker. Außer Atem erreichte ich die Kreuzung mit dem Stoppschild und dem breiten weißen Balken auf der Fahrbahn. STOPP. Ich fuhr darüber, schmiss das Fahrrad mitten auf der Straße hin, kickte gegen den grauen Reifen, dass es nur so schepperte, und rannte mit enger Kehle den Berg zur Nachhilfe hoch. ›Ich geh da nicht hin. Ich geh da nicht hin! Mir ist alles egal, soll doch jemand das Rad zur Seite räumen! Mir ist egal, wenn meine Mutter schimpft. Mir ist alles egal! Ich geh da nicht hin!‹

Und ich ging auch nicht hin. Es fing an zu regnen. Ich ging weiter, an dem Haus des Nachhilfelehrers vorbei bis hoch an den Waldrand, vor dem ein noch unbebautes Feld lag. Das Gras reichte mir bis zur Hüfte, mit nassen Händen watete ich hindurch und ließ mich irgendwo in der Mitte auf den Rücken fallen. Der Regen kitzelte mein Gesicht. Sofort war die Sehnsucht wieder da. »Ich brauche mehr Raum.« Ich streckte meine Arme zur Seite und fühlte mich leichter. Der Regen schmeckte köstlich, ich schloss die Augen. Grashalme knisterten, und meine Gedanken trieben fort.

Ich saß auf einem schnellen Pferd und jagte über die Steppe.

Irgendwann hielt ich die Vorstellung des wartenden Nachhilfelehrers, der längst zum Telefonhörer gegriffen hatte, um meine Mutter anzurufen, nicht mehr aus.

Es war so mit diesen seltenen Momenten der Freiheit, sie hielten nie lange an, und ich wurde spätestens in der Schule, zu Hause oder bei der Logopädin daran erinnert, dass die Welt, in der ich lebte, nichts mit meiner Traumwelt zu tun hatte.

Auf dem Weg nach Hause sah ich, dass tatsächlich jemand das Rad an den Straßenrand geräumt hatte. Ich hob es auf und schob es neben mir her. Wieder zu Hause, verschwand ich durchnässt und tonlos auf meinem Zimmer. Ich erwartete, dass jemand an meiner Tür klopfte. Ich erwartete die Worte meiner Mutter: »Hast du eine Erklärung dafür?« Ich verkroch mich irgendwohin und genoss das Gefühl, die Kraft aufgebracht zu haben, die Nachhilfe zu schwänzen.

Dann rief meine Mutter. ›Mir ist alles egal‹, redete ich mir ein und blieb sitzen.

Die Folge dieser Unternehmung war, dass sie die einzige und letzte ihrer Art blieb. Meine Mutter sah mich eindringlich an und erklärte mir, wie sehr sich der Nachhilfelehrer um mich gesorgt habe. Vielleicht war die Drohung: Entweder Französischnachhilfe oder kein Reiten mehr! Vielleicht waren es auch die schlechten Noten. Fortan ging ich immer zur Französischnachhilfe.

Und heute glaube ich, dass ich dem Nachhilfelehrer damals unrecht tat. Als ich das Land ein Jahr später verlassen sollte, um, wie ich glaubte, nie mehr wieder zurückzukehren, schenkte mir ebenjener Herr, der die Bonbons in den Backen kaute, ein Buch über die Stilkunst der deutschen Sprache. Ich besitze es heute noch, lauter Zettel kleben darin, Bleistiftanmerkungen und Striche habe ich auf fast jeder Seite hinterlassen.

Ich las, statt mich mit Freunden zu verabreden. Ich schrieb lieber und hörte Musik, als am Samstagabend auszugehen. Ich ging lieber alleine ins Kino – auch dreimal in denselben Film. Zu Hause sah ich mir auf dem einzigen Fernseher, spätnachts, wenn keiner störte, einzelne Filmszenen von Videokassetten immer und immer wieder an.

Und ich stieß auf Camus.

Camus habe ich mit vierzehn entdeckt und mich in seine Literatur vergraben. Ich stieß auf diesen Autor, weil ich nach und nach die Bücher musterte, die meine Mutter am Eingang auf dem Tisch stapelte, um sie an Freundinnen zu verschenken. Auch in der Küche lagen Bücher, im Wohnzimmer, in ihrem Schlafzimmer, auf der Kommode und auf dem Klavier. Hatte ich früher nicht weiter drauf geachtet, zogen sie nun immer öfter meine Aufmerksamkeit auf sich. Das von meiner Mutter Gelesene und für gut Befundene wurde mehrfach im Buchladen bestellt und im Bekanntenkreis verteilt. *Der Erste Mensch* von Camus geriet auf diese Weise in meine Hände. Als ich eines Nachmittages von der Schule kam, lagen auf dem »Posttisch« am Eingang neben Briefen, Zeitungen und Zeitschriften mehrere Ausgaben davon in ihren roten Umschlägen. Es muss der Titel *Der Erste Mensch* gewesen sein und das Porträt, das in grobkörnigem Schwarzweiß auf das Cover gedruckt worden war – ich griff mir das oberste Buch vom Stapel und nahm es mit auf mein Zimmer. Das Foto dieses Mannes faszinierte mich: eine selbstgedrehte Zigarette im Mundwinkel, blickt er ein bisschen lächelnd, ein bisschen traurig, ein bisschen weltfremd und ein bisschen lässig. Die locker zurückgekämmten Haare legen die hohe Stirn frei. Die Wangen sind eingefallen. Jeder Absatz, den ich in diesem autobiographischen Roman über Camus' Kindheit las, spiegelte den Zustand meiner Seele. Dieser algerische, fußballspielende Junge wurde mein Alter Ego. Ich fand in ihm die Auseinandersetzung mit dem Heranwachsen, dem Tod und einer existenziellen Suche – für Camus war es die Suche nach dem Vater. Ich suchte nach Freiheit.

Ich las auf dem Weg zur Schule und auf dem Weg nach Hause. Von nun an lebte ich in Algerien, während ich, ohne nach rechts oder links zu gucken, die Züricher Straßen überquerte und hoffte, ein Auto möge kommen und mich überfahren. Im Alltag tat ich, was ich tun musste. Mathematikklausuren gab ich oft mit nur einer gelösten Aufgabe ab und steckte die schlechte Note dafür emotionslos ein.

Je länger ich an einer Algebra-Aufgabe saß, umso komplizierter wurde sie. Während die anderen den direkten Weg zur Lösung fanden, dachte ich um fünf Ecken herum. Die Zahlen hüpften auf dem Papier in beliebigen Reihenfolgen, und ich konnte mir am Ende meiner Rechnung nicht erklären, wie ich auf ein völlig krummes Ergebnis gekommen war. Zahlen waren in meinen Augen eindimensional und tolerierten keine Phantasie. Während ich mit ihnen versuchte zu operieren, schlich ich durch den Hinterhof von Jacques' (so nennt Camus sein Alter Ego in dem Roman) Wohnhaus, der erfüllt war mit den Gerüchen von dem Federvieh, das dort lebte, seinem

Kot, der feuchten, schimmligen Erde und dem Stein, der noch nie einen Sonnenstrahl abbekommen hatte. Ich dachte an dieses goldene Licht auf den algerischen Straßen, das vom Staub der Wüste durchzogen war, und den Geruch des Meeres, das immer nicht weit sein konnte.

Ich gab mich diesen Vorstellungen hin, starrte ab und zu auf das Papier vor mir und konnte die Klausur nicht bewältigen. Alles, was mir aus den schwarzen, aufgedruckten Zahlen entgegenschlug, war Häme.

Ich trotzte dieser Häme, indem ich weiter meine Jungskleidung trug und aufhörte, meine Haare zu waschen, um mir Dreadlocks drehen zu lassen. Meine Mutter war in diesen Bereichen sehr tolerant und hatte nichts dagegen. Mein Vater aber sagte: »Wenn du dir das machen lässt, nehme ich dich bestimmt nicht mit auf die nächste Jagd.« Das war bitter. Noch nie war ich mit meinem Vater auf einer Jagd mit Meute und schnellen Galoppstrecken über Feld und Wiese gewesen. Dass mein Vater überhaupt mit dem Gedanken spielte, mich mitzunehmen, war schon außergewöhnlich. Ich konnte mir auch gar nichts unter einer solchen Jagd vorstellen, aber grundsätzlich wollte ich auf Unternehmungen mit meinem Vater, in denen das Pferd eine Hauptrolle spielte, nicht verzichten. Die Frage, warum er mir nun ausgerechnet die Jagd vorenthalten wollte, verunsicherte mich. Egal, dachte ich mir schließlich. Beharrlich wartete ich darauf, dass meine Haare verfilzten. Und dachte zudem über Tätowierungen und Piercings nach, um meinen Makel zu übertünchen.

Als der Tag kam, an dem ich beim Friseur angemeldet war, um mir die Dreads drehen zu lassen, zweifelte ich sehr an dem ganzen Vorhaben. Ich dachte an den Juckreiz und den Geruch von Schmierseife in meinen Haaren. Wie würde ich denn aussehen mit so einem Vogelnest auf dem Kopf? Ich wollte damit gegen das Gebot der Züricher Gesellschaft verstoßen – aber war das ein Verstoß oder einfach nur hässlich? Ich fragte meine Mutter. Sie schlug vor, dass ich statt der Dreads die Haare ja auch färben könnte. Das fand ich gut und beschloss, sie zu bleichen.

Nach einer langen Prozedur waren meine sonst dunkelbraunen Haare weißgelb, punkig gestylt. Mit der Hoffnung, eine Persönlichkeit abgestoßen und eine neue angenommen zu haben, sah ich in den Spiegel. Was ich da sah, war aber auch nicht all das, was ich gern sein wollte – ein guter Schüler, ein fröhliches, hübsches Mädchen, ein Cowboy und Ausreißer. Ich war und blieb Louise.

16

Händeringend suchte ich weiter nach dem Elend, nach dem Tödlichen, wie es Camus beschrieb, aber ich fand nur den Glanz. Der Schein hatte sich ja auch längst auf mich übertragen, und ich musste immer wieder feststellen, dass ich bei allem Zorn eine brave Tochter aus gutem Hause blieb – selbst mit gebleichten Haaren. In der Gesellschaftsschicht, in der ich steckte, gab es nur den Aufstieg.

Die einzige Form der Rebellion war also, weiter an meine Träume zu glauben. Ich verabscheute das schöne Zürich und sehnte mich nach der Gosse in Algerien, nach der Wildnis Montanas. Dort in einer Nische glaubte ich irgendwann jemanden zu finden, der keine drei Zahlen zusammenzählen konnte, aber dafür schneller rennen konnte als jeder Polizist und der mir sagen konnte, wie man sich einen Hasen zum Abendbrot schießt.

Zudem beherrschte mich eine unglaubliche Wut. Ich kämpfte gegen alles und jeden, musste mich durch den Pulk all jener schlagen, die glaubten, sie könnten mir die Welt erklären.

Was meine Zukunft betraf, sah ich ziemlich schwarz. Ich lebte nicht, ich träumte. Mühevoll schleppte ich Steine heran, um sie zu einer Mauer aufzuschichten, hinter der ich mich verschanzen konnte.

Genau in diese dunkle Zeit fiel die Hauswirtschaftswoche. In der Schweiz ist es üblich, in der Sekundarstufe Hauswirtschaft als Schulfach zu belegen. Dort lernen Schüler Kopfsalat mit französischer Sauce, Wähe oder Bratwurst mit Rösti zuzubereiten, Hemden richtig zu bügeln, Zimmerpflanzen zu wässern und die richtigen Reinigungsmittel für den Haushalt einzusetzen. Auf meiner Schule wurde die Hauswirtschaft im Lehrplan auf sieben Tage hintereinander einmal im Jahr eingeschränkt. Aus beiden Klassen, aus denen eine Stufe bestand, wurden zwei Gruppen gebildet, und diese wurden eine Woche lang in die Hauswirtschaft geschickt. Während ich zu meiner Musik in Gedanken das grüne Flusstal des Rio Grande durchstreifte und durch einsame Wüstenlandschaften ritt, musste ich in der S-Bahn nach Schwammendingen zur Hauswirtschaftswoche gondeln. Meine wenigen besten Kameraden waren alle in die andere Gruppe eingeteilt worden, und ich steckte alleine mit allen von mir verachteten Schülern in Schwammendingen fest. Ich wäre lieber eingegangen, als über Blattläuse und die richtige Pflege von Geranien unterrichtet zu werden. Ich hörte heimlich Musik im Unterricht, kritzelte, oder schrieb etwas in mein Heft, saß in Gedanken versunken in der Pause über meinem Buch und las vom Gewitter in den Badlands zwischen Texas und Mexiko. Die Lehrerin verwies mich mehrmals aus dem Unterricht und nahm mir meinen CD-Player weg, was zu einer kleineren Auseinandersetzung führte. Wütend und todtraurig kam ich am dritten Nachmittag nach Hause. Ich war so verzweifelt und vom Fernweh gequält, dass ich meine

Mutter anflehte, mich für den Rest der Woche krankzuschreiben. Schwammendingen war schlimmer als alles, was ich von der Umgebung Zürichs bisher zu Gesicht bekommen hatte, die Lehrerin hasste mich, und ich wurde von meiner Trauer und Wut schier erdrückt. Tatsächlich fand meine Mutter meinen Zustand so besorgniserregend, dass ich für den Rest der Woche freigestellt wurde – ein Wunder!

In dieser Zeit machte sich meine Mutter auch abgesehen von dem Vorfall im Hauswirtschaftsunterricht Sorgen um mich. Heute würde man mir Ritalin oder Antidepressiva verschreiben – damals undenkbar. Meine Mutter wandte sich an meinen Klassenlehrer, Herrn Etter, und erläuterte, dass ich mich mit der Tram in Zürich immer verfahren würde, zu spät zu Terminen käme, meine Aufgaben nicht schaffen würde, verschwiegen und unansprechbar sei und verloren wirke. Herr Etter war für viele Schüler und Eltern die letzte Anlaufmöglichkeit.

In meiner Klasse begannen viele zu rauchen, zu kiffen und zu trinken. Mit knapp dreizehn fing man an auszugehen und Doc Martens zu tragen. Die Mädchen trugen Kleider aus zweiter Hand, die nach Deodorant und zweiter Hand rochen, die Jungs zogen ihre Jeans auf die Hüftknochen runter. Wir setzten uns in der bittersten Kälte auf den Steinboden einer Unterführung am Bahnhof, reichten einen Joint herum und warteten auf den Rausch.

Ich weiß nicht, wann es in der Gesellschaft, die mich umgab, anfing, dass man junge, suchende Kinder »Pubertierende« genannt hat. Vielleicht ist es ein Phänomen der Urbanität und eine Folge der Zivilisation. Ich stelle mir die Zivilisation wie die Begradigung eines Flusses vor. Zivilisierte Menschen rammen Spundwände in die Erde, um das Wasser so zu leiten, wie sie es wollen, weil ihnen sein natürlicher Lauf zur Bedrohung werden kann.

Junge Menschen stellen eine Bedrohung für Erwachsene dar, und daher setzt man sie so früh wie möglich auf die richtige Schiene. Auch mich hatte man auf eine Schiene gesetzt, aber diese Schiene lag mir einfach nicht. Ich identifizierte mich mit Welten, die jenseits der gesellschaftlichen Gleise lagen. Ich spürte den unausweichlichen Drang, die vorgeschriebene Spur zu verlassen, weil ich nur so an meine Träume gelangen konnte.

Das Schreiben wurde mein Ventil. Cowboys pflegen über ihre Pferde zu sagen, dass sie ihre besten Freunde sind, weil sie keine Frage stellen und keine Antwort verlangen und sich in einen Monolog nie einmischen würden. Ähnlich ging es mir beim Schreiben. Das Papier verlangte keine Erklärungen, ich schrieb nieder, wer ich *wirklich* war, und das Papier akzeptierte meine Selbstreflexionen stumm. Keine Frau Bernegger konnte an dieser Aussage zweifeln, kein Lehrer konnte meine krummen Formulierungen mit rotem Marker einkreisen. Die Worte beschrieben meine ganz eigene Sicht auf die Welt. Ich versah die Notizen mit einem Datum und heftete sie ein. Sie stapelten sich zu meinem Geheimnis, hüteten meine wahre Identität. Ich war nicht schwach – ich lebte einfach im falschen Umfeld. Der Schluss, den ich daraus zog, war: ich musste fliehen.

Um mir selbst eine Vorstellung davon zu machen, wie meine Flucht aus der Schweiz aussehen könnte, begann ich mit vierzehn mein erstes Buch zu schreiben. Ich erzählte mir die Geschichte von einem Jungen, der von zu Hause ausriss, um nach Montana zu reisen und dort auf einer Ranch zu arbeiten. Jeden Abend setzte ich mich hin, um weiterzuschreiben. Neben den Notizen, die ich machte, war die Fertigstellung meines ersten Buches eine für mich durchaus lösbare Aufgabe, die ich mir stellte. Der Einzige, der Interesse an meinem Vorhaben zeigte, war mein damaliger Klassenlehrer.

Ohne Herrn Etter hätte ich dieses letzte Jahr in Zürich kaum überstanden. Für mich ist heute unvorstellbar, dass Herr Etter nur zehn Jahre älter war als wir damals. Nicht nur für mich, auch für viele andere Schüler war er die einzige akzeptierte Autoritätsperson. Er war einer von uns. Herr Etter interessierte sich für die Literatur, die ich las, unterhielt sich mit mir über den Nihilismus und führte geduldig Unterhaltungen über Leben und Tod. Er trug mir auf, ihm schriftlich zu erklären, wer ich war, ließ mich Aufsätze schreiben und bat darum, meine Musik hören zu dürfen.

Zwischendurch, wenn es zu kameradschaftlich wurde, leistete er sich einen Spruch, der mich innerlich ausrasten ließ, und nach zwei Tagen riss er mich wieder herum und bat um den nächsten Band der Comicserie *XIII,* die ich gerade las. Obwohl ich nach wie vor katastrophale Mathematikklausuren schrieb, nichts von Chemie oder Physik verstand und in Geometrie keine Symmetrien oder Parallelen zeichnen konnte, blieb er geduldig und nachsichtig.

Ich klammerte mich an ihn wie ein Schwimmer auf dem offenen Meer an seinen Rettungsring. Nicht ein Mal in den zwei Schuljahren bei ihm sagte er mir, ich könne etwas nicht schaffen. Er gab mir immer das Gefühl, die Dinge gut zu machen, und er hatte Verständnis für das, was ich weniger gut konnte.

Herr Etter schaute mit uns in die Sterne und organisierte Zeltlager im Grünen. Wir arbeiteten eine Projektwoche lang im Forst, wo ich mit der Kettensäge Bäume umlegte und alleine um das Gelände der Unterkunft wanderte, während andere Schüler heimlich rauchten. Er führte Gespräche mit mir und gab mir das Gefühl, ein super Mädchen zu sein.

Er erzählte von einer Wanderung über die Pyrenäen und brachte uns mit seinen Geschichten aus dem Schweizer Militär zum Lachen. Er war verheiratet mit einer Frau, die er liebte, Vater von einer Tochter, das zweite Kind war unterwegs. Er vermittelte uns: Das wird schon klappen. Man kann erwachsen sein und trotzdem cool bleiben.

17

Es war Frühjahr 1999. Der Abschluss der zehnten Klasse war zum Greifen nahe.

Über mehrere Monate hatte ich mit meinem Vater an der amerikanischen Ostküste nach Schulen gesucht, deren Philosophie mir entsprechen könnte. Es war dies nicht der erste Versuch, die Schule, das Land, den Schwerpunkt meiner Ausbildung zu wechseln. Der Gedanke, mich auf eine Sportschule in Bern zu schicken, war verworfen worden, der Versuch, mich im vorangegangenen Herbst in England auf ein Internat einzuschulen, scheiterte in letzter Minute. Die Idee, mich auf eine Waldorfschule zu schicken, löste Unbehagen bei meinen Eltern aus. So ging das seit Jahren. Immer hatte ich für eine kurze Zeit die Hoffnung, und dann kam die Enttäuschung, als klarwurde, dass der Wechsel aus irgendeinem Grund nicht möglich war. Man wollte mir alle Türen in der Schweiz offen lassen – ich aber wollte sie alle zuknallen und nie mehr zurückkehren. Amerika war für mich das vertrauteste Land in größtmöglicher Entfernung. Durch meine Cowboyphantasien war ich dem Land ja längst verfallen. Ich dachte, dass ich mit einem Weggang nach Amerika der Freiheit ein großes Stück näher kommen könnte. Das Schulsystem schien einem Problemfall, wie ich einer war, viele Möglichkeiten zu bieten. Das Bildungssystem in diesem Land schien nachsichtiger zu sein, was mir wieder neuen Mut gab. Ich konnte meine Schwerpunkte selbst wählen, intensiv Sport treiben, und mit Englisch hatte ich durch regelmäßige Urlaube in den USA keine Probleme.

Ich machte also mit meinem Vater eine zehntägige Tour, auf der wir uns die acht in Frage kommenden Highschools ansahen. Ich wählte schließlich vier Schulen davon aus, bei denen ich mich bewarb. Zwei der vier Schulen waren Mädchenschulen – mir wurde berichtet, wie viele Politikerinnen und erfolgreiche Frauen auf Mädchenschulen gewesen waren, und da dachte ich mir, meinem Leben mit dem Wechsel auf eine solche Schule vielleicht einen grundlegenden Richtungswechsel geben zu können. Die Mädchen auf diesen Schulen wirkten zielorientiert, gebildet und hübsch anzusehen.

Die eine Direktorin fand es entzückend, dass ich mich für Literatur interessierte, und empfahl mir, *Der Baron auf den Bäumen* von Italo Calvino zu lesen. Mein Vater und ich fuhren gleich danach in den Buchladen und bestellten die Lektüre. Ich war angetan von dem Gefühl, auf dieser Schule solch herausragende Bücher studieren zu können.

Die zweite Schule legte großen Wert auf Schuluniform und den Kirchgang. Jeden Sonntag mussten die Schüler in den protestantischen Gottesdienst. Ich erinnere nur die prächtigen Schulgebäude, die uralten Bäume auf dem Gelände und die Schüler, die wie Mitarbeiter eines Mega-Kreuzfahrtschiffs auftraten. Alle in geputzten Lederschuhen, blauen Hemden, hellen Hosen und gekämmten Haaren.

Die dritte Highschool war ein Vorzeigemodell für Bildung im bevorstehenden neuen Jahrtausend. Die ganze Schule war mit Computern ausgestattet, man kommunizierte per E-Mail und surfte im Internet durch die Semester – damals unvorstellbar fortschrittlich. Die Schüler hatten eigentlich kaum Kontakt mit dem Lehrer, die ganze Bildung lief online. Die Schule gab mit der schier unermesslichen Größe ihrer Bibliothek an, betonte ihren Sportsgeist und stand ebenfalls zur Schuluniform. Auch hier bot sich mir ein Bild junger

Menschen, die gescheit wirkten, einfach weil sie in dieser Institution steckten und dort auch funktionierten.

Die vierte und letzte Schule war die Vermont Academy. Sie lag in einem kleinen Kaff irgendwo in den Wäldern Vermonts. Die wenigen Schulgebäude waren aus Klinker, die Wohnhäuser der Schüler bescheiden, Schuluniform gab es keine. Bei meinem Besuch schaute ich mir die Schüler an und fand sie irgendwie cool. Sie wirkten unkonventionell und ein wenig schräg. Die Jungs hatten zerzaustes Haar, Badelatschen an den Füßen, und sie trugen verwaschene Jeans. Die Mädchen schienen sportlich und natürlich. Ich mochte die verschlafene Stimmung auf Anhieb und glaubte, dass ich mich hier in den Wäldern, nur fünfzig Minuten entfernt von Birch Hill Farm, sehr wohl fühlen könnte – eigentlich fast wie zu Hause. Im Winter könnte ich Snowboard fahren, im Sommer reiten.

Ich wurde von allen vier Schulen angenommen und entschied mich für die Vermont Academy. Sie entsprach am wenigsten der Schweizer Hochkultur.

Meine Eltern versuchten über den Abschied, der ihnen von mir bevorstand, hinwegzusehen und waren sich einig, dass ich dort gut aufgehoben sei.

Ich durfte also nach Amerika, um mein Abitur zu machen. Mein innerer Drang, weiter nach diesem einen großen Traum, diesem Gefühl »hier kann ich ein Cowboy sein, hier gehöre ich hin« zu suchen, ließ nicht viel Platz für Wehmut. Dieses Ziel vor Augen, sah ich dem Tag, an dem ich das Schulgebäude in Zürich zum letzten Mal verlassen würde, hoffnungsvoll entgegen.

Ich konnte es nicht erwarten, dieses Leben hinter mir zu lassen und ein neues zu beginnen. Ich war fröhlicher und ließ mir erstmals im Leben freiwillig die Haare wachsen – so lang, dass ich Frisuren damit machen konnte. Ich saß an den Abenden und Sonntagen in meinem Zimmer, zeichnete und schrieb. Bald hingen meine Wände voll mit den Porträts irgendwelcher Menschen, die ich aus Zeitschriften und Fotobänden abgezeichnet hatte, ich las Camus und *All the Pretty Horses* von Cormac McCarthy, worin ich ein weiteres Alter Ego fand: Die Figur John Grady. Er war mein großes Vorbild. Er beschließt eines Tages, seine Sachen zu packen und gemeinsam mit einem Freund von San Antonio, Texas, nachts über den Rio Grande nach Mexiko zu reiten. Auch er hat einen Traum, und er lebt ihn bis zum bitteren Ende. Ich liebte diesen Kerl.

Ich hatte Mühe, mich aus den Büchern und Filmen zurück in die Realität zu holen. Von *All the Pretty Horses* erlaubte ich mir lediglich eine Seite pro Tag zu lesen, um ja nicht der Versuchung zu verfallen, das Buch zu verschlingen. Ich vermisste nichts in meinem Einsiedlerleben. Mit meinen Mitschülern kam ich gut klar, aber ich brauchte sie nicht. Abends war mir nicht danach, ins beleuchtete Zürich einzutauchen, abgesehen davon lud mich auch keiner ein. Ich brauchte meine Ruhe, Menschenmassen lösten Beklemmungen in mir aus.

Es war März, und es fehlten nur noch wenige Monate bis zu den Sommerferien. Ich hatte in meinem alten Leben nichts mehr zu verlieren, und dennoch musste ich es zu Ende leben. Herr Etter half, die Zeit zu verkürzen. In den letzten Schulwochen vor den großen Ferien unternahmen beide Klassen eine Wanderung. Es gab jene, die von dem Vorhaben von vornherein angeödet waren und sich mit jedem Schritt quälten. Ich schloss mich dem Gehabe der Tonangeber in der Stufe nicht an, sondern lief vorne mit – auch wenn das uncool war. Als sich der Weg gabelte, einer zurück ins Dorf, der andere auf die Bergspitze führte, beschloss ich, mit einem der Lehrer und zwei anderen Schülern den Gipfel zu besteigen. Im Steinhaufen unter dem Gipfelkreuz mit Ausblick über die

Dächer der Schweiz versteckte ich eine Botschaft, einen Wunsch, und erst nach Sonnenuntergang erreichten wir die Hütte wieder.

Herr Etter ging ohne Erlaubnis des Schuldirektors mit uns zelten, und wir studierten ein Theaterstück ein, in dem ich in einer Szene sogar einen Song darbieten konnte. Als der letzte Schultag kam, fiel mir der Abschied von Herrn Etter am allerschwersten.

Doch der Sommer stand vor der Tür, und ich freute mich, ihn in meine kleine verstaubte Welt einzulassen. Ich wollte die Düfte, die leichten Winde, die vielen Stimmen der wiedererweckten Natur – alles wollte ich mit offenen Armen empfangen. Etwas ganz Neues begann sich in mir zu entfalten, köstliche Hoffnung wuchs in mir heran, endlich meinen Weg gefunden zu haben.

Ich dachte zurück an die bisherigen finsteren Schulzeiten, die zerronnenen Hoffnungen, eine gute Schülerin zu werden. Ich hatte keine Gefühle des Verlustes. Die letzten fünfzehn Jahre hatte ich in der falschen Welt gelebt, die falsche Sprache gesprochen und war mit falschen Maßeinheiten gemessen worden. Nun würde ich mich in die Staaten einschiffen und ein neues Leben in der Fremde beginnen.

Mit meinem Weggang nach Amerika wurde ein Traum wahr. Ich kam meinem ersehnten Cowboyland einen entscheidenden Schritt näher. Und für immer wahrscheinlicher hielt ich es, mich in den kommenden Jahren von allen gesellschaftlichen Konventionen freizuschwimmen und mein Leben so zu gestalten, wie es mir lag.

18

Obwohl es erst halb sechs ist, ist es bereits dunkel. In der Küche lege ich eine CD ein und mache mir eine Schüssel Nudeln zum Abendessen. Nach dem Essen wickle ich mich in eine Wolldecke, ziehe mir eine Mütze auf und lege mich raus in die Hängematte. Ich schaue in den Himmel, an dem die Milchstraße deutlich zu sehen ist. Die Nacht ist stockdunkel, der Sternenhimmel leuchtet, das Firmament ist zerlöchert von eisgrauen, blauen und gelben Lichtern. Ich ziehe die Wolldecke enger um meine Schultern und starre in die Nacht. Da fällt dieser Stern vom Himmel. Er zieht einen Kometenschweif hinter sich her. Ich traue meinen Augen nicht und vergesse völlig, mir etwas zu wünschen. Krampfhaft versuche ich, mir im Nachhinein einen Wunsch zu überlegen. Als die Sternschnuppe erloschen ist, starre ich in den Himmel und warte sehnsüchtig auf eine Wiederholung, aber es kommt keine. Ich muss an all das denken, was ich zurückgelassen habe, an Dinge, von denen ich mich bedrängt fühle. Wie lange erlaubt mir mein Leben noch wegzurennen, immer nur an mich zu denken? Ich habe immer Mühe gehabt, den Ist-Zustand zu akzeptieren, ich stemmte mich mit aller Kraft gegen das Schicksal und habe diesen Kampf immer verloren. Hier liege ich nun und will diesen Zustand festhalten, möchte ihn umklammern. Warum?

Weil diese Nacht, diese Dunkelheit die einzige Harmonie ist, die ich ertrage. Da ist diese Getriebenheit in mir, eine Urangst, eingesperrt zu sein, festgehalten zu werden, nicht gehen zu können, wenn ich gehen will. Ich habe diesen Traum von der Freiheit, und manchmal fürchte ich, dass etwas passiert, was es unmöglich macht, diesen Traum zu leben.

Die Kälte kriecht unter meine Decke, und Tropfen von Feuchtigkeit bilden sich auf der Wolle. Ich richte mich auf und schaukle noch eine Weile sitzend hin und her.

Mir fällt der Wunsch nach einigem Nachdenken doch noch ein. Ich flüstere ihn in die dunkle Nacht hinaus.

Ich schlüpfe in meine gefütterten Reitstiefeletten, nehme meine Handschuhe vom Fensterbrett, ziehe den Reißverschluss meiner Jacke bis unters Kinn hoch und gehe zum Stall. Ein glasklarer, eiskalter Morgen bricht an. Bäume und Gras sind unter Rauhreif erstarrt, das weiße Sonnenlicht dringt durch sich verziehende Nebelschwaden. Eine Stunde später sind die Umrisse der Wolken scharf, ihr Körper so plastisch wie frisch aufgeschlagene Sahne. Der Himmel scheint nicht groß genug, um ihre ganze Masse unterzubringen. Von weitem schon höre ich Francis singen. Ich gehe einen Schritt schneller.

»Guten Morgen!«, sage ich. Giovanni, der mit dem Hintern zum Stalltor steht, hebt seinen Kopf und bewegt seine Ohren in meine Richtung.

Francis singt: »*When I gamble for love but it isn't in the cards, oh what heartaches it can cost me ...*«, und bürstet Giovanni die Holzspäne aus dem dichten, schwarzen Schweif. Aus der Sattelkammer kriecht der Duft von frisch gewaschenen Satteldecken und geputztem Leder.

»*So I'll gamble for love just as long as I live till the day Lady Luck smiles down on me ...*«

Ich reibe Giovanni mit meinen Handflächen den Hals ab und lasse ihn an meiner Brust schnuppern.

»*No, if you haven't gambled for love in the moonlight, then you haven't gambled at all ...*«

»Wollen wir ausreiten?«

»Mich brauchst du nicht zu fragen!«, sagt Francis mit einem kritischen Blick auf das vor sich hin dösende Pferd.

Wir satteln und zäumen Giovanni und Walther auf und reiten kurze Zeit später aus dem Stall. Weißer Atem wallt stoßweise aus den Nüstern der Tiere empor.

Es ist kalt und still.

Vögel flitzen geräuschlos umher, wilde Truthähne rennen vor uns über die Koppel, als Francis und ich die Pferde in den Wald lenken.

Ich kann vom Duft des Waldes, des feuchten Laubs, der nassen Baumstämme nicht genug bekommen. Ich könnte in der Erde baden, könnte eintauchen, um den Herzschlag des Bodens zu spüren. Ich bilde eine Einheit mit dem Geräusch der fließenden Gewässer. Die Bedingungslosigkeit meines Daseins erfüllt mich mit Kleinmut und Bescheidenheit. Es wird sehr still in mir, böse Geister legen sich zur Ruhe. Meine Freiheitssucht, meine Sturheit und die schiere Verzweiflung über den Lauf meines Lebens verlieren in diesem Umfeld völlig an Bedeutung.

Wir reiten an verfallenen Farmhäusern vorbei, eingestürzten Kühlkellern, überwucherten Fundamenten von Häusern und den Trockenmauern, die einst Ländereien eingrenzten.

Wir galoppieren lange einen Bach entlang den Berg hoch. Giovanni buckelt leicht und schnaubt vergnügt. Wir lassen die Pferde rennen. Giovanni holt mit seinen Beinen weit aus, die Hufe klappern auf dem festgetretenen Weg. Mir kommen die Tränen vom kalten Wind. Am Ende der Strecke müssen wir den Bach überqueren. Walther geht mit Francis ohne Probleme durchs Wasser, doch Giovanni ist so aufgedreht, dass er sich weigert, das Wasser auch nur mit einer Spitze seines Hufs zu berühren. Er dreht sich auf der Stelle. Ich rede ihm gut zu und treibe ihn wieder Richtung Einstieg, doch er windet sich, scheut rückwärts und stellt sich auf die Hinterbeine. Ich steige ab und versuche ihn am Zügel durchs Wasser zu führen. Doch er reißt seinen Kopf hoch und stemmt sich mit den

Vorderhufen gegen meinen Zug. Ich versuche es noch mal, doch Giovanni will nicht durchs Wasser. Seine Augen sind schon ganz wild. Francis steigt am anderen Ufer ab, wickelt Walthers Zügel locker um einen Ast und watet durchs Wasser zu uns herüber.

»Na, komm schon, du schöner Prinz, Wasser tut dir nicht weh.« Er nimmt die Zügel dicht an der Trense und zieht ihn hinter sich her.

Ich schnalze mit der Zunge und versuche ihn von hinten sachte zu treiben. Giovanni wird fast verrückt vor Angst. Wir beide reden ihm gut zu. Francis sagt: »Ich weiß, es ist etwas matschig, aber wenn du kein Theater machst, wirst du auch nicht dreckig.«

Giovanni setzt sich auf die Hinterhand, ich warne Francis: »Achtung, der springt gleich«, und mit einem großen Satz setzt er über den Bach, ohne mit einem der vier Hufe das Wasser zu berühren. Francis lacht und klopft ihm den Hals. Giovanni spielt sich auf.

»Und nun wieder zurück.« Francis führt ihn fünfmal vor und zurück durch das kleine Rinnsal. Bald geht Giovanni schnaubend und aufgeplustert wie ein Gockel durch den Matsch. Ich steige wieder auf, reite noch dreimal hin und her, und alles ist in Ordnung. Wir können weiterreiten. Ich klopfe ihm den Hals. Es ist schön, wenn man einem Pferd die Angst nehmen kann.

Zweiter Teil

In den Grünen Bergen

1

Nach einem Sommer auf Birch Hill fuhr ich in der letzten Augustwoche 1999 mit meinem Vater nach Saxtons River, Vermont, und wurde in der Vermont Academy eingeschult. Mein Vater schleppte die schweren Taschen die enge Treppe hoch ins erste Geschoss des Dorms, meines Wohnhauses, in dem ich untergebracht war. Während ich auspackte, saß er in der Elterninformation, musste Formulare ausfüllen und kam erst vier Stunden später zum Dorm zurück.

Gemeinsam gingen wir in der Nachmittagssonne über den Campus. Es gab einen Hauptweg, den Long Walk, an dem auf der einen Seite die Schulgebäude lagen und auf der anderen die Felder für Fußball, Hockey und American Football. Am einen Ende dieses Weges befand sich ein flaches Gebäude, in dem der Speisesaal mit Küche untergebracht war, sowie Aufenthaltsräume, die Cafeteria und ein schalldichter Musikraum. Daneben lag ein Wohnhaus für Jungs, in dessen Untergeschoss auch die Naturwissenschaften und Sprachen unterrichtet wurden. Diese »Fuller Hall« war das größte Gebäude auf dem Campus. Daneben stand ein großes Wohnhaus für Mädchen, und schließlich kam der Parkplatz. Die Bibliothek und das Büro der Fakultäten befanden sich in den Gebäuden gegenüber der Fuller Hall. Weitere kleine Wohnhäuser, das Gym, die Eishockeyhalle und die Tennisplätze lagen verstreut auf dem Schulgelände.

Als ich mit meinem Vater, vom Parkplatz kommend, über den Long Walk spazierte, spielten manche Kids Frisbee im Feld, andere standen in Gruppen unter den Zierkirschen zusammen, wieder andere gingen genau wie ich mit einem Elternteil zum Auto, wo der Abschied bevorstand.

Jedes Gesicht, das mir begegnete, war mir fremd, war ein unbeschriebenes Blatt. Niemand hier kannte meine Geschichte, keiner wusste, woher ich kam. Ich war fünfzehn und musste erst mal Anschluss finden. Nach all der Zeit, in der ich keinen Wert auf Freunde gelegt hatte, wusste ich gar nicht, wie ich mich dabei verhalten sollte. Ich fühlte mich verunsichert und schüchtern.

Am Auto wurde mir schrecklich bewusst, dass ich hier ganz alleine zurückbleiben würde. Mein Vater würde auf die Farm zurückfahren, dann in die Schweiz fliegen, und ich musste mich unter die anderen Schüler mischen und mich vorstellen. Ich kann gar nicht sozial sein!, schoss es mir durch den Kopf. Doch! Ich wollte ein neuer Mensch werden. Lauter Freunde wollte ich haben, offen und fröhlich sein. Ich konnte doch schwimmen, ich musste nur springen.

Meinem Vater und mir standen die Tränen in den Augen. Der Abschied war schrecklich.

Alleine ging ich wieder über den Campus, an den frisbeespielenden Jungs, den Gruppen von Jugendlichen vorbei, denen ich mich würde anschließen müssen.

Noch etwas weinend, richtete ich mein Zimmer in Hellblau, Gelb und Grün ein, quetschte meine Kleider in den winzigen Schrank und die drei Schubladen meiner Kommode, verstaute meine Handtücher in Kisten unterm Hochbett und breitete den Quilt aus. Ich stöpselte den Stecker des hellblauen Radios ein und suchte einen Sender. Dann ging ich wieder auf den Long Walk und mischte mich unter die Leute.

Abends legte ich einen Kalender an, in den ich Hausaufgaben und Prüfungstermine eintragen wollte. Mein Zimmer teilte ich mit einer blonden, dicken, kleinen Schwedin namens Marianne. Sie war trotz des Abschieds von ihren Eltern gut aufgelegt und redete sehr schnell in schlechtem Englisch.

An einem der ersten Tage kam mir der Head of Admissions auf dem Long Walk entgegen. Er verlangsamte seinen Schritt, als er mich sah, und verzog sein dickes Gesicht zu einer Fratze, durch seine schwarze Hornbrille schielte er mich an und meinte: »Ist das nicht toll! Was für ein Zufall, dass Marianne auch aus Schweden kommt! Ich bin ganz glücklich über diese Fügung!«

Da ging mir ein Licht auf. Freundlich teilte ich ihm mit, dass ich nicht aus *Sweden* kam, sondern aus *Switzerland*. Aber seine Reaktion zeigte mir, dass er weder wusste, wo Schweden noch wo die Schweiz lag.

»*Great!* Ist das nicht wundervoll?«, rief er ganz unbeirrt aus. Und mit dem Angebot, dass ich mich immer an ihn wenden könnte, wackelte er weiter den gepflasterten Hauptweg runter in sein Büro.

Marianne war temperamentvoll, sie besaß String-Tangas in allen erdenklichen Farben, eine Schublade voll, und sie verkündete schon kurz nach unserer Ankunft, dass sie Silvester 2000 Sex haben wolle, mit wem auch immer. Nach wenigen Wochen verfluchte sie alle Lehrer und Schüler – und mich. Nach Unterrichtsschluss hing sie am Telefon und fluchte auf Schwedisch, was das Zeug hielt. In einer unüberhörbaren Lautstärke und in rasenden Wutanfällen schrie sie bis nach Stockholm, dass sie hier wegwollte. Ihre Hälfte des Zimmers entwickelte sich zu einer Müllhalde. Unter ihrem Bett stapelten sich leere Coladosen, Chipstüten, Unterwäsche und Kosmetik, die ihr ihre Mutter aus Stockholm schickte. Auf ihrer Hälfte des Schreibtisches häuften sich Modezeitschriften und Pappschachteln von zugesandten Päckchen. Bald vermied sie es, mit mir zu sprechen, und signalisierte ihre Abneigung durch gezieltes Unordnungschaffen. Sie schluckte Coffeintabletten und saß noch bis drei Uhr morgens vor unserem Zimmer in dem gammeligen Sofa und machte Hausaufgaben.

Ich belegte Kurse in Biologie, Französisch, Mathematik, Amerikanischer Geschichte, spielte Feldhockey und versuchte mich irgendwie einzuleben.

Wenn ich zurückdenke, formierten sich auf meinen Schulen immer die Schüler mit gleichen Vorlieben und Neigungen zu jeweils eigenen Gruppen. Hier versuchte ich nun unter den 350 Jungen und Mädchen meine Freunde zu finden und gesellte mich bald zu einer Gruppe, in der alle die gleichen Baseballmützen von der Marke Abercrombie&Fitch trugen sowie Shorts und Hemden vom gleichen Label. Das Zentrum der Clique bildeten drei Jungs aus dem Footballteam: Mike, Chris Callahan und Topher waren ganz coole *Cats*. Topher kämmte seine sonnenblonden Wellen zur rechten Seite und trug seine Oberarme wie ein Joch, das man ihm um die Schultern gelegt hatte. Er war zwar stämmig, hatte aber ein Gesicht, wie man es in den Katalogen von edler Sport- und lässiger Freizeitmode findet. Mike und Chris Callahan wurden von Ingrid bewundert, einem Mädchen, das einen runden Po hatte und nur unifarbene Baumwoll-T-Shirts trug. Sie hatte blonde glatte Haare und eine spitze Nase, die sie immerzu mit einer Aufwärtsbewegung ihres Handrückens abwischte. Sie lebte in meinem Dorm.

Um diese drei Jungs versammelten sich auch die aschblonde Rebecca, die wie eine Gazelle rannte und aus Kalifornien stammte, die wildgelockte Patience aus Connecticut und ein Mädchen mit Tattoos auf Bauch, Beinen und Po, irrem Blick und rauchiger Stimme aus Kanada: Julie.

Nachdem ich mehr Zeit mit dieser Anhängerschaft verbrachte, stellte ich zu meiner Überraschung fest, dass Mike Hutchins – nach seinem Nachnamen »Hutch« genannt – großen Wert darauf legte, dass ich bei den abendlichen Zusammenkünften neben ihm saß. Er rief mich aus dem Dorm, um mit mir Trampolin zu springen, er fragte tausend Fragen und lachte über meine Witze. Das war mir neu, und ich hegte sofort große Sympathien für diesen total netten *Boy*.

In den letzten Sommermonaten saßen die anderen Schüler und ich nach dem Essen und vor den Hausaufgaben noch auf den Holzbänken unter den Alleebäumen am Long Walk und unterhielten uns, ich genoss es, unter so vielen völlig neuen Menschen zu sitzen, mit ihnen zu lachen, herumzualbern und darüber meine Unsicherheit im Umgang mit anderen zu vergessen. Keiner von ihnen wusste, wo die Schweiz liegt, das tat irgendwie gut. Ich lernte nach und nach auch andere Gruppen kennen und stieß auf Jesse und die Schüler, die sich um ihn herum gruppierten. Er war der Sohn eines Schlagzeugers einer sehr angesagten Rock-Band. Er selbst spielte auch Schlagzeug, wie sein Vater, und war Teil einer eigenen Band. Er hatte überall bunte Tätowierungen, feuerrote Haare, blassblaue Augen und eine feine, schmale Nase. Er war ein Energiebündel und konnte sehr gut Skateboard fahren. Er wollte wissen, ob man auf der »Autobahn« tatsächlich so schnell fahren konnte, wie man wollte, und ob es dort, wo ich herkomme, auch Comic-Serien im Fernsehen gäbe. Er interessierte sich für meinen Musikgeschmack, und wir fachsimpelten übers Skaten, über Mode, übers Malen und Zeichnen. Er fragte, wie zur Hölle ich in der Vermont Academy gelandet sei, und ich meinte, ich sei nicht gut genug für die Schweizer Schulen gewesen.

»Disabled?!«, fragte er mit aufgerissenen Augen.

»Oh yes.«

»Just like me«, und darauf gaben wir uns die Hände.

Da war der Junge aus der Gosse, nach dem ich gesucht hatte!

Jesse wurde mein bester Freund. Ich schloss mich zaghaft seiner Gruppe an, war aber eigentlich zu brav, um als richtig cool zu gelten. Doch im September zeichnete mir Jesse ein

Graffiti zum Geburtstag, »Happy Birthday ★ Sorry It Has To Be At Vermont Academy! Have An Awesome Day«, und steckte es in mein Postfach. Ich glaubte zu spüren, dass er mich mochte, und das empfand ich fast wie eine Ehre.

Nach einem Leben in völliger Zurückgezogenheit, einem Leben, in dem ich nie ausgegangen war, mich nie am Wochenende krank getrunken hatte, gehörte ich völlig unerwartet »dazu«. Hier spielte man nach anderen Regeln.

Dieses neue Gefühl des Sozialseins hatte für mich nur einen Haken: Ich war keinen Moment mehr alleine. Für mich war Rückzug, wenn ich ihn brauchte, selbstverständlich. Hier musste ich mich wohl oder übel dauerhaft exponieren, sonst verlor ich den Anschluss. Ich durfte mir keinen Rückzug erlauben.

Nur manchmal blieb Zeit, in Gedanken nach Hause zu wandern, und dann holte mich auch das Gefühl von Heimweh ein. Zum Beispiel, wenn ich eine Postkarte oder eine E-Mail von meiner Mutter bekam. Es gab auf der ganzen Schule nur einen Computerraum, in dem zehn Rechner mit Internetanschluss standen. Es kam sehr oft vor, dass ich hier auf Judd Markowski stieß, der im Internet Bilder von Landmaschinen und Traktoren suchte. »Hey, Louise! Schau dir das an! Ein Porsche-Traktor von 1960! Ich liebe diesen *Shit*.« Judds Locken standen immer zu Berge, und er hatte unreine Haut, was ihn aber gar nicht weiter störte. Er saß auch in meiner Mathematikklasse, bastelte Papierflieger, war hyperaktiv, blitzgescheit und schlief im Unterricht über seinem Bücherstapel ein. Im Computerraum setzte ich mich immer neben seinen Platz und prüfte, ob ich Nachrichten aus der Schweiz bekommen hatte.

Die Worte aus meiner Heimat machten mich schrecklich sehnsüchtig, und ich realisierte, wenn ich meine Buchstaben nach und nach in die Tastatur eingab, welche Idylle und welches Paradies ich zurückgelassen hatte. Ich stellte mir vor, wie meine Familie beim Abendbrot zusammensaß und ich fehlte.

Es war mein innigster Wunsch gewesen, dieser Welt zu entkommen, aber ich hatte die Macht des Heimwehs unterschätzt.

2

Die Schule sorgte für Ablenkung. Mein Tag begann morgens um 6.30 Uhr. Dann nämlich läutete Mariannes Wecker, weil sie die Erste in der Dusche sein wollte und fünfundvierzig Minuten brauchte, um sich zu schminken und anzukleiden. Ich hätte bis sieben geschlafen, doch stand am Ende auch immer früher auf. Mit Handtuch, Seife, Creme, Zahnbürste und Zahnpaste verließ ich unser Zimmer. Marianne kam mir aus der Dusche entgegen. Unsere Wege kreuzten sich auf dem Gang. Sie roch nach einem Kräutershampoo, das sie immer benutzte, die nassen Fäden ihrer blondierten Haare hingen wie Eiszapfen auf ihren fülligen Schultern. Ich ging weiter. Auf Ingrid, die in dem Einzelzimmer rechts neben uns wohnte, traf ich oft erst am Nachmittag. Morgens sah ich sie nie. Nicoles Tür war noch geschlossen, kein Laut. Sie bewohnte das Einzelzimmer links an dem Flur und schlief immer sehr lange. Sie war auch eine Freundin von Jesse und legte viel Wert darauf, dass sie *in der Nähe von* New York aufgewachsen war. Ich glaube, sie hätte viel lieber *in* New York gelebt. Sie achtete sehr auf die Pflege ihrer braunen Korkenzieherlocken. Ich sah sie sehr oft mit einem um den Kopf gewickelten Handtuch im Vorraum zum Bad vor der Waschmaschine und dem Trockner stehen. Sie kaute ihre Fingernägel und war ein Folkrock- und Rock-'n'-Roll-Fan. Die Wände ihres Zimmers waren beklebt mit Postern von Bob Dylan, The Doors und Steppenwolf. Eigentlich war Nicole auch eine Einzelgängerin, aber eine, die sich wunderbar integrieren konnte. Im Winter waren wir zusammen im Snowboard-Team und lernten uns besser kennen.

Ich schlurfte weiter. Amanda, die ihr Einzelzimmer am Ende des Flurs hatte, war meist wach, wenn ich duschte. Aus ihrem Zimmer drang morgens schon Musik. Sie war der Überzeugung, sie könnte Model werden, weil sie eine so hohe Stirn hatte. Sie redete sehr viel, wenn es gar nicht nötig war. Sie erzählte Geschichten, die keinen Sinn machten, und eigentlich niemanden interessierten. Sie war passionierte Skifahrerin und interessierte sich für den Fernsehsender MTV.

An der Tür zum Badezimmer hing das Foto eines sabbernden Bullterriers. Amanda hatte es aus einem Modekatalog gerissen. An der Wand vor dem Badezimmer stand eine braune Couch, deren Polster nach Staub, Frittiertem und altem Schaumgummi rochen.

Ich trat vor den mit Dunst beschlagenen Spiegel, stellte meine Flaschen und Tuben nebeneinander ab, wandte mich um und schob den Plastikvorhang, der an der Decke angebracht war, beiseite. Ich kletterte in die gelbliche Wanne mit dem schwarzen Abfluss und schob den Vorhang wieder zu. Die ganze Schule beneidete unser Haus um die Ganzkörperspiegel in unseren Kleiderschränken und um diese eklige Badewanne.

Ich duschte und ging, in eines meiner hellblauen Badetücher gewickelt, zurück ins Zimmer. Marianne hörte Musik und konnte sich nicht entscheiden, wie sie sich schminken sollte. Ich konnte ihr nicht helfen.

Um halb acht ging ich zum Frühstück. Unterricht war von acht bis zwölf Uhr. Dann wurde Mittag gegessen.

Jeder Unterrichtsraum war wie eine eigene Persönlichkeit mit besonderen Eigenschaften. Am stärksten unterschieden sich die Räume in ihren Gerüchen. Ironischerweise war der Mathematikraum im Hauptgebäude, Fuller Hall, von allen der luftigste und angenehmste Raum. Hier konnte man die Fenster richtig öffnen und auf die Fußballfelder und den gepflasterten Hauptweg blicken. Der Raum bot Platz für die zehn Schüler des Kurses, deren Tischchen mit integrierten Stühlen und einen Schreibtisch für Mrs. Newton.

Mrs. Newton war klein, untersetzt, trug ihre grauen Haare kurz, ihre Kleider knöchellang. Wenn einer der Jungs laut lachte, konnte man Mrs. Newton nicht mehr verstehen, da sie leise und sanft sprach.

An der Wand hing ein Markerboard – keine Tafel. Auf der Antihaft-Oberfläche waren schon Tausende quadratische Wurzeln errechnet worden. Die Spuren konnten nicht mehr richtig ausgewischt werden, und so war die einst weiße Oberfläche schwach gezeichnet von einer seltsamen Hieroglyphenschrift. Markerstifte gab es zuhauf, doch meist schrieb nur ein einziger. Es roch hier penetrant nach dem Lösungsmittel dieser wiederwegwischbaren Stifte und nach dem Lavendel-Wäscheduft, den Mrs. Newton in ihren Kleiderschrank zu legen pflegte.

Ebenfalls in Fuller Hall befanden sich der Postschalter, der Computer-Raum, in dem ich immer Judd Markowski traf, das Dean's Office, das Büro des Headmaster, die Aula und der Raum für Amerikanische Geschichte. Mr. Hibbler hatte sich in diesem Zimmer über die Jahrzehnte ein Reich eingerichtet, das allerlei Schätze und unersetzliche Dokumente barg. Eine Flagge der konföderierten Staaten von Amerika hing über seiner Tür. Er hatte sich über Jahrzehnte den Bitten des Schuldirektors widersetzt, die Flagge abzuhängen. Er hatte Ausgaben vom *LIFE Magazine* aus den Sechzigern, mit großen Porträtaufnahmen von JFK und seiner letzten Fahrt durch Dallas. Er besaß alte Dokumente über die Unabhängigkeitserklärung und Schallplatten von Frank Sinatra. Hier roch es nach vergilbten Papieren und spröden Ledereinbänden. Der Raum lag im Erdgeschoss und war eines der größten Zimmer im Gebäude. Wir Schüler saßen zu dritt oder viert an großen Tischen, die sich, in U-Form aufgestellt, zum Markerboard öffneten. Mr. Hibbler trug immer Hemd und Fliege oder Hemd und Krawatte. Er war recht beleibt und redete viel bis sehr viel. Er liebte Werkzeuge und Maschinen aller Art und erzählte uns von der Bohrmaschine, der Kettensäge, ja von seiner »Tool-Crazynes«.

Englisch- und Französischunterricht hatte ich im Sprachcenter. Die Stunden bei Mr. André, meinem Französischlehrer, waren eine Qual. Nicht wegen des Lernstoffes, o nein, sondern wegen des Gestanks, der diesen Raum im Kellergeschoss erfüllte. Eine Mischung aus vergorenem Schweiß, fettigem Haar, Hosen, die nach einem dreitägigen Prozess der Selbstreinigung immer wieder aus dem Kleiderschrank geholt wurden, schlug mir entgegen. Es stank nach einem einzigen Paar Schuhen und den dazugehörigen Füßen und Socken. Diese Luft musste ich einatmen, wenn ich durch die Eisentür trat, es ging nicht anders, auch wenn ich mir immer vornahm, fünfundvierzig Minuten lang die Luft anzuhalten. Die einzige Frischluftzufuhr wurde durch vergitterte Luftscharten ermöglicht, die sich nicht öffnen, sondern höchstens einen Spaltbreit kippen ließen.

Ich musste im *Kleinen Prinzen* lesen, geplagt von fürchterlichen Kopfschmerzen, und verließ die Stunde mit Sauerstoffmangel. Einer der Gründe, warum ich keine Fortschritte in diesem Kurs machte, war dieser Gestank.

Anders im Englischunterricht. Hier waren die Mitschüler schlimmer als der Geruch. Ich hasste diesen Kurs, und jedes

Mal bangte mir vor dieser Stunde. Die Jungs waren ruppig und gemein. Sie lachten über meinen Akzent und gaben immer blöde Kommentare ab, wenn ich mich meldete oder etwas vorlesen musste. Die Mädchen hielten mich für eine Streberin und verachteten mich.

Ms. Gilbert, die Englischlehrerin, war zugleich mein Hockey-Coach, und eigentlich mochte ich sie ganz gerne. Sie war kugelrund und hatte kleine Hände, die unaufhörlich durch die Luft flogen, während sie auf uns einredete. Ihr braunes Haar war lang, glatt und glänzend und reichte ihr fast bis zu den Hüften. Sie war einmal per Anhalter von Massachusetts nach New Orleans getrampt und erzählte viel von den Begegnungen auf dieser Reise, dabei lachte sie am Ende immer so sehr, dass ihr die Tränen kamen.

»Da steige ich also mit meiner Tasche in diesen Truck ein. Der Fahrer ist so ein Shit-Kicker, liebt seine Zigaretten, mit Tattoos vom Hals bis an die Fingerspitzen, beidseitig, aber unglaublich nett: *Hey, honey,* bis wohin kann ich dich mitnehmen? Ich sage: egal. Er erzählt stundenlang, fragt mich komische Sachen, und nach etwa drei Stunden kommt aus der Kabine hinter uns seine Frau mit einer Waffe in der Hand. Sie sagt zu mir: ›Gib mir dein Geld.‹

Ich sage: ›Ich habe kein Geld.‹

Er dreht sich zu seinem *chick* um und sagt: ›*Hey Cat, are you crazy, what are you doing?!*‹

›Ich will ihr Geld‹, sagt sie.

Er: ›Du kannst ihr nicht einfach das Geld abknüpfen, Süße, sieh sie dir doch an, die ist kaum dreiundzwanzig.‹

›Guck du auf die Straße‹, faucht sie.

Er: ›Ich hab dir doch gesagt, du sollst aufhören mit dem Quatsch! Leg die Waffe weg, du bist doch verrückt!‹

›*Du* bist verrückt‹, schreit sie. ›Du hast gesagt, dem Nächsten knüpfen wir das Geld ab.‹

Er: ›Ja, *dem!* Aber das ist 'ne junge Frau! Das war nicht vereinbart. Männlich ab dreißig hab ich dir gesagt, *Jesus Christ.*‹ Er wendet sich zu mir. ›Das tut mir echt leid, so ist das nicht gemeint, *Baby.* Du gibst mir einfach einen Zwanziger, und ich lass dich an der nächsten Tanke raus.«

Ms. Gilberts Temperament kochte ständig auf 100 Grad, egal ob sie »lauft, lauft, lauft!« am Rande des Hockeyfeldes brüllte, von englischer Lyrik und dem Romanhelden Heathcliff schwärmte oder ihre Tramper-Geschichten in Tränen auf zwanzig Minuten ausdehnte.

Wir studierten mit ihr das Gedicht *The Raven* von Edgar Allan Poe, und ich erinnere mich fast an jede Passage dieses Buches, weil Ms. Gilbert sich so in die Geschichte hineinsteigerte.

Im Biologieunterricht war ich die Älteste im Kurs. Schließlich hatte mich die Schule nur in die zehnte Klasse genommen, da ich ja aus »Schweden« kam und somit als ausländische Schülerin galt. Im Durchschnitt war ich also ein bis zwei Jahre älter als die anderen Schüler der zehnten Klasse, und ich fand meine Freunde ausschließlich unter den Seniors, den Schülern der zwölften und letzten Klasse.

Mrs. Wirts sah aus wie eine gute Wald- und Kräuterhexe. Schlank und groß war sie. Sie hatte so viel Haar, ich fragte mich immer, ob sie es überhaupt kämmen konnte. Sie hatte eine ganz spitze Nase und einen kantigen Mund. Da sie nach eigener Aussage »nie Shampoo benutzte«, erinnerte ihr Schopf an die Haarpracht eines Wichtels oder Trolls. In ihrer Aussprache lag ein leichtes Lispeln, ihre Stimme war rauh, ihre Sprache überschlug sich, wenn sie begeistert von Pflanzen, Tieren und Ökologie erzählte. Im Winter trug sie Pompom-Mützen bis unter die Augenbrauen und Ariat-Schuhe. Ihre Jeans würden heute schon wieder im Trend sein, damals waren es einfach nur

Karottenhosen. Im Biologie-Raum gab es eine Tafel und Kreide. Noch heute sehe ich Mrs. Wirts vor mir, den Rücken zur Klasse gewandt, am ganzen Körper bebend, während sie einen Ahornbaum mit Pfeilen, Kreisen, Bezeichnungen und Jahresringen aufzeichnet. Es war ein Hacken und Hauen, sie schlug mit der Kreide förmlich auf die Tafel ein. Der Staub bröselte wie Schnee von ihrem Zeigefinger und Daumen, und nach zwei Stunden waren die Kreiden entweder zerbrochen oder bis auf kleine Stummel heruntergeschrieben. Mrs. Wirts war die Kategorie Lehrer, die so begeistert von ihrem Fach sind, dass sie die Schüler im Regen zu einem gekippten Teich schleppen, um dort mit ihnen das tote Ökosystem zu analysieren. Sie teilte Texte und Papiere aus, die keiner verstand, und gab am meisten Hausaufgaben von allen auf.

Nach dem Unterricht trainierten wir bis abends um sechs zwei Stunden Feldhockey.

Ab sieben Uhr musste man sich in der Dining Hall zum Abendessen anstellen, und ab zwanzig Uhr waren zwei Stunden Hausaufgaben verordnet. Mein akribisch angelegter Kalender wurde untauglich, da ich viel zu wenig Platz gelassen hatte, um die ganzen Aufgaben zu notieren. Ich riss die vollen Seiten raus und nutzte die verbleibenden leeren Seiten, um meine Tagesnotizen aufzuschreiben.

3

Die spärliche Zeit, die uns zur freien Verfügung stand, verbrachte ich immer öfter mit Mike.

Mike kam aus dem »Corn-State« Idaho. Maisfelder, so weit das Auge reicht. Er war einen ganzen Kopf größer als ich, hatte Muskeln, aber nicht zu viele, er ging beschwingt und trotzdem breitbeinig. Mike hatte etwas, das die anderen Jungs aus der Gruppe nicht hatten, er war cool *und* liebevoll. Sein Gesicht war rundlich, seine Nase klein und stubsig. Er trug die dunkelblonden, gelockten Haare eher lang und schob sie sich immer über die Stirn zurück, bevor er sein Käppi aufsetzte.

Schon in der ersten Schulwoche wanderten meine Augen suchend durch die Gegend in der Hoffnung, ihn in den Pausen oder während der Mahlzeiten zu entdecken. Meine Gedanken drifteten immer wieder zu ihm zurück. Er strich sein Haar so cool aus der Stirn. Wenn ich neben ihm saß, wurde mein Bauch ganz heiß, es verwirrte mich, wenn er mich ansah. Ich fragte mich, ob es ihm wohl ähnlich ging.

An Sonntagen verbrachten wir den ganzen Nachmittag zusammen, und doch war ich mir nicht sicher, ob er mich mochte. Denn am nächsten Tag verhielt sich Mike wieder, als sei gestern nie gewesen, da hing er nur mit Chris Callahan rum, hob Gewichte in der Gym, und ich sah ihn erst abends nach dem Essen.

Ingrid, ausgerechnet aus meinem Dorm, bemerkte meine Gefühle für ihren Schwarm. Immerhin war sie schon seit vier Jahren auf der Schule und warb schon sehr viel länger um ihn als ich. Ungefragt war ich in ihr Terrain eingedrungen – ihre Hassgefühle mir gegenüber ließ sie mich bald spüren. Ich versuchte sie zu verstehen und bemühte mich, nett zu ihr zu sein, doch sie verachtete meine Nettigkeiten.

Ich überlegte, wie ich ihm bloß mitteilen konnte, dass ich in seiner Nähe sein wollte. Ich wusste einfach nicht, wie man so was sagte. Er sah mich eines Samstagnachmittages immer wieder sekundenlang an, als genieße er diesen Anblick, und strich mir die mittlerweile lang gewordenen Fransen hinter die Ohren. Voller Glücksgefühle kehrte ich an jenem Abend in den Dorm zurück, begrüßte die Mädchen, die draußen saßen und kreischten, und begegnete auf der engen Treppe den tödlichen Blicken Ingrids. Sofort fühlte ich mich schlecht – und zu Mike noch mehr hingezogen.

Dann endlich: In einer der lauen Spätsommernächte, in denen die Sternschnuppen am Nachthimmel herabfielen wie Feuerwerk, gaben wir uns den ersten Kuss. Wir saßen auf einer Bank am Footballfeld. Doch kaum hatten wir die ersten Zärtlichkeiten ausgetauscht, trat der Nachtwächter mit einer Taschenlampe aus dem Nichts zu uns und wies darauf hin, dass diese Bank nach 22 Uhr außerhalb des zugelassenen Campusbereichs lag. Wir mussten uns in die Zone begeben, die hell erleuchtet nahe der Schulgebäude lag. Arm in Arm schlenderten wir über das Frisbeefeld zum Long Walk zurück. Wie gut sich das anfühlte! Ich liebte seine feste Umarmung! Beim Abschied hob er mich hoch, als sei ich federleicht, und meinte, ich sei die schönste Frau, die er jemals geküsst habe.

Mit heißen Lippen verabschiedeten wir uns vor meinem Dorm, und ich fühlte mich überglücklich.

Mike und ich wurden ein Paar. Das Gefühl von Liebe gab mir unendlich viel Kraft.

Hutch schrieb mir sogar ein Gedicht und überreichte mir den Zettel, auf dem er seine Verse niedergeschrieben hatte, mit feuchten, zitternden Händen. Nach seinen Footballspielen saßen wir auf den Treppenstufen zu seinem Dorm, und ich schmierte ihm die geschwollenen Finger mit Kühlsalbe ein und zeigte ihm meine blauen Flecken von den Bällen, die ich beim Hockey abbekommen hatte. Er brachte mir ein Käppi von Abercrombie&Fitch und Pralinen von einem Ausflug nach Manchester mit. Es war schön, zu ihm zu gehören, damit hatte ich sehr schnell sehr viele Freunde gewonnen. Außer Ingrid natürlich, die hasste mich.

Das Leben als Paar auf einer amerikanischen Internatsschule war allerdings sehr kompliziert. Schließlich gab es Vorschriften. Eine der vielen Regeln lautete: »Keine Mädchen nach 22 Uhr auf den Zimmern.« Eine andere: »Mindestens zwei Extremitäten beider Personen auf dem Boden« – was es unmöglich machte, gemeinsam im Bett zu liegen. »Wenn sich ein Junge/Mädchen im Zimmer eines Jungen/Mädchens befindet, hat die Zimmertür desjenigen offen zu stehen, wie auch die Tür des Dorm-Aufsehers offen zu sein hat.« Jeder Besuch von Mike in meinem Dorm musste angemeldet werden. Auf dem Campus gab es kaum einen Winkel, der nicht bewohnt oder beobachtet wurde, und die freie Zeit war, wie gesagt, sehr knapp.

Das einzige romantische Abenteuer, das ich wagte, war, ein paar Tage nach unserem ersten Kuss unangemeldet zu Mikes Dorm zu schleichen. An jenem Abend vermisste ich ihn sehr. Ich wollte mit ihm sprechen, ihn wieder und wieder küssen. Nach den Hausaufgaben in der Bibliothek, um zehn Uhr, huschte ich also über den schmalen Weg zu seinem Dorm hinunter. Ich kannte die Konsequenzen und wusste auch von dem Husky, den sich der Aufseher von Mikes Dorm hielt. Der Hund lebte vor dem Haus an einer langen Kette und bellte.

Da ich ja unangemeldet gekommen war, versuchte ich mich als Erstes mit dem Husky anzufreunden. Er war begeistert von meiner Zuwendung und hätte mir am liebsten das Gesicht abgeleckt. Sein Laufradius war mit fünf Metern beschränkt, und so tastete ich mich in der Dunkelheit an der Hauswand entlang, bis ich glaubte, Mikes Fenster erreicht zu haben. Ich schmiss Kiesel an seine Fensterscheibe und rief so laut, wie ich es wagte, seinen Namen. Nichts. Der Husky hing hechelnd in seiner Kette an der Hausecke. Noch immer nichts. Ist ja auch Schwachsinn, hier auf ihn zu warten, geh doch einfach rein, sagte ich mir. Ich ging zurück zur Haustür und tat so, als wisse ich nichts von den Regeln. Ich schlich über den Flur und ging die enge Treppe hoch. Ich wusste noch nicht einmal, welches sein Zimmer war. Oder doch? Ich öffnete, da auf mein Klopfen niemand antwortete, die Tür, hinter der ich sein Zimmer vermutete, und fand ein verlassenes Chaos vor. Es roch nach alten Sportsachen und unaufgeschüttelter Bettwäsche. Ich ging zum Tisch, nahm Zettel und Stift, und hinterließ eine Nachricht. Dann schlich ich die Treppe wieder runter und rannte den von gelben Lichtkegeln erleuchteten Weg zurück zur Bibliothek. Für eine solche Aktion flog man von der Schule, und ich war den Tränen nahe, dass ich solche Ängste durchstehen musste, nur um meinen Freund zu sehen.

»Wo warst du so lange?«, war die erste Frage meines erzkatholischen Aufsehers, als ich mit glühenden Wangen auf der Veranda meines Dorms ankam.

»Ich habe einen Spaziergang gemacht, um nachzudenken«, sagte ich.

»Louise!«, rief Nicole von oben.

»Ja?«

»Mike ist am Telefon für dich.«

Der Kathole Mr. Paton und seine Frau standen nun zu zweit im Türrahmen und erhoben ihre Zeigefinger. »Nachdenken, so, so.«

Ich stieg die Treppe hoch und nahm Nicole den Hörer ab. Sie hatte mal wieder ihre nassen Haare in einem Handtuch zum Turban gewickelt und flüsterte: »Hast du Körpercreme mit Vitamin E?«

Ich hielt den Hörer an mein Ohr und runzelte die Stirn: »Nein, ich glaube nicht. Ich guck gleich nach.«

»Okay«, flüsterte Nicole, »ich habe einen Kratzer am Bein, und Vitamin E ist gut gegen Narben.«

Ich nickte ihr zu und zog meine Zimmertür zu, Marianne war noch in der Bibliothek. »Hallo?«, sagte ich endlich.

»Sag mal, spinnst du?!«
»Was?«
»Du bist verrückt, wie bist du hier reingekommen?«
»Durch die Tür.«
»Und der Hund?«
»Der liebt mich.«

Mike wurde sehr ernst, sogar besorgt: »Die schmeißen dich von der Schule, wenn dich einer gesehen hat.«

»Hat mich keiner gesehen«, versicherte ich ihm.

»Ich habe mich riesig gefreut.«

»Wo warst du überhaupt? Du warst ja auch nicht in der Bibliothek.«

»Ich habe bei meinem Mathelehrer Hausaufgaben besprochen.«

Wir verabredeten uns für den nächsten Tag und wünschten gute Nacht.

Da klopfte es an meiner Tür. Mrs. Paton stand mit steifer Miene vor mir.

Mit spitzen Lippen und ihr Haupt unter dem wachen Auge Gottes leicht zur Seite geneigt, stand sie da und meinte: »Ich glaube nicht, dass du spazieren warst, um nachzudenken.«

»Wenn ich es aber doch sage!«

»Du kommst jeden Abend zu spät aus der Bibliothek. Ich glaube, das liegt an dieser Sache mit Michael Hutchins. Ich würde dir empfehlen, die Geschichte zu beenden, sonst müsste ich die Konsequenzen ziehen.«

Wie ich sie hasste. Du dummes Viech hast mir nichts zu sagen, wollte ich brüllen. Doch ich biss mir auf die Lippen. »Ich muss jetzt Hausaufgaben machen, ich habe noch zu tun.«

Schmal lächelnd wandte sie sich ab und schloss die Tür leise.

Wir Neuankömmlinge unterschieden uns von den anderen Schülern, weil wir noch wie wilde Tiere waren, die erst gebändigt werden mussten. Ich und Marianne zumindest machten einen ähnlichen Prozess des Gebrochenwerdens durch. Marianne kämpfte am Telefon mit ihren Eltern. Meist nachmittags zwischen der letzten Unterrichtsstunde und dem Training für das Feldhockey schrie sie auf Schwedisch den halben Campus zusammen. Von fern, wenn ich den steilen Weg vom Campus zu meinem Dorm hinunterging, klatschten Mariannes Worte wie Sahnetorten an meine Ohren. Je näher ich dem Haus kam, die Treppe hochstieg und in unser Zimmer ging, desto lauter wurde ihre Stimme und desto länger wurden die Sätze. Ich öffnete die Zimmertür und sah, wie sie durch unseren Käfig tobte, hörte, was sie ihrem Vater an den Kopf warf. Alles, was sie mir von den Gesprächen später ins Englische übersetzte, war: »Ich will nach Hause.«

Auch ich kämpfte meinen Kampf, doch ich kämpfte ihn innerlich. Stumm. Warum durfte ich meinen Freund nicht sehen, wann es mir passte? Ich fühlte mich in meinen Freiheiten beschränkt und in meinem Tun beobachtet. Die Liebe war so rasend schnell über mich gekommen, dass meine Gefühle den Umständen gar nicht hinterherkamen. Keiner hier sprach meine Sprache, ich war es, die eine fremde Sprache schreiben und in ihr denken lernen musste. Mich auf Deutsch auszudrücken, war mir nur ab und an nachts möglich, wenn ich in meinen ausgedienten Kalender schrieb. Sonst war alles, was ich träumte, dachte, schrieb und redete, englisch. Da es aber darum ging, meine Gefühle und Gedanken auszudrücken, war mir die Sprache fremder als je zuvor. Ein stummes Verlangen danach, Zeit zu haben, um mein aufgestautes Heimweh, die Liebe zu Mike, das Verlangen nach Nähe und die Sucht nach Distanz aussprechen zu können, wuchs und wuchs und ließ mir keine Ruhe mehr. Ich konnte mich nicht verstecken, ich konnte nicht fliehen, ich hatte keine Zeit mehr.

Nach einem Monat wollte mich Mike seinen Eltern vorstellen. Meine Eltern erlaubten aber keine Ausflüge mit Mike und seinen Freunden. Sie waren vielleicht zu weit weg, um die Gefahren einschätzen zu können, die ein solcher Ausflug barg. Ich wollte ihn mit auf die Farm nehmen, mit ihm die wenigen, freien Stunden von Samstagnachmittag bis Sonntagabend verbringen. Doch als ich meinen Vater fragte, erlaubte er es nicht. So fuhr ich ohne ihn am Wochenende auf die Farm, kochte für mich, schlief und kehrte wieder zurück in die Schule.

Eines Sonntagabends saßen wir nach meiner Rückkehr eng aneinandergeschmiegt auf der Holzbank vor dem Haus des an jenem Abend abwesenden Deans. Mike küsste mich immer heftiger, entwickelte eine ungeahnte Kraft und schob seine Hand immer tiefer in meinen Schritt. Mich überkam ein grausiges Schauern. Das war *mein* Bereich, und dort hatte er nichts zu suchen. Er versuchte es noch mal, doch ich wies ihn vehement zurück.

»Was hast du denn?«, fragte er irritiert. »Es gab schon welche, die haben es in der Aula gemacht.«

Ich schüttelte den Kopf. Sex wollte ich überhaupt nicht. Ich wusste nichts darüber.

Mike meinte, wir würden uns schon so lange kennen und was ich denn wolle. Ich wusste es nicht.

»Komm schon«, flüsterte er.

»Nein.«

Er sah mich an, und ich sah ihn an und dachte, du kennst mich doch gar nicht, du weißt nichts über mich. Ich bin ein Cowboy auf einem Wildpferd, du kannst mich nicht besitzen, niemals.

4

Am Nachmittag verbringe ich viel Zeit mit Lesen und falle immer wieder über dem Buch in einen kurzen Schlaf. Das Sonnenlicht fällt über die Baumkronen durch das Fenster, als es an der Haustür klopft. Jim meint, er müsse hinterm Teich einen neuen Zaun für die Schafe aufstellen – ob ich ihm helfen wolle.

Auf diese Weise werde ich von meiner Müdigkeit abgelenkt, und über Jims Gesellschaft freue ich mich immer. Ich ziehe meine Stiefel an, trete durch die Fliegentür – die, sobald die Temperatur unter null sinkt, durch eine gläserne Windfangtür ersetzt wird – und setze mich neben Jim in einen Mini-Jeep ohne Überdachung und mit einer offenen, kippbaren Ladefläche. Wir fahren über den holprigen Pfad an ein Rinnsal, in dem mal mehr, mal weniger Wasser fließt. Heute gurgelt es fröhlich vor sich hin und ist übersät mit leuchtend gelben Blättern. Wir stapfen durch die schwarze, ölige Erde. Die Sonne scheint mir auf den Rücken und lässt mein Blut spürbar pulsieren. Ich sehe die Stelle, an welcher der Holzzaun umgeknickt ist, als wären die Latten aus Papier. Die drei von Flechten bewachsenen, aufgesplitterten Planken wurden durch enormen Druck nach vorne gebogen. Der senkrechte Pflock, in dem sie eigentlich verankert sind, liegt auf der Erde.

»Fünfunddreißig Schafe«, sagt Jim nur mit einem Nicken in Richtung des angerichteten Schadens.

»Und das Holz war morsch.«

Jim und ich lösen die verbogenen Planken aus den Schlitzen, und Jim hebt den morschen Balken aus dem Gras. Er landet auf dem Gator. Mit den Stiefeln schließen wir das Loch, räumen die Planken beiseite, dann holen wir den neuen Holzbalken von der Ladefläche des Gators. Ich packe mit an, und wir rammen ihn in den Boden. Jim zieht ihn mit kräftigen Bewegungen vor und zurück, um ihn tiefer in der Erde zu verankern, dann reicht er mir stumm einen Hammer. Er richtet auch den zweiten schiefen Holzpflock und drückt ihn auf die gleiche Weise in den Boden. Ich glaube, dass er den Menschen lieber aus dem Weg geht, als das Risiko einzugehen, einen Fehler im Umgang mit ihnen zu machen. Auch ich gehe den Menschen aus dem Weg, ich scheue sie ein wenig, verstehe sie manchmal nicht, kann mich aber auch in sie verlieben.

Der Vorschlaghammer baumelt in meiner Hand, ich beobachte, wie Jim alle drei Planken aus den Fassungen des anderen wiederaufgerichteten Holzpfahls zieht. Ich verfolge die Leichtigkeit seiner Bewegungen mit gebannten Blicken. Mit aller Kraft haue ich auf die Schnittfläche des Pflocks, doch das Ding bewegt sich kein bisschen. Ich haue noch mal und noch mal. Ich fluche. Jim kommt und nimmt mir den Hammer ab, holt aus und lässt ihn mit solcher Kraft niedersausen, dass der Balken um fünf Zentimeter einsackt.

»Verdammt«, sage ich.

»Hier«, er gibt mir den Hammer zurück. »Denk an jemanden«, und damit geht er und holt eine neue Planke heran. Als sei sie aus Plastik, schwingt er sie auf die Schulter und stapft durch die Erde. Er legt sie vor sich hin und reibt die Hände aneinander. Ich lege den Hammer in meine andere Handfläche.

Es hat keinen Sinn, ich kann mich vor nichts und niemandem verstecken. Am Ende stehe ich immer wieder vor mir selbst. Es ist egal, wohin ich renne. Vieles kann ich zurücklassen, aber mich selbst werde ich so schnell nicht los.

Das Wasser des Bachs gluckert, die Sonne lässt es glitzern. Ich hole aus, lasse den Hammer auf das Holz krachen – es fühlt sich gut an. »Na, geht doch.« Jim schmunzelt. Er tauscht die Planken aus, steckt jede in die Schlitze der Pfähle und richtet den Zaun so, dass alle drei Planken waagerecht übereinanderliegen. »Und jetzt auf beide noch zweimal draufhauen, dann sitzen sie tief genug.« Mit dem Bohrer schraubt Jim die Plastikhaken an, durch die wir den später elektrisch geladenen Draht ziehen. Die Enden werden an den anderen Haken verknotet, und zuletzt wird angespannt. Bei dieser Arbeit schneide ich mir die Hände und Fingerkuppen auf. Der Draht ist furchtbar widerspenstig und lässt sich auch mit der Zange nur schwer biegen. Er krümmt sich immer wieder zurück, und ich muss mir schließlich Jims Handschuhe ausleihen. Endlich habe ich die Enden so gut es geht verknotet. Jim spannt den Draht, nun wirkt der Zaun wieder unumstößlich. »Schafe, sagt man, sind ziemlich blöd. Aber sie sind sehr freiheitsliebend.«

Ich nicke, schaue zu Jim hoch, verziehe meinen Mundwinkel zu einem schmalen Lächeln, streife den linken Handschuh ab und lutsche an meinem Zeigefingerknöchel. Er schmeckt nach Blut. Ich hebe den Hammer auf und den Bohrer. In die andere Hand nehme ich die Drahtrollen, während Jim den Deckel des Werkzeugkastens zuklappt. Alles landet auf der Ladefläche. Ich ziehe auch den anderen Handschuh ab und reiche Jim beide. Er wirft sie zum Werkzeug dazu.

Die Sonne sinkt. Meine Hände werden kalt. Um uns herum ist es still geworden. Ich würde Jim gerne fragen, was er heute Abend vorhat, aber ich traue mich nicht. Seine Körpersprache vermittelt mir irgendwie: bis hier und nicht weiter. Oder täusche ich mich? Wartet er auf ein Signal von mir? Ohne zu reden, fahren wir runter zum Shed, dem Geräteschuppen, und verstauen das Werkzeug.

»Okay, dann gehe ich mal zurück«, sage ich etwas zu leise. Jim lächelt.

»An wen denkst du, wenn du diese Dinger in die Erde hämmerst?«, frage ich in die Stille.

Jim schiebt Öl- und Benzincontainer hin und her, um sich Platz auf dem Bord zu schaffen für die Kiste mit den Haken, die er in seinen Fingern hält. »Ich weiß nicht, an mich selbst vielleicht, das reicht, um solche Löcher zu flicken.«

Ich schiebe mit der Fußspitze Kiesel hin und her. »Jim«, ich zögere. »Sag immer Bescheid, wenn ich dir mit irgendwas helfen kann. Ich will mich hier auch ein bisschen nützlich machen.«

»Klar«, murmelt Jim. Er zieht die Tore des Schuppens zu und legt den Riegel um.

5

Die Zeit verging im Flug. Im September feierte ich meinen 16. Geburtstag. Meine Eltern schickten ein Paket mit kleinen Geschenken, und ich wurde von Freunden meiner Eltern in Hartland zum Abendessen eingeladen. Als ich an jenem Abend wieder auf der Schule eingecheckt hatte, setzte ich mich auf die Veranda vor meinem Dorm und widmete mich meiner Bescherung. Ich saß keine fünf Minuten, als Mrs. Paton durch die Fliegentür trat (morgens hatte sie mir noch einen Zitronenkuchen mit Fertigteig aus der Packung gebacken, diesen mit Zuckerguss bepinselt, bunte Kerzen aufgesteckt und im Schein der sechzehn Flämmchen ein Ständchen dargebracht). »Es ist schon fünf nach neun. Du hast bestimmt noch Hausaufgaben zu erledigen?«

»Es ist mein Geburtstag. Die Aufgaben sind mir gerade ziemlich egal.«

»Zehn Minuten.«

Ich vertrieb die Frau mit meinen hasserfüllten Blicken

und dem stummen Vorwurf, sie sei eine falsche, gläubige Schlange.

»*Ten minutes!*«

Ich arbeitete an meinen Hausaufgaben meist doppelt so lange wie die anderen, da mein geschriebenes Englisch noch längst nicht so sicher und fließend war wie mein gesprochenes. Wenn es um amerikanische Geschichte oder Themen aus der Biologie ging, musste ich jedes zweite Wort nachschlagen. Um den Inhalt dessen zu verstehen, was ich da versuchte zusammenzufassen, benötigte ich dann fast noch mal so lange. Ich fragte mich, warum ich eigentlich keinen Kunst-Kurs gewählt hatte.

Ich schrieb Aufsätze, machte Prüfungen, fertigte Projektarbeiten an, lernte völlig neue Formeln der Mathematik und stellte fest, dass mein Französisch, wofür ich in der Schweiz noch zur Nachhilfe musste, bei weitem besser war als das meiner amerikanischen Mitschülerinnen. Ich tat alles, um eine gute Schülerin zu werden, das war Teil meines Plans, mich zu einem neuen Menschen zu machen und meine schulischen Schwächen abzulegen. Wo ich mich ebenfalls bewähren konnte, war im Sport. Ich liebte das kämpferische Feldhockey, mit Mundschutz und Körpereinsatz – da kam mal wieder der Junge durch.

Die körperliche Leistung, zu der ich mich zwang, ließ mich die leichte Schieflage mit Mike vergessen. Gleichzeitig quälte mich die Frage, warum ich mich nicht von ihm anfassen lassen konnte? Warum tat ich nicht, was alle anderen mit ihren *boyfriends* taten? Seltsam, dass ich für die Beziehung mit Mike nur diese romantischen Gefühle empfand. In meiner Vorstellung von Liebe kam der Sex überhaupt nicht vor. Sex stellte ich mir vielmehr wie einen Gewaltakt vor. Für den Menschen, den ich liebte, wollte ich Gedichte schreiben, ich wollte mich nach ihm sehnen, mich stundenlang im Mondschein mit ihm unterhalten, still an seiner Brust liegen und einen gleichmäßigen Atem fühlen. Aber das schien mit Mike gar nicht mehr möglich zu sein. Wir unterhielten uns über Footballtraining, über Footballtrainer oder über Footballspiele. Wenn ich ihm etwas erzählte, hörte er stumm zu und sagte dann: »Was du dir alles für Gedanken machst ...«

Ja, ich machte mir Gedanken.

Ich dachte vor allem über mich selbst nach und spürte dabei, dass ich hier in Vermont Academy selbst Herr meiner Person war. Fern von der täglichen scharfen Beobachtung meiner Eltern und der Therapeuten tat ich, was ich wollte. Ich aß nicht, wenn ich nicht wollte, ich rannte, vor *und* nach dem Training, ich fand mich nicht mehr damit ab, schlechter als die anderen zu sein, ich wollte besser, leistungsstärker, schneller, härter sein als die anderen Mädchen. Ich kostete von dem Gefühl, an meine Grenzen zu gehen und konnte bald nicht mehr genug davon bekommen. Beim Hockey spielte ich auf dem linken Flügel und ging meine Gegnerinnen an, als seien sie das schwächere Ebenbild von mir, das Ich, das es zu vernichten galt. Die neue Louise sollte in allem gut sein. Ich wollte das Lob meiner Trainerin um jeden Preis.

Der Sommer schien Jahre zurückzuliegen, und die Nächte wurden frostig. Ich begann zu frieren. Mitte Oktober beschlich mich ein grausiges Gefühl der Beklemmung und der Appetitlosigkeit. Nach drei Monaten Vermont Academy wurde das steingraue Geäst mit der grün gemaserten Rinde, die bizarren Formen der Bäume, die den Campus überall umgaben, immer deutlicher sichtbar. Die grünen Fichten hinter dem Hockeyfeld oberhalb der Dining Hall stachen nun zwischen den teils entlaubten Birken und Eichen hervor, der Boden war übersät von Ahornblättern in allen erdenklichen

Feuerfarben. Nebel lag morgens über den Straßen und über meinen Gedanken. Wie sollte ich mit Mike weitermachen? Sex in einem Winkel dieses Gefängnisses zu haben war undenkbar für mich. Aber auf die Farm konnte ich ihn auch nicht mitnehmen. Meine Eltern fürchteten vielleicht die Konsequenzen einer gemeinsamen Nacht. Der am Telefon erwähnte Grund war aber ein anderer. Was, wenn er sich dort das Bein bricht? Dann würde mein Vater möglicherweise von Mikes Eltern verklagt, und alles würde fürchterlich werden. Ich brachte es nicht übers Herz, meine Eltern zu hintergehen – und so fuhr ich weiterhin an den Wochenenden alleine nach Birch Hill.

Gegenüber Mike fiel es mir immer schwerer, meine Gedanken zu formulieren, und ich merkte, dass sein Einfühlungsvermögen beschränkt war. Ich konnte über seine und die Witze seiner Freunde nicht mehr lachen.

Jesse muss bemerkt haben, dass ich mit Mike nicht mehr besonders glücklich war, und er fragte mich eines Abends, was ich an dem Kerl eigentlich fände. Keine Ahnung, sagte ich ganz ehrlich.

Wenn mich Jesse mit seinen hellblauen Augen ansah, mich auf dem Long Walk grüßte, meine Hand hielt und meine Finger zu studieren schien, fühlte ich eine Nähe zu ihm, die mich glauben ließ, mit ihm viel lieber zusammen sein zu wollen als mit Mike. Er war immerhin ein Skater. Er hatte Tattoos, er spielte Schlagzeug in einer Band. Aber ich fürchtete mich vor diesen Gefühlen. Jahrelang waren diese Dinge an mir vorbeigegangen, und nun glaubte ich gleich für zwei Jungs etwas zu empfinden? Ich verbot mir die Emotionen.

Dann fragte mich Mike eines Tages, was ich von Jesse hielt. Ich meinte, ich fände ihn ziemlich cool, worauf Mike spottete, Jesse sei ein Arschloch und würde mit Geld angeben. Dieses Urteil teilte ich nicht. »Sei doch nicht so eifersüchtig. Das ist doch albern«, versuchte ich ihn von den Gedanken abzulenken, ich könnte was mit Jesse anfangen.

Mike sah nur auf den Boden.

Die kahlen Bäume, die wie Totempfähle am Wegrand standen, sahen zu, wie ich wieder begonnen hatte, mich selbst in Frage zu stellen. Mein Kopf fühlte sich oft schwer an. Ich hatte dunkle Ringe unter den Augen, wenn ich abends in den Spiegel sah. Und da ich noch um zehn Uhr grünen Tee trank, um zu lernen, konnte ich oft nicht einschlafen und starrte durch das Fensterquadrat in den schwarzen Himmel, wo der Mond in einem nebligen Hof stand. Mein Wunsch war wahr geworden, ich lebte nicht mehr in der Schweiz. Doch das Heimweh quälte mich.

Ich verfluchte mich und die Tatsache, dass ich mir nichts recht machen konnte. Wohin wollte ich denn laufen! Ich wollte nach Hause, ohne zu wissen, wo mein Zuhause lag. Ich war dem süßen Duft von Freiheit nachgegangen und hatte die Fährte verloren. Es war absurd, dass ich die herrlichsten Sonnenuntergänge über den Vermonter Hügeln, die dramatischen Wolkengebirge eines nahenden Gewittersturms, die bombastische Herbstfärbung des Indian Summers auf unseren teilweise dreistündigen Fahrten zu auswärtigen Hockeyspielen betrachtete und nichts als Trauer empfand. Vor kurzem waren diese Bilder noch Teil meiner Sehnsüchte gewesen. Da war die Natur, und ich saß gefangen auf der Bank in einem Schulbus, stumm, mit Discman und Notizbuch.

Mein Verlangen danach, alleine zu sein, steigerte sich in die Verzweiflung, nie alleine sein zu können. Jeder Winkel der Schule war bewacht, jede Minute meines Tages strukturiert, jeden Weg, den ich auf dem Campus zurücklegte, musste auf einem Papierzettel dokumentiert und unterzeichnet werden.

6

Eines Abends saß ich in der Bibliothek und blätterte in meinem Biologiebuch. Ich hörte die Tür und die laute, überzogene Stimme Drews, der an die Rezeption trat und mit einem tiefen Seufzer sagte: »Guten Abend Mrs. Murphy. *Howdi you do?* Ich checke ein!«

Drew war einer von Jesses Freunden und jemand, der mich immer zum Lachen bringen konnte. Er war ein bisschen schlaksig, verlässlich und gescheit. Er rauchte ab und an einen Joint, aber das passte zu ihm und seiner stets unbeschwerten Art. Ich sah über die Schulter, wie er der Aufseherin seinen Pass zuschob: »Zehn Sekunden hab ich gebraucht vom Dorm hierher, das ist Rekord, Mrs. Murphy. Notieren Sie das bitte.«

Ich lächelte und hoffte insgeheim, dass er sich zu mir setzte. Im nächsten Augenblick rutschte er auf den Stuhl mir gegenüber und schmiss seine Bücher auf den Tisch.

»Drew Casey!«, ermahnte man ihn vom Front Desk.

»Wie geht's dir?«, flüsterte er, den Oberkörper über die Hälfte des Tisches gelehnt.

Wir unterhielten uns und lachten leise. Es wurde halb neun, und ich hatte gerade einmal das Kapitel im Biologiebuch aufgeschlagen, das ich zusammenfassen sollte.

»Hast du einen Stift?«, fragte er, und ich gab ihm meinen roten Kugelschreiber.

Er nahm die Kappe ab und schrieb auf dem Kopf in mein Notizbuch: *»I love Switzerland.«*

»Ich muss dir was sagen«, meinte Drew dann mit seinem verrückten Blick und den scheinbar ständig hochgezogenen Augenbrauen.

»Was?«, fragte ich.

Da trat die Aufsicht an unseren Tisch und forderte mich auf, den Platz zu wechseln.

»Morgen«, sagte Drew.

Ich suchte mir einen einzelnen Tisch mit Sichtschutzplatten links und rechts, legte das Biologiebuch weg und machte erst mal meine Matheaufgaben.

Um zehn verließ ich die Bibliothek und ging durch Fuller Hall, weil es der kürzeste Weg war, zu meinem Dorm. Ich hatte meinen Discman in der Hand und hörte irgendeine CD. In Fuller an der Wand hing eine Uhr, und darauf standen die Zeiger auf zehn nach zehn. Ich musste noch im Geschichtsbuch das Kapitel über die Boston Tea Party lesen und zusammenfassen, ich hatte meine Biologie-Zusammenfassung noch nicht geschrieben, musste noch ein Kapitel im Französischbuch lesen und die Aufgaben dazu lösen. Was hatte ich eigentlich die ganze Zeit gemacht zwischen acht und zehn? Mathematik. Ich ging am Post Office vorbei ans andere Ende des Gebäudes, stieß die Tür auf und blieb stehen. Die Musik drang in meine Ohren. Die Schultasche hing auf meinen Schultern, die Bücher trug ich in meinen Armen. Mein Magen war leer, da ich nach dem Sport kaum etwas gegessen hatte, und ich war ganz zitterig vor Erschöpfung und Müdigkeit. Ich fühlte mich total alleine, und ich konnte nicht mehr. In dem Augenblick verließ mich jeder Mut, und ich glaubte vor dem Schutt meiner Kindheit, meiner Träume zu stehen. Ich hatte von der Freiheit geträumt und war in einem Gefängnis gelandet.

Wollte ich wild oder gebrochen sein? Ich versuchte zu realisieren, dass ich ein Leben hinter mir lassen musste, um in einem anderen zu bestehen. Ich war zu stolz, um aufzugeben. Ich wollte meine Eltern nicht enttäuschen, ich wollte zeigen, dass ich es auch alleine, ohne Sonderkonditionen, schaffte. Ich biss mir auf die Lippen: nicht schwach sein. Dann muss ich eben bis Mitternacht arbeiten, ich muss noch mehr rennen, noch besser Hockey spielen, noch besser in Mathe sein, noch besser in Biologie.

Vielleicht fasste ich in jener Nacht den Beschluss, mich zu zerstören, um der Vorstellung einer besseren Louise zu entsprechen. Wenn ich Leistung erbrachte, würde ich meinen Eltern endlich das Gegenteil beweisen können: Ich bin nicht dumm, ich kann auch was. Ich ging den Pakt mit dem Teufel ein und weinte bitterlich, weil ich dann kein Cowboy auf einem Wildpferd mehr würde sein können. Meinen Freiheitsdrang gab ich mit dieser Entscheidung, mich dem System zu unterwerfen, auf.

Ich ging raus, die Tür fiel zu. Ich bewegte mich noch ein Stück auf die Treppe zu und ließ mich dann heulend auf die oberste Stufe sinken.

»Alles in Ordnung mit dir?« Jemand berührte mich an den Schultern.

Ich zog die Kopfhörer runter und sah in das fahle Gesicht des Schuldirektors. Er wirkte immer wie ein hochbegabter Dreizehnjähriger mit Krawatte.

»Ja«, log ich erschrocken, »alles in Ordnung. Ich musste nur kurz nachdenken.«

»Bist du sicher?«, fragte er mit banger Stimme.

Nein, ich war mir nicht sicher, und mit mir war gar nichts in Ordnung.

»Ja, ja«, wehrte ich ab und stand auf.

»Wenn irgendetwas ist, du kannst mit mir sprechen.«

Ich versuchte zu lächeln. Ich wollte keine Hilfe mehr. Sollen sie doch endlich aufhören, immer so nett mit mir zu sein! Ich brauchte all diese gutmeinenden Helfer nicht mehr!

»Willst du reden?«

»Nein, schon gut. Schönen Abend.« Es gab ja auch nichts mehr zu sagen. Den Kopf hatte ich mir soeben abgeschlagen, nun konnte ich ihn nicht bitten, ihn wieder anzunähen.

Ich ging zurück zum Dorm und arbeitete mit grünem Tee auf dem fauligen Sofa bis halb zwei Uhr morgens.

Am nächsten Morgen traf ich Drew. Er sah mich verunsichert an – sah mich eigentlich gar nicht an.

»Was ist los?«, fragte ich, seinen Blickkontakt suchend.

Er druckste rum. »Hat Mike dir nichts erzählt?«

»Wovon redest du?«

»Aber du darfst nicht sagen, dass ich es dir erzählt habe!«

»Ich sage nichts. Spinnst du? Was soll ich denn überhaupt sagen oder nicht sagen?«

»Er will dich nicht mehr mit mir sehen.«

»Was?«

»Er kam gestern in unseren Dorm und hat mich fast zusammengeschlagen, weil Topher mich gestern mit dir in der Bibliothek gesehen hat.«

»Was?« Ich war verwirrt, warum beobachtete man ausgerechnet mich?

»Frag Jesse, er war dabei.«

»Ich kann das gar nicht glauben! Ich muss mit ihm sprechen. Das geht nicht.«

Als ich nachmittags nach dem Hockeytraining noch einmal den Sheperds Hill hochrannte, der hinter den Feldern am Rand des Campus steil am Waldrand entlang einen Berg hoch führte und eine Trainingsstrecke zum Warmlaufen war, kam ich am großen Footballfeld hinter dem Gym vorbei. Das Footballteam war das Aushängeschild der Schule, und somit trainierten die Jungs auch um 19 Uhr noch. Die Wiese war nach starken Regenfällen nur noch Matsch. Hutch trug die Nummer 89. Er rannte gegen Schaumstoffkissen, machte Liegestütze, grunzte und schnaufte wie ein Ochse. Im Simulationsspiel änderte das Team bei den Pfiffen des furchterregenden Sean Farrell – dem Coach mit dem dicken Nacken –

seine Formationen wie ein Schwarm Fische. Ich blieb stehen, hüpfte von einem Fuß auf den anderen, um in Bewegung zu bleiben, und sah mir das Schauspiel ein paar Minuten an. In voller Montur kloppten sie wie die Irren ihre Helme aneinander, gaben sich »fünf«, hauten sich gegenseitig ermutigend auf die gepolsterten Schultern und veranstalteten in der überfluteten Wiese Krieg im Frieden. Ich lief weiter.

Nach dem Abendessen zeigte mir Hutch seinen gestauchten kleinen Finger.

»Ich habe euch beim Training zugeschaut.«

»Ich weiß. Alle haben dich gesehen«, meinte Hutch, als sei er stolz darauf, mich zu besitzen.

Ich gab ihm wieder von meiner Kühlsalbe und sagte, er solle aufhören, meine Freunde zu verprügeln.

»Das ist vom Training heute!«, setzte er sich zur Wehr.

»Ich weiß«, sagte ich. »Aber hör auf, Drew und Jesse zu verprügeln.«

Er schien verärgert. Da war nichts Liebevolles mehr an oder in ihm. Ich sah ihn zum ersten Mal von Eifersucht befallen und fürchtete mich vor ihm. Sein Gesichtsausdruck wirkte vulgär und dumm, seine Hände grapschten nach meiner, und wenn er mich umarmte, schien er zu klammern.

Am nächsten Morgen hatte Drew ein blaues Auge und musste auf der Krankenstation behandelt werden.

Ich sah Hutch den ganzen Tag nicht, jedenfalls nicht bis nach dem Abendessen. Ich aß kaum etwas von dem mich anwidernden Essen, da ich mir einbildete, von diesem Fraß immer dicker und dicker zu werden. Nach dem Abtragen der Teller ging ich den feindseligen Blicken von Mikes Freund Chris Callahan, die mir im Getümmel der Schüler vor dem Ausgang begegneten, aus dem Weg und suchte nach Mike. Auf meiner Suche begegnete mir Jesse. Wie immer fragte er

»*Hi, Louisa, what's up?*«, und ich antwortete: »*Not much.*« Wir redeten nicht über Mike, aber er legte den Arm um meine Schultern und begleitete mich ein Stück den Long Walk runter. Irgendwie hatte ich keine Lust mehr, in Mikes Gesicht schauen zu müssen, und ging, ohne weiter nach ihm zu suchen, zum Dorm.

Als ich an dem Abend auf mein Zimmer kam, machte ich keine meiner Hausaufgaben, sondern ging direkt ins Bett und versuchte zu schlafen. Ich sann darüber nach, wie ich in diese Situation geraten war, und beschloss, die Beziehung mit Mike zu beenden. Dann schlief ich ein und hatte einen merkwürdigen Traum.

7

Ich sitze in einer staubigen Bretterbude, meine Hacken auf der Tischkante, eine leere Flasche Whiskey neben meinen Schuhspitzen und ein Gewehr quer auf dem Schoß. Dann stehe ich auf und gehe hinaus auf die Straße, um meine üblichen Runden zu drehen. Plötzlich gehe ich über den Campus der Vermont Academy, und da steht Mike vor mir.

»Mike, ich mache Schluss«, sage ich. »Du verprügelst meine Freunde, was soll das?«

»Du glaubst doch nicht im Ernst, dass ich Drew ...«, wirft er mir vor.

»Doch«, falle ich ihm ins Wort, »du hast meinen Freund verprügelt!« Es ist nicht mehr staubig, und mit einem Mal dringt die Eiseskälte der angefrorenen Erde durch meine Schuhsohlen.

Hutch steht im Gegenlicht, weißer Atem steigt empor, als er erklärt: »Ich will, dass du nur mit mir zusammen bist. Das ist alles!«

Ich stelle mich breitbeinig hin: »Ich glaube, du hast dich in mir getäuscht, Hutch. Du kannst mich nicht besitzen.«

»Warum nicht? Das mit Drew war doch nur ein Spaß, nichts Ernstes!«, versucht er mich zum Lachen zu bringen.

»Tut mir leid.« Ich habe das Gewehr noch in der Hand, schieße, lasse es sinken und gehe.

Wieder in der staubigen Bretterbude, lege ich mich auf eine Pritsche, schiebe die Waffe unters Kopfkissen und heule. Was hast du angerichtet!, denke ich. Das ist die Hölle hier, das ist Unglück von Anfang bis zum Ende.

Es ist Morgen, ich stehe auf, dusche, ziehe mich an, hole mein Gewehr unterm Kissen hervor und verlasse die Baracke. Davon will ich laufen, und ich laufe so schnell ich kann. ›Ich muss weg. Ich muss weiter.‹ Es weht ein kalter Wind. Ich laufe und lasse den Campus hinter mir, bis mich ein Sheriff einholt und sagt: »Du bist Louise, du bist die, die Mike erschossen hat. *Murder in first degree.*«

Der Sheriff verhaftet mich vor Ort und führt mich in den Esssaal. Dort nehme ich mir Kaffee mit Haselnussgeschmack. Mrs. Dolloph vom Küchenpersonal grüßt mich freundlich, und ich grüße dankbar zurück. Sie meint, heute würde es kalt. Sie meint, der Winter würde kommen. Ich ziehe die Nase hoch. Sie reicht mir eine der Papierservietten, die sie gerade neben den Doughnuts stapelt. Ich danke ihr, wische meine Nase ab und schlürfe den Kaffee.

»Genug jetzt!«, herrscht mich der Sheriff an. »Du bist verhaftet.« Er sperrt mich ins Bezirksgefängnis. Alleine sitze ich an einem runden Tisch und löffele mein Müsli. Die Milch färbt sich rosa von den getrockneten Erdbeeren. Da kommt Ingrid auf mich zu, und ich sage nur verzweifelt: »Ich wollte nichts Böses tun!« Doch Ingrid lacht, nimmt einen Stift und unterzeichnet ein Papier. »Neunundneunzig Jahre unter dieser Erde, du wirst den Tag nie vergessen, an dem du Mike sitzengelassen hast«, sagt sie – und da wachte ich auf.

Es war stockdunkel. Ich sah auf meine Uhr: drei Uhr morgens. Hunger hatte ich, unglaublichen Hunger, aber ich mochte das Gefühl, es lenkte mich ab von den Gedanken an die Trennung mit Mike. Ich konnte nicht mehr einschlafen und las mit Taschenlampe ein Buch. Irgendwann um fünf Uhr nickte ich noch mal ein. Um sieben ging ich mit meinem Müsli, das mir meine Mutter per Post geschickt hatte, und der Schultasche zum Frühstück. Ich war früh genug dran, um im Esssaal noch schnell meine Biologieaufgaben zu machen.

Die Sohlen meiner Schuhe auf dem Asphalt hallten durch Saxtons River. Kein einziges Blatt rauschte mehr, alle Bäume waren mittlerweile kahl. Nur die dicken, schwarzen Kabel der Überlandleitungen wiegten sich leicht hin und her. Ich fror, obwohl ich Wolle in drei Schichten trug. Ich nahm mir Kaffee mit Haselnussgeschmack. Mrs. Dolloph grüßte mich freundlich, und plötzlich hatte ich ein Déjà-vu. Sie meinte, ich sehe aus, als sei es sehr kalt draußen. Ich nickte zögerlich und ging dann zu einem der Tische, wo ich mich alleine hinsetzte. Ich überflog schnell ein paar Seiten in dem Biologiebuch und dachte mir Antworten zu den Fragen aus.

»Darf ich mich zu dir setzen?«

Ich erkannte Jesses Stimme und sah auf. »Natürlich!«, sagte ich. Er hatte die neue Ausgabe der *Vogue* dabei und zeigte mir seine Lieblingsstücke. Wir unterhielten uns oft über Mode, weil ich mich durchaus auch dafür interessierte und Jesse anscheinend meinen *Style* mochte.

Später sah ich Mike vor dem Mathematikraum, aber ich empfand nichts mehr für ihn. Ich wusste gar nicht mehr, ob ich jemals verliebt gewesen war, und fühlte mich schuldig, mich überhaupt auf ein solches Spiel eingelassen zu haben. Noch an diesem Abend rief ich Mike in seinem Dorm an und erklärte ihm am Telefon, dass ich in unserem Zusammensein keine Zukunft sah und Schluss machen wolle. Ich musste diesen Satz dreimal in unterschiedlichen Formulierungen wiederholen, bis er meine Botschaft verstand und auflegte. Der Moment war schrecklich, denn ich wusste, dass ich damit sehr schnell sehr viele Freunde verloren hatte.

Von nun an betrieb Ingrid mit akribischer Gründlichkeit meinen Rufmord unter der weiblichen Schülerschaft. Ingrid war ein alter Hase, und somit hatte sie großen Einfluss auch auf die älteren Schüler. Es war ihre Art, sich an mir zu rächen. Wenn ich mich in der Cafeteria an einen Tisch setzte, verstummten die Anwesenden. Sie glotzten mich mit einer merkwürdigen, stummen Fremdheit an. Ihre Unterhaltung setzten sie nicht eher fort, bis ich den Tisch wieder verließ. Im Dorm war ich für Ingrid wie Luft. Nur von ferne sah ich sie lachend mit Chris, Topher und Mike zusammenstehen.

Es gab einen einzigen Ort, an den ich mich zurückziehen konnte. Von Samstagnachmittag bis Sonntagabend flüchtete ich auf die Farm meines Vaters. Nur hier konnte ich alleine sein, für mich kochen, was mir schmeckte, konnte vor dem Kamin lesen, in mein Notizbuch schreiben, schlafen und mich meinen Gedanken hingeben. Auf der Farm gab es damals nur Jim. An einem solchen Sonntagnachmittag, als der Wald so kahl und stumm war wie jetzt, schlug ich mit einem Stock auf die Stämme der Ahornbäume ein, schleuderte Steine ins Nichts und wütete mit den Füßen im Laub. Doch der Wald schlief, und auch das von mir verursachte Geschrei konnte ihn nicht wecken. Hörte mich denn keiner! Einsam und verlassen fühlte ich mich. Da war niemand, der mir gut zuredete: Bleib tapfer, halt durch. Und Jesse oder Drew gegenüber traute ich mich nicht, mich zu offenbaren, aus Angst, eine Schwäche preiszugeben. Alleine hatte ich sein wollen, hier war ich alleine.

8

Ich veränderte mich. Nicht nur verlor ich auf der Vermont Academy an Gewicht, ich entdeckte Gesten und Stimmlagen an mir, die ich von meiner Mutter nur zu gut kannte. Zum Beispiel fiel mir auf, dass ich beim Bestellen in einem Restaurant mit den Fingern über mein Schlüsselbein strich und mit meiner Halskette spielte; das war eine typische Eigenschaft meiner Mutter. Ich zog ganz leicht an meinen Haarsträhnen, so wie es meine Mutter manchmal tat. Wenn ich mich mit der Dame vom Postschalter unterhielt, nahm ich gewisse Gesichtszüge an, gestikulierte genauso, wie ich es von meiner Mutter kannte. Ich fand in meinen Gedanken eine Sehnsucht nach Kultur, nach Tradition – Bedürfnisse, die mich an die Haltung und Wertschätzungen meiner Mutter erinnerten. Dies zu realisieren, fand ich etwas unheimlich.

Gleichzeitig dachte ich immer öfter zurück an die Sommer im Engadin, an unsere Reisen mit dreizehn Gepäckstücken für sechs Kinder und meine Eltern, selbst an den vom Kochen und Spülen wunden und nicht heilen wollenden Daumen meiner Mutter erinnerte ich mich! Ich dachte an unsere Sommerferien im Camper, ja selbst daran, dass zu Hause immer die Bücher auf dem Posttisch gelegen hatten – und ich merkte, wie viel mir all dies bedeutete. Erst durch mein Heimweh wurde mir bewusst, aus was für einer Welt ich kam.

Auch meine Mutter bemerkte damals eine Veränderung an mir. Meine Eltern sahen mich zum ersten Mal Ende Oktober wieder, als sie für ein »Eltern-Wochenende« die Schule besuchten, sich ein Hockeyspiel anschauten, das wir verloren, und in Besprechungen saßen, in denen die Lehrer über die

Fortschritte der Schüler informierten. Kein Lehrer hatte bemerkt, dass ich Schwierigkeiten hatte, mich einzuleben. Meine Mutter bemerkte hauptsächlich, dass ich abgenommen hatte, und diese Entwicklung machte ihr Sorgen. Sie fragte, wie es mir ginge und ob ich gut esse. Da ich aber alles daransetzte, jemand anders zu werden, ging ich jeder Frage dazu aus dem Weg und ließ nicht in mich hineinblicken.

Ich war jetzt ich. Diese Kontrollausübung über die Entwicklung meiner Persönlichkeit und mein Ehrgeiz, gut zu werden, das war mein Weg.

Meine Eltern reisten nach einer Woche, die sie auf Birch Hill verbrachten, wieder ab, und ich fiel zurück in dieselben Muster, fand mich mit meiner Situation ab und machte weiter wie bisher.

Manchmal ist die Selbstzerstörung der letzte Versuch, gehört zu werden. Ich habe nie bewusst beschlossen, nicht mehr zu essen. Die Sucht nach dem Hunger kam schleichend, auf Zehenspitzen, aber unaufhaltsam. Erst war da nur das Verlangen nach all den guten Dingen, die meine Mutter kochte. Ich sehnte mich nach dem selbstgebackenen Rhabarberkuchen mit dem Vanillecremegitter – ich konnte ihn nachschmecken, ihn vor meinem inneren Auge sehen. Ich sehnte mich nach dem Geschmack richtiger Pasta oder eines Lammbratens mit Kartoffelbrei. Gleichzeitig verweigerte ich immer mehr Speisen wie Eis, überhaupt Süßes, das Brot rührte ich nicht an, mich ekelte der Joghurt, der Fäden zog, wenn man ihn aus dem Becher löffelte, und wenn es Nudeln mit Käsesauce gab, aß ich Salat. Ich brachte dieses Fett nicht runter, machte aber gleichzeitig auch so viel Sport, dass ich nie satt wurde und immer hungrig zu Bett ging. Ich gewöhnte mich ans Hungrigsein und fing bald an, darauf richtiggehend Wert zu legen. Ohne jemals vorher Probleme mit meiner Figur gehabt zu haben, glaubte ich plötzlich dicker zu werden, obwohl ich ja nichts aß, und so drehte ich mich im Kreis. Gleichzeitig war da dieser undefinierbare Schmerz in mir. Durch die strenge Kontrolle der Nahrungsaufnahme wurde dieser Schmerz greifbar. Endlich konnte ich meinen Körper zwingen zu leiden. Nachdem man in all diesen Jahren nett zu mir gewesen war, mir versucht hatte zu helfen, mir das Leben, die Schule leichter zu machen, ohne mich so zu akzeptieren, wie ich war, hatte ich endlich die Macht. Ich konnte sie frei ausüben, und ich war nicht nett zu mir. Ich begann mich für meine Schwächen zu hassen. Mein Versagen, mein Heimweh, meine innerliche Zerrissenheit, eine gute Tochter sein zu wollen und dabei trotzdem meinen eigenen Weg zu gehen, der Drang nach Anerkennung und den Worten: »Das machst du gut, Louise«, stand über allem – über allem, was mein Körper wert war.

Magersucht hat auch Züge von Schizophrenie, da man von einem zweiten bösartigen Ich heimgesucht wird, das sich wie ein Tumor ins Gehirn einpflanzt und das gute, ehrliche, mangelhafte Ich nach und nach verzehrt. Das Denken, die Sprache, die Gefühle, ja, das ganze Sein wird bald beherrscht von dieser zweiten, kranken Persönlichkeit. Was einen einst ausgemacht hat, verschwindet, und etwas völlig Fremdes nistet sich im eigenen Körper ein.

Ich war doch ein glückliches Kind, ein rotzfrecher Pfadfinder gewesen? Wo war es hin, das Kind in mir? Ich glaubte es verloren zu haben. Nie mehr würde ich Spaghetti mit den Händen essen können, Schlangenbrot mit den Zähnen vom verkohlten Stecken ziehen können. Nie wieder konnte ich mich mit den Jungs auf dem Schulhof schlagen, nie mehr würde ich unbeschwert stundenlang an der Seite des Bergführers durch Fichtenwälder, entlang rauschender Bergbäche und auf dem schmalen Trampelpfad einer Gletschermoräne zum Maiensäß wandern können. Ich fühlte mich erwachsen.

Und Erwachsensein bedeutete für mich Schluss mit den Träumereien vom Cowboyleben, der Freiheit. Erwachsenwerden bedeutete, hier und heute Abschied vom Träumen zu nehmen und die Entscheidung zu treffen: Kämpfen bis zum Umfallen.

9

Das Areal der Hartland Shooting Range ist verschlossen. Der Schlagbaum liegt unten und ist mit einer alten Eisenkette und einem Vorhängeschloss versehen. Jim lässt den Motor des Ford Trucks laufen, hebt den Ganghebel in P und steigt aus dem Wagen. Ich kurble die Scheibe runter und höre seine schweren Schritte auf der feuchten Erde. Die Temperatur ist seit heute Morgen um 15 Grad angestiegen. Die milde Nachmittagssonne scheint auf die fallenden und gefallenen Blätter, die Bäume brennen in Blutrot, Kurkumagelb und Rostorange. Jim wickelt die Eisenkette locker um den Pfosten, hebt den Schlagbaum in die Senkrechte hoch und kommt wieder auf den Truck zu. Sein Bart verdeckt die Kerbe, die sein Kinn markant zeichnet. Er trägt ein kariertes Hemd und eine vom vielen Waschen ergraute, bläuliche Schirmmütze mit ausgefransten Kanten. Auf der Stirn sind die Buchstaben VT für Vermont aufgestickt. Er zieht sich am Lenkrad auf die Sitzbank, schaltet in D und lenkt den grünen Truck auf die Wiese vor uns. Da stehen fünf Holzpfosten mit Blechtellern versehen. Auf einer Bretterwand sind weitere Teller und Blechdosen angebracht, die schwarz sind vom Rost und völlig durchlöchert. Eine Bretterbude aus Holz steht da mit einem Schild *Hartland Shooting Range – Members Only* sowie ein verrotteter Truck in Rot mit nur drei Rädern und einer eingeschlagenen Windschutzscheibe.

Jim zieht den Zündschlüssel, und wir steigen aus.

Aus dem Wald, der hinter dem Rasenfleck beginnt, dringt Düsternis.

Ich höre die Autos auf der Route 12 vorbeirauschen, die am Fuß des Berges durch das Connecticut Valley läuft.

Jim hat eine Smith & Wesson Magnum dabei, die er sich mit vierzehn für die Jagd gekauft hat.

Er legt mir die Waffe in die Hand. Das silberne Ding hat ein angenehmes Gewicht. Es ist schön schwer, kühl, ein Handschmeichler. Ich drehe die Waffe in meinen Händen, sie ist noch nicht geladen, und somit betrachte ich sie wie ein Spielzeug.

Den Hahn, den Abzug, das Kugellager, das schwarze, nach Fett riechende Loch des Laufs – voller Faszination streiche ich darüber.

Einmal in der Hand, will ich die Waffe am liebsten nicht mehr hergeben. Nur zögernd reiche ich sie Jim zurück, der sie mit sechs Patronen lädt. Das Kugellager schnappt zu, und selbst das Schnappen klingt elektrisierend. Er zieht den Hahn, richtet die Waffe auf einen der Teller und feuert sechs Schüsse hintereinander ab. Explosionsartige Donner rollen auf die dichte Waldwand zu und verhallen.

Kein Vogel singt mehr.

»Wow«, sage ich.

»Willst du?« Er lädt die Pistole mit sechs weiteren zeigefingerdicken Patronen *made in Germany*. Schließt das Kugellager und legt mir die Waffe in die Hände. Mein Herz klopft. Dann spüre ich das Gewicht in meinen Händen und werde erstaunlich gelassen, ja sogar ruhig.

»Mach dich auf den Rückschlag gefasst.«

Von Rückschlag hatte ich bei ihm nichts gesehen.

»Du musst sie kräftig mit beiden Händen umfassen.«

Ich schließe meine Hände um den Griff und strecke meine

Arme aus. Ich ziele auf einen der Teller. Ich ziehe den Hahn und berühre den Abzug mit dem Zeigefinger.

Der Schuss fällt, und die Waffe schnellt 45 Grad nach oben. Ich muss einen Schritt zurücktreten, um die Wucht aufzufangen. Von den Fingerspitzen bis in die Handballen vibriert die Hitze.

Mit offenem Mund stehe ich da, meine erste Frage ist: »Habe ich getroffen?«

»O ja. Ziemlich gut sogar.«

Die Waffe ist warm. Jim steht, die Arme verschränkt, breitbeinig neben mir. Unsere Schatten liegen in die Länge gezogen auf dem Gras. Ich ziele erneut auf den Teller.

Er wackelt.

Ich schieße noch mal auf einen anderen, kleineren Teller.

Auch er wackelt.

Gut.

Ich feuere auf die Büchsen.

Sie wackeln nicht. Sand spritzt in die Luft.

Ich verfeuere die sechs Kugeln. Ich lasse die Arme sinken und kann mir ein Lächeln nicht verkneifen.

»Das ist ziemlich unglaublich.«

Jim nickt.

In meinen Gefühlen schwingt Trauer mit. Dieses Ding in meiner Hand bedeutet, die volle Kontrolle über das Leben zu haben. Mit einem Schuss kann ich es beenden. Ich habe meine Lust daran, die volle Kontrolle zu besitzen, anders ausgelebt, habe diese Waffe gegen mich selbst gerichtet und mir damit gedroht. Nun halte ich diese andere Waffe in meiner Hand. Es ist ein Objekt schier unvereinbarer Gegensätze, es richtet unermesslich großen Schaden in kürzester Zeit und mit kaum spürbarer Leichtigkeit an.

Mit dem Messer ist man unmittelbar am Töten beteiligt, und es bedarf eines weitaus größeren Kraftaufwandes. Die

Pistole aber ist nur ein verlängerter Arm des menschlichen Willens. Sie beendet Leben, das ist ihre Aufgabe. Es ist so banal und doch so gewaltig, dass allein diese Spannbreite begierig macht. Ich wiege die Waffe in meiner Hand. Ich bin der Anfang, sie ist das Ende. Ich bin gefesselt und spüre die Anziehung, die Kraft, die Gewalt, die Grausamkeit, die sich in mir regt. Gefühle, die ich in der Kombination noch nicht verspürt habe. Ich denke an Kinder und wie ein einziger Schuss ein ganzes noch bevorstehendes Leben beenden kann – innerhalb von Bruchteilen einer Sekunde. Allerdings kann man die Waffe auch einsetzen, um zu überleben. Würde sich eines unserer Pferde auf dem Trail das Bein brechen, könnte ich es an Ort und Stelle erschießen? Ob ich einem Lamm, das vom Kojoten angefallen und halb tot im Zaun hinge, so eine fingerdicke Kugel in den Kopf jagen könnte?

Wenn es drauf ankäme, könnte ich es, das weiß ich, und das ist ein fürchterlicher Gedanke.

»Wofür benutzt du die Waffe?«, frage ich Jim und fahre mit meinen Fingern über den Lauf.

»Ich schieße Waschbären, wenn sie tollwütig sind, Murmeltiere und Füchse. Was so ansteht, wenn man was schießen muss.«

Ich verlange sechs weitere Kugeln. Das Gefühl, die Macht zu besitzen, ist beängstigend und verführerisch zugleich. Es kostet mich viel Willenskraft, mein Inneres unter Kontrolle zu halten. Ich könnte jetzt töten, denke ich mir, und mich überkommt Gänsehaut.

Ich schließe das Kugellager, als stünde ich im Duell. Ich ziele erneut auf die Teller. Ich verfeuere die Kugeln und genieße sogar, gegen den Rückschlag zu halten. Dann gebe ich Jim die Waffe zurück, ich bin froh, dass ich sie nicht mit nach Hause nehmen muss.

10

Nachdem ich beschlossen hatte, meine Gefühle einfach abzuschalten und das Gedankenwälzen so gut es ging zu lassen, stürzte ich mich in die Arbeit. Und siehe da: Ich wurde eine gute Schülerin. Da in den amerikanischen Algebrabüchern mit Fotos und Zeichnungen, mit Vergleichen aus der Natur und für mich nachvollziehbaren Realitätsbezügen gearbeitet wurde, schrieb ich eines Tages in meiner Klasse eine der besten Mathematikklausuren! Es war auch eine große Hilfe für mich, dass es hier selbstverständlich war, den Taschenrechner zu benutzen. In Geschichte passierte das Undenkbare: Ich bekam vor versammelter Klasse ein Lob. Ich weiß gar nicht mehr, wofür ich das Lob bekam, ich kann nur das peinliche Schweigen der anderen Schüler erinnern. Es dauerte keine zwei Sekunden, da wollte ich vor Scham im Boden versinken. ›Sag so was nie wieder‹, fauchte ich Mr. Hibbler im Stillen an.

Meine Biologiearbeiten gab ich mit aufwendigen Farbstiftzeichnungen ab, die meine Lehrerin minutenlang schweigend betrachtete. Ich kämpfte mich im Sport ab, rannte vor und nach dem Training, rannte am Wochenende, rannte in der Nacht, wenn ich träumte.

Ich war süchtig nach Anerkennung, doch wenn ich die Anerkennung bekam, bedeutete sie mir nichts. Ich wollte kein Streber sein, und ich wollte nicht auffallen. Das Gefühl, nicht mehr sichtbar sein zu wollen, stellte sich nach der Trennung von Mike ein. Keine drei Monate waren seit meiner Ankunft vergangen, aber die in dieser Zeit liegenden Ereignisse hätten locker ein ganzes Jahr gefüllt. Ich lebte also wie im Zeitraffer und blendete meine Umgebung aus. Vielleicht wusste ich da schon, dass ich irgendwie nicht an diesen Ort passte, doch ich hätte das niemals zugegeben, denn damit hätte ich mir die Energie für meine Rebellion genommen. Meine Flucht aus der Schweiz musste gelingen – ich wollte nicht zurück! Ich beschloss also, über die Umstände und auch über mich selbst hinwegzusehen. Ich ignorierte mein Bedürfnis nach Nähe und Geborgenheit, mein Bedürfnis nach Freiheit und mein Bedürfnis nach Essen. Dieser Beschluss isolierte mich automatisch vom Rest der Schülerschaft. Während die anderen aßen, aß ich eben nicht.

Wenn Dienstag und Donnerstag Chicken Pot Pie serviert wurde, brachte ich keinen Bissen runter. In der gelblichen Fettsauce schwammen vereinzelte Erbsen und Karotten, an den unkenntlich gewordenen Resten des Hühnchens hing noch der Knorpel, und das Zeug, das da auf meinem Teller zerlief wie roher Pfannkuchenteig, roch wie Diät-Hundefutter.

»Ich liebe Chicken Pot Pie!«, rief Marianne immer freudig aus und nahm sich ein zweites Mal.

Unser Speiseplan bestand aus Nudeln mit Tomatensauce und Fleischbällchen, Nudeln mit Käsesauce, gegrillten Käse-Schinken-Toasts, Chicken Pot Pie, Eiscreme, Bagles mit Cream Cheese, Doughnuts, labberigem Toastbrot, das man sich mit Erdnussbutter und Marmelade beschmieren konnte, Aufschnitt, und mittags gab es zusätzlich noch rohes Gemüse und Salat. Die Küche rotierte die Speisen wöchentlich, aber so genau weiß ich das nicht mehr, da ich auf der Schule einfach nur noch von Salat und Rohkost lebte.

Vor dem Essen bildete sich vor dem Tisch, an dem die Krankenschwester der Schule saß, eine lange Schlange. Die Schüler stellten sich dort für irgendwas an. Als ich nachfragte, hieß es, hier würden die Medikamente ausgeteilt; die Hyperaktiven bekamen die Downers, für die Phlegmatiker gab es Uppers. Jetzt wusste ich auch, warum Judd Markowski manchmal über seinen Büchern pennte und meine Mathelehrerin in seiner kurzen Wachphase vorwurfsvoll fragte, ob er wieder vergessen habe, seine Medizin zu nehmen.

Es wurde Ende November. Die Temperaturen sanken bis auf minus 20 Grad. Es war so kalt, dass meine Nasenflügel zusammenfroren, wenn ich einatmete. Es war eine Kälte, die ich noch nie zuvor erlebt hatte. Ich trug mittlerweile Wolle in fünf Schichten und wurde nicht warm. Nun hatte ich auch nicht mehr viel Fett auf den Knochen, sondern bestand hauptsächlich aus Muskeln und Müdigkeit. Zusätzlich entriss einem der Wind jeglichen Wärmeschild am Körper und ließ einen wie nackt im Eis stehen.

Unsere letzten Hockeyspiele in kurzen Röcken und T-Shirts spielten wir im Schnee, danach begann der Winter.

Im Winter hatten wir nur bis 14 Uhr Unterricht. Ich war im Snowboard-Team und fuhr nun jeden Nachmittag um 15 Uhr zu einem der vier Skigebiete in der Nähe. An manchen Wochenenden wurden Slalom- und Freestyle-Wettbewerbe gegen Schüler anderer Schulen ausgetragen.

Das Anziehen zum Snowboarden allein dauerte dreißig Minuten, also blieb auch hier kaum Zeit zum Essen. Ich trug zwei lange Unterhosen und mindestens vier Schichten unter meiner Jacke, dazu Handschuhe, Mütze und Schal. Wir warfen unsere Boards auf das Dach eines blauen Vans und quetschten uns in die Bänke. Unser Fahrer und Coach kurbelte fünf Meter vor jedem Bahnübergang die angelaufene Fensterscheibe runter und horchte, ob ein Zug kam. Dann setzte er über und kurbelte die Scheibe wieder hoch. Je nach Skigebiet gab es mal mehr und mal weniger Bahnübergänge auf der Strecke.

Die Autos hatten keine Fußheizung, und uns froren immer fast die Zehen ab während der Fahrt, man überlebte nur mit angezogenen Beinen. Doch die Autofahrt war nichts im Vergleich zum Sessselliftfahren. Auf einer frei schwebenden Bank gondelte man in mehreren Metern Höhe zum Gipfel. Ungeschützt war man dem Wind ausgesetzt, und selbst wenn ich eingeklemmt zwischen zwei anderen saß, zitterte ich am ganzen Körper. Nie hatte ich Angst gehabt zu erfrieren, hier betete ich, Er möge mich lebend oben ankommen lassen.

Es muss an unserem ersten Tag auf der Piste gewesen sein; es hatte frisch geschneit, und ganz Vermont war verzuckert. Als ich auf dem Lift über meine Schulter zurückblickte, lagen hinter mir die endlosen hügeligen, schneebedeckten Wälder in der Wintersonne. In der Schweiz nahmen mir 4000 Meter hohe Berge die Sicht, all das Gestein türmte sich fast vor meiner Nase zum Himmel auf. Hier aber gab es kein Gestein, keinen Granit, mein Blick ging endlos weit über wogenartig verschneiten Wald. Dieses Bild bescherte mir ein, zwei Atemzüge Freiheit.

Jesse brachte Haschisch mit, was er im Lift oder in der Gondel in einer kleinen Pfeife anbot. Was kann schon passieren, dachte ich. Die Kälte und das Gras raubten mir fast die Sinne. Wegen meines geschwächten Körpers schwand mir immer wieder mitten auf der eisigen Piste die Kraft zu bremsen. Danach rauchte ich nie wieder Hasch.

Wir fuhren bis 18 Uhr, stiegen dann wieder in den völlig ausgekühlten Van und fuhren zurück auf den Campus. Dann folgte das übliche Abendprogramm.

Am 9. Dezember notierte ich in mein Tagebuch: »Ich glaube, ich habe die Kontrolle über meinen Körper oder vielmehr die Psyche, die meinen Körper beherrschte, verloren.« Ich wurde von extremen Stressgefühlen, Verzweiflung und einem beißenden Willen gesteuert. Ich wollte diesen zuckersüßen Geschmack des Erfolges kosten. So lange war ich bemitleidet worden, unterstützt worden, nun wollte ich nur noch gelobt werden. Stolz wollte ich sein. Wie war es, stolz zu sein? Was machte stolz? Ich wollte es spüren. Ich hatte diesen Willen, mich zu ändern, doch die Veränderung lief aus dem Ruder. Die Menschen, die mich umgaben, stießen mich ab, sie waren mit sich selbst zufrieden, und genau wegen dieser Selbstzufriedenheit verachtete ich sie. Ihre Blicke machten mich zornig. Ich richtete den diabolischen Zorn gegen mich, schottete mich ab und geriet noch mehr ins Abseits.

Ingrid und mehrere andere Schüler hatten für meinen sozialen Ruin gesorgt. Jesse und Drew blieben meine Freunde, aber um mich voll in Jesses Gruppe zu integrieren, dafür war ich zu schüchtern. Ich sprach wenig, und somit sprachen auch nur wenige mit mir. Selbst die Lehrer und Aufseher beäugten mich wie ein fremdes Tier, das sie nicht wagten anzufassen.

11

Weihnachten fuhr ich nach Hause in die Schweiz. Ich schlenderte zwar orientierungslos durch Zürich. Es ging mir aber recht gut dabei. Ich war im Kreis meiner Familie und versuchte den Gedanken zu verdrängen, Anfang Januar wieder in die Schule zu müssen. Die Vorstellung ließ mich verzweifeln, doch wo sollte ich sonst hin? Zurück in mein Kinderzimmer? Die Zeiten waren vorbei. Ich hatte mich so nach der Fremde gesehnt, und wenn auch Vermont Academy vielleicht noch nicht das Richtige war, so wollte ich abwarten, durchhalten, in der Hoffnung, das Richtige würde mit der Zeit schon kommen. Ich wollte lachen und diese düsteren Monate, die mir auf der Schule vielleicht noch bevorstehen würden, überwinden. Mein Versprechen lag irgendwo dahinter, also musste ich durch den Morast. Immerhin konnte ich meinen schulischen Erfolg vorweisen. Die verordnete Strenge und der Leistungsdruck schienen mir also der richtige Weg zur Anerkennung zu sein. Ich war weiterhin bereit zu kämpfen. Nach wessen Anerkennung ich mich sehnte, war mir unklar.

Meine Mutter bemerkte auch im Dezember weiteren Gewichtsverlust. Fast sechs Monate waren vergangen, ich war nicht mager, aber mir passten die Sachen, die ich in meinem Schrank zurückgelassen hatte, nicht mehr. Ich wusste, dass nichts mehr wie früher war, in gewisser Hinsicht war ich ja dabei, erwachsen zu werden und durchlief eine völlig normale Entwicklung. Aber meine Mutter machte sich Sorgen, das spürte ich, und sie stellte meinen Weg und somit mich selbst erneut in Frage. Die Kluft zwischen dem, was ich tun wollte, tun sollte und was von mir verlangt wurde, riss wieder auf. Ich konnte mich des Gedankens nicht erwehren, dass ich womöglich versagen und meine große Zukunft im »freien« Amerika nicht weiterleben könnte. Ich rettete mich vor mir selbst also mit den einzigen Erfolgen, die ich trotz aller Schwierigkeiten bisher verbuchen konnte: Ich war dünner und gut in der Schule.

Im Engadin fuhr ich Ski. Das Engadin war weiterhin mein einziger Wohlfühlort in der Schweiz. Nur hier wusste ich, dass die Schweiz doch meine Heimat war. Und dafür war ich sogar dankbar. Im Engadin war ich froh, Schweizerdeutsch sprechen zu können, um nicht als Ausländerin zu gelten. Ich erholte mich vom Stress der vergangenen Monate und kehrte nur schweren Herzens zurück nach Saxtons River.

In meinem kleinen Zimmer mit der Kommode, dem gemusterten Quilt auf dem Hochbett und dem Blick aus dem Fenster auf die schwarzen Kabel und Strommasten wurde ich mir wieder meines großen Traumes bewusst. So sah also mein selbstkreiertes Schicksal aus – es war schrecklich.

Weiterhin floh ich am Wochenende auf die Farm. Dort lernte ich in Jims altem Truck mit Schneepflug das Autofahren. »Pumpen! Du musst die Kupplung pumpen, sonst kommt der nicht in die Gänge. Gut. Dann kannst du jetzt die Schaufel runterlassen und Schnee schieben.« Mit den Worten lehnte er sich zurück, und ich fuhr eine Stunde über die Schotterstraßen.

Das hat Spaß gemacht. Weniger witzig waren die Fahrstunden mit der Fahrlehrerin, die zu uns in die Schule kam, sehr klein war und immer blendend weiße Turnschuhe trug.

Sie kannte zu jeder Art des Sterbens auf der Straße eine Geschichte. Überfahren, angefahren, umgefahren. In ihrem Dorf wohnten zahlreiche Menschen und Tiere, die Opfer von Verkehrsunfällen geworden waren. Ich lernte also Auto fahren mit der Aussicht, im Auto zu sterben.

Mit sechzehn Auto fahren zu können war eigentlich fast so gut, wie als Cowboy auf dem eigenen Pferd zu den Rindern zu reiten und ein verirrtes Kalb einzutreiben und zur Herde zurückzuführen. Es gab mir wenigstens den Ansatz eines Freiheitsgefühls.

Nebenbei versuchte ich mir meiner Gedanken klarer zu werden, indem ich sie notierte. Meine Aufzeichnungen aus dieser Zeit sind geprägt von meinem Leben in der Kapsel – ich begann wieder zu träumen, und statt die Realität zu beschreiben, erfand ich wirre Metaphern, die für meine Einsamkeit standen. In Schriftform hatten meine Gedanken die Macht, meine Persönlichkeit und mein Selbstwertgefühl zu beeinflussen. Ich führte wortwörtlich Krieg gegen mich selbst. Kontinuierlich schwächte ich mein Selbstwertgefühl und machte es so angreifbar für die Psychose, die mein System schon längst beschlichen hatte.

In der Schule schrieb ich zwar gute Noten, konnte dieser Streber-Louise aber nicht trauen.

An Januar und Februar, März und April kann ich mich kaum erinnern. Die Nachmittage waren geprägt vom Snowboarden in eisiger Kälte oder Kaffeeschlürfen in vollgestopften, mit Teppich ausgelegten Skihallen. Keine Skihütte, kein Restaurant, kein Chalet mit Pizzoccheri oder Bündner Gerstensuppe auf der Speisekarte. Da standen lange Tische rum, an denen die Menschen saßen und fraßen, was sie immer fraßen: Burger, Sandwich, Makkaroni mit Käse. Dazu gab es eisgekühlte Cola, Bier und Härteres aus dem Flachmann.

An einem Nachmittag fuhr ich mit Drew, Jesse und Nicole die x-te Abfahrt, und es war noch eine Stunde bis zu unserer Rückfahrt um 18 Uhr. Drew kam auf die Idee, in dem Ski-Resort, das direkt an einer der Pisten lag, im Whirlpool ein Bad zu nehmen. Wir schlichen uns in eine der Hütten, die erstaunlicherweise offen stand, legten unsere Klamotten ab und hingen in Unterwäsche dreißig Minuten im Heißwasser. Ja, in Unterwäsche. Das war ein Fehler. Mit nassen Haaren fuhren wir bei zweistelligen Minusgraden zurück zum Van. Jeder von uns hatte am Tag darauf eine dicke Erkältung.

12

Es ist zehn Uhr, und ich sitze mit Francis und Jim beim Kaffee in der Sattelkammer. Schüsse ertönen aus dem Wald.

»Es ist Jagdzeit«, sagt Jim, als ich nachfrage.

»Gehst du auf die Jagd?«, frage ich.

»Auf Kojotenjagd, ja«, sagt Francis. »Jim, die fressen uns die ganzen Schafe auf.«

»Das stimmt, es gibt dieses Jahr zu viele«, sagt er. »Vielleicht sehen wir unter ihnen ja einen Elch«, scherzt er.

»Elch? Ich habe noch nie einen Elch gesehen.«

»Wir hatten einmal einen auf der Farm«, sagt Jim. »Als ich morgens zur Arbeit kam, stand er eine Weile am Teich vor dem Haupthaus. Ich habe ihn eine Zeitlang beobachtet. Und dann ist dieses Tier tatsächlich über den Zaun zu den Pferdekoppeln gesprungen. Der ist mindestens zwei Meter hoch! Aber ich habe nie einen Elch geschossen«, fügt er hinzu.

»Jim, nimmst du mich mit auf die Jagd?«, bitte ich.

»Das ist zu gefährlich für dich«, meint Francis. »Jim läuft und läuft, und ehe du dich's versiehst, stehst du vor den Rocky Mountains.« Er faltet lachend seine Serviette ordentlich zusammen und wischt sich den Mund ab. Dann fährt er sich mit den Fingern über die Oberlippe – eine Geste, die mich immer an die Cowboys aus guten Westernfilmen erinnert.

»Ich wollte immer schon zu den Rockies«, meine ich und hebe dabei meine Ellbogen von den Knien, um mich aufzurichten.

»Na, dann«, lacht Francis. »Viel Spaß!«

»Wir versuchen es morgen vor der Abenddämmerung«, sagt Jim. »Morgen gegen vier?«

Ich bin ganz aufgeregt.

Am nächsten Nachmittag gehen Jim und ich auf Elch- und Kojotenjagd. Jim holt mich mit dem One-ton-Diesel-Truck ab. Der Chevi kann bis zu eine Tonne Heu ziehen, deshalb wird er der One-ton-Truck genannt. Wir fahren nach Norden Richtung Bridgewater, was etwa vierzig Minuten über die Schotterstraßen von Hartland entfernt liegt. Auf der Route 4 kommen uns mehrere Trucks entgegen. Durch die Frontscheiben erkenne ich die knallorangefarbenen Westen der Jäger, im Rückspiegel sehe ich die Köpfe erlegter Hirsche, die von der Ladefläche hängen.

Links an der Straße kommen wir an einem Haus vorbei, das ganz in Pink gestrichen ist.

»Merkwürdig«, sage ich. »Wer kommt auf die Idee, sein Haus in Vermont pink zu streichen?«

Jim schweigt. Das Haus liegt schon wieder hinter uns, ich schaue auf wellige Wiesen.

»Vielleicht ist die Person farbenblind«, sagt Jim schließlich.

»Oder sie hat immer davon geträumt, nach Miami Beach zu ziehen und kann von hier nicht weg.«

Wir sagen nichts weiter. Die Räder schnurren über die Straße, holpern über die Holzplanken einer Brücke, zermalmen den Schotter eines Feldwegs und kommen zum Stehen.

Jim parkt den Truck am Ende eines schlammigen Pfades, der bergan in den Wald führt. Die Böschung rechts und links ist steil, die Wurzeln mancher Bäume wurden vom Regen freigespült, sie ragen wie die Klauen von Tieren in den Weg. Jim schultert sein Gewehr. Ich schließe meine Jacke.

Jim geht langsam voraus, ich hinterher. Auf seinem breiten Rücken liegt sein langer, spitz zulaufender Pferdeschwanz. Das gefütterte, rotkarierte Hemd leuchtet stumpf. Wenn Jim ein Indianer wäre und ich ein Trapper, dann müssten wir uns hier irgendwo eine Höhle für die Nacht suchen. Ich blicke um mich. Schwarze Stämme, so weit mein Auge reicht. Vertrocknetes Gestrüpp liegt wie Stacheldraht herum, die feuchte Kälte kriecht mir unter die Jacke. Und wie bloß würden wir mit dem durchnässten Holz ein Feuer in Gang kriegen?

Meine Schuhe versinken im aufgeweichten Laub, Stöcke brechen unter den Sohlen, und manchmal muss ich meinen Fuß aus dem Vakuum tiefen Schlamms ziehen. Der Himmel schimmert silbern; Stille liegt über unserem Jagdgebiet. Ich gehe in Jims Fußstapfen. Er scheint Dinge zu sehen, die ich nicht wahrnehme; die Spuren der Tiere, denen er folgt.

Hier und da zeigt er auf abgekaute Rinde, die die Elche und Hirsche mit ihren Zähnen von den Baumstämmen reißen, manchmal auf abgebrochene Zweige. Scheinbar ziellos wandern wir durch den Wald. Wir laufen an den Steinmauern entlang, die vor über hundert Jahren die Landesgrenzen der Farmer markierten, und bleiben an einem Weiher stehen. »Hier«, erzählt Jim, »habe ich früher am liebsten gesessen und die Biber beobachtet.« Mitten in dem von schiefen Tannen umgebenen See liegt der Bau des Bibers. Unter Wasser kann ich die Schatten seines Dammes erkennen. Die Stöcke und Äste formen den igluartigen Überbau des Biberhauses und bieten ein pures harmonisches Bild auf dem glatten Wasserspiegel. Drumherum sieht der Wald ausgedünnt und unbelebt aus. Manchmal kommt Wind auf, rollt wie eine Welle von weitem heran und lässt dann vor meinen Augen die letzten noch hängenden Blätter und abgerissenen Birkenrinden zittern. Meine Oberschenkel werden kalt. Die Stille umfängt mich, dass ich es nicht wage zu sprechen. Nur dadurch, dass ich versuche, keine Geräusche zu verursachen, kann ich das Schweigen um mich herum bewahren. Plötzlich zerreißt irgendwo ein Schuss die Stille. Auch Jim schaut sich um. Dann höre ich wieder nichts außer dem Knacken des Holzes, das Streifen des Gestrüpps an meinen Hosen.

Der leise Ruf einer Wildgans ertönt. Jim und ich schauen gleichzeitig zum Himmel. »Die kommen aus Kanada«, sagt Jim. Und dann sehe ich das schwarze Band, das sich gen Süden bewegt. »Und sie fliegen bis Mexiko.«

»Die wissen auch, wie sie sich ihr Leben schön machen; im Winter fliegen sie einfach in den Süden, wo's warm ist.«

»Und sie müssen durch keine Einwanderungsbehörde.«

Ich sehe ihn an. »Da funktioniert unsere Völkerverständigung nicht halb so gut wie die Verständigung der Tiere. Ich stelle mir vor, wie die Gänse über alle Grenzen hinwegfliegen, und wir werden am Stacheldraht angehalten, mit Taschenlampen angeleuchtet, müssen Ausweise zeigen, Fingerabdrücke abgeben – und doch unterscheidet sich das Gebiet, das wir durchqueren, nicht von dem, das die Gänse überfliegen.«

»Der einzige Unterschied ist, dass sie Tiere sind und wir Menschen.«

»Die sind frei, und wir sind Gefangene.«

»Ich glaube, die Gänse sind nur deshalb frei, weil sie nicht wissen, was Freiheit ist.«

»Du meinst, weil ich mir vorstellen kann, was Freiheit ist, fühle ich mich gefangen?«

»Wenn du auf deine Instinkte hörst, dann musst du dich nicht gefangen fühlen. Dann bist du im Grunde unabhängig.«

Ich frage mich, was ich eigentlich noch an Instinkten habe. Weiß ich instinktiv, was mir guttut und was nicht? Ist das eine Frage der Zivilisation oder der Bildung? Ich glaube nicht, es scheint allein eine Frage des Willens und des Widerspruchs.

»Wir legen immer mehr Wert auf Technik und hüpfen damit über unsere Instinkte hinweg wie über abgeschliffene Feldsteine, die im Fluss liegen. Aber was ist, wenn wir am anderen Ufer angekommen sind und uns Nahrung beschaffen, eine Hütte bauen, einen Schlafplatz suchen müssen?«, frage ich Jim.

»Dann sind die meisten modernen Errungenschaften nur noch verbesserte Mittel zum unverbesserten Zweck.«

»Der einzige Instinkt, der uns bleiben wird, ist der zu töten.«

»Das war vielleicht auch der erste Instinkt, den der Mensch je hatte.«

Ich will nicht weiterreden. Der Drang in mir wird unermesslich groß, mich von allem Fremdbestimmten unabhängig zu machen. Dann könnte ich wie ein Deserteur die Waffen niederlegen und den Weg zurück in die Heimat einschlagen.

Um mich herum döst der Wald. Er zeigt mir am deutlichsten, wie überlebensunfähig ich geworden bin. Da ich ihn nicht kenne, würde ich in seinen Fängen kümmerlich zugrunde gehen.

Wir gehen weiter, ohne etwas zu hören oder zu sehen. Mir scheint, wir gehen Stunden. Dann bleibt Jim stehen und zeigt auf geisterhafte Spuren im Schlamm. Die gespaltenen Abdrücke der Elchhufe führen uns den Hang hinab durch einen Bach, durch Brombeergestrüpp, das mir bis an die Hüften reicht, durch Unterholz. Wir folgen ihnen bis zu einer Waldlichtung, auf der wir im Dämmerlicht angelangen. Ich drehe mich im Kreis und sehe nichts als Bäume. Die abnehmende Helligkeit lässt das Holz wie verbrannt erscheinen, die Feuchte steigt auf, und es riecht nach aufgeweichtem Boden und verwesenden Blättern. In der Ferne des nächsten Tals leuchtet die Oberfläche eines Teichs goldgelb im Licht der untergehenden Sonne. Über unseren Köpfen zieht rufend und flügelschlagend ein Falke dahin, aber weit und breit kein Elch.

Jim, das Gewehr geschultert, und ich brechen unsere Spurensuche wegen der hereinbrechenden Dunkelheit ab. Der Weg zum Auto zurück ist lang, und ich weiß nicht, wo wir uns befinden.

»Was würden wir tun, wenn wir das Auto nicht mehr fänden?«, frage ich vorsichtig.

»Wir würden einfach immer am Fluss entlanggehen.«

Ich erinnerte mich an den Bach, den wir überwunden hatten. »Na klar«, sage ich. »Aber woher würden wir wissen, dass es der Bach ist, der durch Bridgewater fließt?«

»Das würden wir nicht wissen. Aber wir wissen, dass dieser Bach in einen anderen Bach fließt und der andere Bach in einen Fluss und der Fluss in einen See. Auf diesem Weg kämen wir gezwungenermaßen früher oder später an einer Stadt vorbei. Dort würden wir dann fragen, in welche Richtung Bridgewater liegt.«

Ich lächle. »Das stimmt.« Ich schaue Jim an, er bemerkt es

nicht. Sein Gewehr baumelt mit jedem Schritt hin und her. Wir laufen weiter. Ich bin froh, den Truck in völliger Dunkelheit zu erreichen. Jim legt sein Gewehr auf die Ladefläche, und wir fahren schweigend nach Hause. In mir drin ist alles ganz still, ich versuche wieder und wieder das Rufen des Falken zu hören.

Am Haupthaus angelangt, steige ich aus, und Jim sagt: »Wir wollen unser Glück morgen früh wieder versuchen. Sechs Uhr?«

»Ich werde hier warten.«

Das dunkle, stille Haus empfängt mich. Ich mache Feuer im Kamin. Kurze Zeit später krachen die armdicken Birkenstämme, und eine wohlige Hitze entsteht, an der ich meine Beine wärme. Ich schmore die Keule eines unserer Lämmer in einer Tomatensauce und esse mit großem Hunger alles auf. Auf dem Boden vor dem offenen Kamin sitzend, streiche ich mit dem Zeigefinger die Schüssel aus und überlege, was ich täte, wenn ich da draußen im Wald in einer Höhle sitzen würde. Da wir nichts erlegt hatten, hätte ich ja jetzt auch nichts zu essen. Keine Möglichkeit, in den nächsten Supermarkt zu fahren und mir eine eingeschweißte Putenbrust, ein Steak, ein Fischfilet zu kaufen. Ich müsste selbst angeln, selbst töten, selbst häuten und ausnehmen, um überhaupt an eine Hasenkeule zu kommen. Kein Wunder, dass sich der Mensch von der Faulheit überlisten ließ und durch seine Bequemlichkeit käuflich wurde.

Ich schaue in das züngelnde Spiel der Flammen. Ein Feuer, ein Mensch davor, ich. In dem Moment, in dem ich hier sitze, kann es 1800 sein, kann es 1773, kann es das Jahr 2009 sein. Ich nehme den Feuerhaken, schüre die Glut und lege ein weiteres Holz auf.

Ein Cowboy, denke ich. Oder bin ich am Ende doch nur darauf aus, ein einfaches, aber glückliches Leben zu führen?

Brauche ich den Cowboy als Überbau für die womöglich schwerste Aufgabe im Leben? Den Mut, Unabhängigkeit zu leben?

Doch warum reicht mir dann nicht einfach die Erkenntnis aus, ein Einzelgänger zu sein und für immer einer zu bleiben? Nein, es muss schon Cowboy sein. Der Geruch allein. Ich könnte diesen Typus Mensch ja für mich neu erfinden, das wäre dann eine Frau in Männerkleidung, eine Person, die irgendwann mal in ihrem Leben beschlossen hat, alle Zelte abzubrechen und ohne Besitz, ohne Familie einsam und alleine durch die Freiheit zu ziehen. In dem Zusammenhang, finde ich, klingt das Wort Freiheit jedoch viel mehr nach Einsamkeit. Ob ich das wirklich bin? Sitzt dieser Cowboy nicht auch irgendwann, so wie ich jetzt, am Feuer und muss an das zurückdenken, was er sich nie verziehen hat, nämlich alle Zelte abgebrochen zu haben und ohne Familie zu leben und alleine zu sterben?

Ich lasse das Feuer ausbrennen, lösche das Licht, schließe die Haustür ab und gehe die Treppe hoch in mein Bett. Ich ziehe die dicke Decke bis ans Ohr, fast wie früher lasse ich nur einen kleinen Luftschlitz zum Atmen frei. Die Nächte werden immer stiller, je mehr sich der Herbst zum Ende neigt.

13

Der Winter endete mit der Spring Break. Am zweiten März fuhr ich nach New York, um meine Cousine zu besuchen. Fünf Stunden Autofahrt, und ich war weit weg von Zahlen, Aufsätzen, der kriechenden Verzweiflung und Ausgeschlossenheit. Ich war umgeben von Eismatsch, Hochhäusern, Müllsäcken, Leuchtreklamen und hupenden Autos.

Gab es die Möglichkeit, hier mein Leben nach Vermont Academy fortzuführen? New York hörte sich im Lebenslauf immer gut an. Wenn ich auf einer New Yorker University studieren könnte, hätte ich dann die Anerkennung, die ich wollte? Hatte ich dann Ruhe?

Ich versuchte, den Gedanken auszukosten, hart, gescheit und leistungsorientiert zu sein. Ich stellte mir eine Louise vor, die sich an der Columbia University einschrieb und nach vier Jahren mit einem Zettel in der Hand und als ausgewiesene und anerkannte Irgendwas weiter die Karriereleiter emporstieg. All die bewundernden Kommentare der Zürcher Bekannten klangen in meinen Ohren: »Oh, New York: wie toll!« Oder: »Mensch, Columbia University, und danach?« Oder: »New York ist die beste Stadt der Welt. Und mit so einem Abschluss von der Columbia University stehen dir alle Türen offen.«

So stellte ich mir das vor.

Realität war, dass ich wie ein Tiger auf der Suche nach Nahrung, gehetzt von unermüdlichen Jägern, durch die nassen Straßen zog. Nach der Stille in Vermont erschienen mir der Lärm und die Unruhe in den Straßenschluchten gigantisch groß.

Morgens verließ ich das Gästezimmer in der Wohnung meiner Cousine und machte mich auf den Weg nirgendwohin. Ich passierte neonbeleuchtete Tiergeschäfte mit Kanarienvögeln im Schaufenster, kleine Antiquitätenläden und auffällig viele Schuhgeschäfte. Die Straßen glänzten nasskalt. Auf überdachten Gehwegen waren Alustühle und Tische aufgestellt, und trotz des Nieselregens war es für manche warm genug, um draußen zu verweilen – um zu rauchen. Ich tauchte kurz in ein Café ein. Die Türen öffneten und schlossen sich im Sekundentakt, Geldbörsen und hungrige Blicke wurden hereingebracht, Plastiktüten und Pappbecher rausgetragen.

Gegenüber dem Tresen saß ich mit meinem Notizbuch auf einem unbequemen Hocker und betrachtete durch die Glasscheibe hindurch die vorbeischleichenden Autos. Überall verschwanden vorübereilende Passanten mit Zigaretten oder bunten Flüssigkeiten in Plastikflaschen hinter den nächsten Betonsäulen. Eigentlich überraschte mich New York überhaupt nicht. Ich bekam das Gefühl, dass ich diesem Ort sowie dem ganzen Rest der Welt völlig gleichgültig war.

In der Spiegelung der Fensterscheibe beobachtete ich, wie hinter meinem Rücken irgendetwas Fettiges zubereitet wurde. Ununterbrochen zischte das Bratgut in den Pfannen, Töpfe knallten, Messer hackten. Die Gerüche waren für neun Uhr morgens viel zu schwer und viel zu feucht – sie erinnerten mehr an ein herzhaftes Mittagessen. Die Kasse spuckte Belege aus und kassierte Münzen und Scheine als Tausch gegen Heißgetränk oder Frühstück.

Die Küchengeräusche entführten mich sekundenlang zurück nach Hause. Dort in der Küche hatte ich Hausaufgaben gemacht, dort hatten frische Nudeln von der Decke gehangen, wurde Teig ausgerollt. In der Küche hat meine Mutter Zucker für gebrannte Creme geschmolzen, sonntags Eierspeisen für meinen Vater zubereitet und Waffelteig gerührt. Meine Mutter packte ganze Wolfsbarsche in Salzkruste ein und schmorte vierzehn Rouladen in einem langen Kupfertopf. Die Küche war zum Glück für uns Kinder und manchmal zum Leid meiner Mutter der Mittelpunkt allen Familienlebens.

Es ist so, dass manche Speisen bei uns Tradition haben, dass ganze Abläufe in der Küche Tradition haben. So hing am Weihnachtstag, wenn der Truthahn gefüllt, zugeschnürt und in den Ofen geschoben wurde, die Laune meiner Mutter und der Segen im Haus an vielen Zentimetern Bratenschnur. Würde er zu trocken werden? Zu roh? War er mal wieder viel zu groß? Ja, passte der Vogel überhaupt ins Rohr? Und musste es dieses Jahr wieder Rotkohl sein? Es aßen ja doch immer nur alle Spätzle. Wer half beim Binden des Truthahns? Wer musste den Tisch decken? Jedes Jahr stand man vor den gleichen Fragen.

Nur den Abwasch, den machten alle zusammen, während mein Vater Platten von den Stones auflegte und wir dazu tanzten.

An Ostern spielte sich Ähnliches beim Rühren einer traditionellen Nachspeise ab. Die dickflüssige Masse aus unglaublich viel Eiern, Quark und Milch durfte ja nicht kochen, sonst gerannen die Eigelbe in der Flüssigkeit, und das ganze Osterfest wäre im Eimer.

Im Alltag stand in der Küche immer selbstgebackener Kuchen. Es gab selbstgemachte Marmelade, Kompott zum Frühstück, Hühner wurden ausgekocht, wenn es Hühnerfrikassee Bremer Art gab, und der Duft von Königsberger Klopsen aus frisch durchgedrehtem Kalbfleisch erfüllte sonntags oft das Haus. Gab es Kartoffelbrei, schöpfte man aus einem riesigen Topf die goldgelbe Masse auf den Teller. Die Sauce – mehr Sauce! – kam entweder als Teich drum herum oder als See obendrauf. Wir aßen schüsselweise Grießpudding mit Himbeersirup, Schokoladenpudding oder Quarkspeise. Beim Salat kam es oft vor, dass einer von uns auf die zweite Portion verzichten musste, da es nicht für alle reichte.

Da meine Mutter einen Haushalt von acht Personen organisierte und versorgte, gab es in unserem Haus neben einem Kühlschrank auch einen Kühlraum. Hier lagerte körbeweise Gemüse und Obst vom Bauern aus dem Nachbardorf. Auf den Ablagen standen süße Blechkuchen oder Pizza und andere Reste von vergangenen Abendessen. Bis heute genieße ich es, nach Hause zu kommen und mir zum Mittagessen diese »Reste« warm zu machen.

Man kann nichts Kostbareres von zu Hause mitbekommen als die Fähigkeit, Essen selbst zuzubereiten und mit Lebensmitteln umzugehen. Wenn ich meiner Mutter am Herd gegenüberstand, Auberginen in Würfel schnitt, oder Oliven entkernte, boten diese Zuarbeiten Raum für Gespräche. Gesprächszeit ist in einem Alltag mit fünf Geschwistern rares Gut.

Dass ich aufhörte zu essen und keinen Wert mehr aufs Kochen legte, war vor diesem Hintergrund doppelt dramatisch und traf meine Mutter tief.

Wortfetzen drangen an mein Ohr. Es war kein Englisch, eher Spanisch oder Englisch mit Akzent. Jemand rief laut nach Huevos Rancheros zum Mitnehmen. Die Frage, wie sich Huevos Rancheros mitnehmen ließen und wie die wohl im 34. Stock eines Bürogebäudes schmeckten, holte mich aus meinen Gedanken.

Ich merkte, dass ich nicht länger sitzen bleiben konnte. Ich packte meine Tasche, fasste widerwillig den klebrigen Türgriff und war, ehe ich mich's versah, wieder auf die Straße gespuckt. Hupende Wagen und quietschende Busse rauschten vorbei, ich wagte es nicht zurückzublicken. New Yorker blickten nicht zurück. War die Tür einmal zu, konnte man nicht umkehren.

So ging ich die endlosen Strecken über das harte Pflaster, bis meine Fußgelenke schmerzten.

Ich fühlte mich nur hungrig und entleert. Es nieselte ununterbrochen, und es war morgens wie mittags wie nachmittags düster und nass. Regen in meinem Herzen. Ich wanderte herum und versuchte die Magie zu finden. Doch da waren keine freundlichen Worte, keine herzlichen Augenpaare, deren Blicke ich hätte erwidern können, keine liebevollen Gesten, alles um mich herum war kalt und unpersönlich.

Meine Eltern würden sich freuen, wenn ich hier studieren würde, dachte ich immer wieder. Es hörte sich einfach so gut an. »New York« klang immer gleich nach Erfolg.

Aus mir musste doch was werden. New York könnte das erledigen, es könnte so einfach sein. Das war die Vorstellung in meinem Kopf, die von äußeren Erwartungen genährt wurde und in unermessliche Größen wuchs.

Mein Zweifel wandelte sich in die Erkenntnis: Aus mir würde nie was werden.

Entgleist war ich. Mein Zug kam und kam nicht zum Stehen, sondern glitt funkensprühend und quietschend unaufhaltsam Richtung Abgrund. Es ging mir elend.

Amerika war meine Hoffnung gewesen. Doch für eine Universität mit exzellenter Ausbildung wollte ich hier nicht vegetieren. Gegen New York erschienen mir die Wälder Vermonts wie eine geheizte Herberge mit Federbett. Zwar lebte ich auf Vermont Academy ohne Munterkeit, doch immerhin hatte ich dort den Wald und die Stille.

In der Stille Vermonts jedoch standen mir schon bald Arztbesuche im Dartmouth-Hitchcock Medical Center bevor, wo ich auf Drängen meiner Eltern hinsollte, um mich untersuchen zu lassen. Ich kam dort zu einem sehr eleganten Arzt mit schwarzen, zurückgelegten Haaren. Er sah aus, als habe er eine zarte, indische Mutter mit schmeichelhaften Wangenknochen. Über seinen dunklen Augen lagen dicke Brauen. Am Ende der schlanken Finger wuchsen glatte, elfenbeinfarbene Fingernägel.

Mr. Hibbler zeigte sich ganz erstaunt, als ich bei ihm für die Sprechstunde auschecken musste. Ins Dartmouth Medical Center wurden von unserer Schule eigentlich nur bewusstlos geschlagene oder sonstwie schwer verletzte Footballspieler mit dem Helikopter eingeflogen – ich aber wurde hingeschickt, um mich auf Herz und Nieren untersuchen zu lassen und mich auf die Waage zu stellen. Ich selbst wog mich nie.

»Wenn man dich über die Straße gehen sieht und zehn Leute fragt, ob sie dich zu dünn finden, würden neun ›ja‹ sagen«, sprach der Arzt in einem väterlich besorgten Ton. Mit im Schoß verschränkten Händen saß ich vor ihm und schämte mich wie ein kleines Kind. Ich hatte Unfug angestellt und fürchtete, dass er irreparabel war. Ich gestand, womöglich zu wenig zu essen für die körperliche Anstrengung, welche die Schule mir abverlangte. Von meinem seelischen Zustand sagte ich zunächst nichts. Doch seine liebevollen Blicke begegneten mir mit Mitleid, mit einer Güte, die mir in letzter Zeit so sehr fehlte. Ich verliebte mich ein bisschen in den Arzt und schrie innerlich, er möge mich einfach in den Arm nehmen und von hier entführen. Ich war bereit, mir eine Waffe zu besorgen, mit ihm eine Bank auszurauben und auf der Flucht tagelang mit dem Auto über die Highways nach Süden zu fahren. Ich würde mich etliche Stunden mit ihm unterhalten, könnte endlich loswerden, dass ich nicht so war, wie ich beim Ersteindruck wahrscheinlich auf ihn gewirkt hatte. Tief in mir drin will ich Cowboy sein, hätte ich ihm offenbart, und dass ich am liebsten alleine in einer Blockhütte wohnen und Rinder und Pferde besitzen würde. Ich würde Antworten von ihm verlangen auf meine Fragen, wo ich nur hinsollte, wo ich hingehörte. Irgendwo im Kornfeld von Iowa würden wir von der Polizei gestellt werden und im Kugelhagel sterben.

Aber die Zeit der Sprechstunde war begrenzt, und ich nahm seine weiche Hand in meine und musste auf Wiedersehen sagen. Aber es gab kein Wiedersehen. Beim nächsten Termin, der einen Monat später angesetzt worden war, teilte man mir mit, dass der Arzt befördert worden sei und nicht mehr in dieser Abteilung arbeite. Man empfahl mir ärztliche Betreuung in der näheren Umgebung der Schule.

So saß ich kurze Zeit später bei einer Ernährungsberaterin in der nächstgrößeren Stadt, dreißig Minuten von Saxtons River. Die Frau dort war mir gar nicht sympathisch, denn sie fragte mich, warum ich den Orangensaft, den ich zum Frühstück trank, mit Wasser mischte. Sie vermutete, ich mische ihn mit Wasser, um Kalorien zu sparen. Jede meiner Essgewohnheiten wurde auf die psychologische Waage gelegt. Psychologie war mir aber so zuwider, dass ich ihr ein bisschen was vorlog, und sie mir schließlich riet, weniger Sport zu treiben, und mir einen Kalorien-Shake empfahl, den ich nach jeder Mahlzeit einnehmen sollte. Super!, dachte ich und nahm den Shake einfach statt der Mahlzeit ein. Das sparte Zeit und Ärger.

Das Netz aus Therapeuten und Beratern wurde wieder enger gestrickt. Die Lehrer wurden netter und lächelten mich an, wenn sie mir auf dem Campus begegneten. Etwas stimmte nicht mit mir. Ich stand unter Beobachtung.

Der Griff um meinen Hals wurde wieder todsicher. Und in mir wuchs die zerstörerische Kraft, die mich langsam in die Knie zwang. Ich hasste mich für mein Versagen.

Weiterhin notierte ich diese unheimlichen Veränderungen in mir in meinen Tagesnotizen und deutete das Gefühl des Gescheitertseins an. Volle Kraft voraus war ich gegen die Wand meiner eigenen Schwächen gerannt. Da gab es schon ein zweites Ich, das mein anderes, schwächliches, behindertes Ich auslachte. Es hielt sich den Bauch vor Lachen, es lachte sich halb tot.

Im Mai 2000 war der Spuk vorbei. Ich schnitt meine schulterlangen Haare auf fünf Zentimeter ab und erregte damit ungewöhnlich viel Aufmerksamkeit. Das Year Book kam heraus. Die Noten wurden vergeben, und alle warfen ihre Hüte. Es war klar, dass ich nach dem Sommer nicht an die Vermont Academy zurückkehren würde.

14

Meine Eltern machten sich große Sorgen um mich und wollten mich so schnell wie möglich zu Hause wissen. Aber ich war dem Cowboyland so nahe! Ich wollte noch weiter westwärts, denn dort lag Montana. Das Wort allein ließ meinen Brustkorb in Flammen aufgehen. Ich wollte zu den Bitterroot Mountains, in denen die Szenen von *Aus der Mitte entspringt ein Fluss* gedreht worden waren. Ich wollte das Wasser des Blackfoot Rivers gurgeln hören, darin waten und hellgraue Handschmeichler aus dem Kiesbett in die Strömung werfen. Ich wollte zu den Pferden, endlich wieder nach draußen! Ich konnte mich noch nicht mit der Tatsache abfinden, als Versager zurückzukehren. Ich wollte wie mein Romanheld John Grady aus *All the Pretty Horses* Arbeit auf einer Ranch suchen und den ganzen Sommer junge Pferde einreiten – unmöglich. »Das kommt nicht in Frage.« Selbst alleine Urlaub zu machen gestaltete sich in den USA mit siebzehn Jahren als schwierig.

Schließlich durfte ich eine Woche nach Dubois, Wyoming. In unserem Vermonter Bekanntenkreis fand sich niemand, der eine Gäste-Ranch in Montana empfehlen konnte. Es wurde also Dubois. Mir war mittlerweile auch schon gleichgültig, wo im Westen ich landen würde – Hauptsache in der Nähe der Rocky Mountains. Ich buchte mich dort eine gute Woche in einem kleinen Blockhaus ein.

In meinem Zimmer in der Vermont Academy packte ich meine Sachen zusammen und flog nach Jackson Hole, was zwischen den Zähnen der Teton Range im Westen und den Gros Ventre Range im Osten am Yellowstone Nationalpark liegt. Bei meiner Zwischenlandung in Denver bemerkte ich einen im Abfluggate wartenden, anscheinend schlafenden Mann – ein Cowboy! Seine Stiefelspitzen ragten zehn Zentimeter unter den *bootcut* Jeans hervor. Die Krempe seines buttergelben Strohhutes berührte fast die Brusttasche seines Jeanshemdes, und an dem breiten Handgelenk trug er einen Schmuck aus Bronze. Ich musterte den Mann während seines Nickerchens und dachte immer wieder: Es gibt sie wirklich.

Ein Fahrer der Ranch holte mich an dem kleinen Flughafen von Jackson Hole mit meiner großen roten Tasche ab und fragte, ob ich noch *in town* was zu besorgen hätte. Jackson Hole klang schon so herrlich, ich wollte unbedingt in einen Saloon einkehren. An der Mainstreet der legendären Westernstadt setzte er mich ab. Ich bat um eine Stunde Zeit und schlenderte an den Schaufenstern der Holzhäuser vorbei, hinter denen sich Liquor Stores, Outfitters und Restaurants befanden. Nach dem langen Flug hatte ich Hunger und Durst. Bis zur Ranch mussten es mindestens drei Stunden Autofahrt sein. Ich beschloss also, vorher zu essen und zu trinken. Und tatsächlich erblickte ich einen Saloon. Stimmen drangen von innen auf die Straße. Das mit schwarzer Farbe grundierte Schild baumelte an zwei Eisenketten leicht hin und her. Mit einem Pinsel waren die weißen Lettern »Lone Jack« aufgemalt worden.

Ich trat in eine Welt, deren Zugang mir bisher nur über Bücher oder Filme eröffnet worden war. In dem Moment war ich wieder mehr Mann als junge Frau, sah nicht mehr einfach das Parkett auf dem Boden, sondern blickte auf das schmierige Holz, das hier und da mit unregelmäßig eingetrockneten Bierpfützen und kautabakbraunen Spuckflecken versehen war. Ich hörte nicht mehr das Quietschen meiner Turnschuhe, sondern das nachgebende Eichenholz unter meinen Stiefelhacken. Die Einrichtung dieses modernen Saloons bot mir Stoff, um eine jahrelang gehegte Phantasie zum

Leben zu erwecken. Vor mir erstreckte sich ein fünf Meter langer Bartresen. Topflampen hingen von der Decke, dahinter sah ich einen Barkeeper in schwarzer Weste und Nickelbrille. Seine Uhrenkette baumelte bei jeder Wischbewegung, die er mit einem dreckigen Leinen in seiner Rechten ausführte. Ich spürte seine Blicke auf meiner Brust. Schwarz-Weiß-Fotografien hingen rechts und links der Regale, die mit Alkoholika vollgestellt waren, an der Wand. Auf den meisten sah ich Männer, die sich entweder neben einem erlegten Hirsch oder einer Lokomotive hatten ablichten lassen. Ein saurer Geruch, der mich an verschwitzten Whiskey erinnerte, zog an mir vorbei. Ich ging ein paar Schritte Richtung Bar und sah nun, dass der Herr des Hauses immer noch das Kirschholz seiner Arbeitsfläche polierte. Ich wolle etwas essen, ob die Küche offen sei, fragte ich.

Ich wurde beäugt. *»Have a seat.«*

Eine Handvoll trinkender Männer sah ich an dem einzigen runden Tisch, der in der hintersten Ecke des Raumes unter einem Leuchter stand. Eine der düsteren Gestalten saß in einem schwarzen Hemd mit dem Rücken zu mir. Der Mann trug einen dunklen Filzhut, zwischen Hutkrempe und Hemdkragen wölbte sich die farblose Hautfalte des kahlrasierten Nackens. Die polierten Hacken seiner Stiefel blitzten mit jeder nervösen Bewegung seiner Füße auf. Rauch züngelte von mehreren Zigaretten empor. Das von den verstaubten Fenstern gebrochene Licht machte ihn deutlich sichtbar.

Sie spielten Karten.

»What do you got?«, hörte ich den einen fragen.

»Full house.« Die Chips wurden zusammengeschoben.

Ich setzte mich an einen Tisch und wartete. Mir wurde nicht Eiswasser, sondern Hauswhiskey angeboten. Ich nickte und bestellte nicht den *Turkey Salad* sondern Steak mit Bohnen.

»Ich erhöhe auf zweihundert …«

»Wird auch langsam Zeit. Ich erhöhe um weitere zwanzig.«

»Meine Chips werden knapp … gut, vierzig drauf, lass mich dein Blatt sehen.«

Ich schmeckte nicht die faserige Trockenheit des Truthahnaufschnitts, sondern die salzige Bratensauce meines Fleisches. Ich löschte nicht meinen Durst, sondern trank mich mit dem flüssigen Gift heiß ums Herz.

Später trat kein Touristenehepaar ein, sondern zwei weitere Gestalten in knielangen Mänteln. Sie legten ihre Fäuste auf den Tresen und bestellten »Whiskey!«.

Ich beäugte sie unauffällig. Doch dann drehte sich der eine mit den schulterlangen, fettigen Haaren zu mir um und verzog seinen dreckigen Mund zu einem Lachen. Ihm fehlten mehrere Zähne.

»Na, Fremder?«, fragte er harmlos und drehte mir seine Hüfte zu.

Ich senkte meinen Blick. Im Augenwinkel sah ich den Lauf eines Schofield Revolvers im Halter baumeln.

»Cowboy! Ist das dein Gaul da vor der Tür?«

Ich nickte stumm mit dem Kopf.

»Hübsches Tierchen. Ich gebe dir zweihundert ohne Sattel und Zaum. Bar auf die Hand.« Er lachte und riss seine Augen auf, als habe er gerade Geld zu verschwenden.

»Ich verkaufe keine Pferde«, sagte ich kalt.

»Was dann? Schweine? – Aber halt mal, mein Guter. Hast du etwa nicht gehört, dass morgen gehängt wird?«

Verdutzt schaute ich in das schiefe Gesicht des Alten. Er äugte berauscht zurück.

»Nein, Sir«, sagte ich.

»Oh, dann bist du wohl ein Yankee. Sonst würdest du dir das nämlich nicht entgehen lassen! Lynch, der Henker, wird den beiden Halunken im kurzen Prozess die Hälse brechen, das verspreche ich dir. Aber ich habe gewettet, dass nur der eine an den Strick kommt und Lynch uns den zweiten für Samstag aufspart – was ist dein Einsatz?«

»Weder verkaufe noch verwette ich mein Pferd.« Ich starrte ihn an.

Er nahm sich den Hut vom Kopf und wischte sich mit dem zerrissenen Ärmel den Staub vom Gesicht. »Hmm«, grummelte er. »Euch Cowboys plagt doch Tag für Tag die Einöde. Gönn dir doch den Spaß!«, lachte der Zahnlose.

»Ein feines Dorf«, sagte ich.

»Das ist es!« Er wandte sich seinem Glas und seinem stummen Kameraden zu, kippte das Zeug runter, schmatzte und lachte.

»Ich will dein Blatt sehen«, kam es vom Tisch hinter mir.

Ich nahm wieder Countrymusik aus der Neuzeit wahr, die aus den Lautsprechern klang. Ich ließ die steifen blassrosa Tomatenscheiben liegen und schob den letzten Salat an den Tellerrand. »Kann ich zahlen?«, rief ich zum Tresen.

»Aber natürlich!«, sagte der Mann an der Bar und schickte seine blau geschminkte, weißblonde Bedienung mit einem Wink an meinen Tisch. Als sie mit der dicken Geldbörse an meinen Tisch kam und vornübergebeugt die Summe für einen *Turkey Salad* und einen kleinen Korb Maischips ausrechnete, glaubte ich, gleich würde der oberste Druckknopf ihrer Rüschenbluse platzen. Ich gab ihr die Dollar, trank noch einen Schluck von dem Eiswasser und stand auf.

Ich trat wieder hinaus auf die Straße. Ein Truck brauste vorbei. Ich spazierte auf die andere Seite, wo die herabgelassenen Markisen im Wind waberten. Links waren *Beer Pool Cards Candy* und *Tabacco* ausgeschildert, ein Mann mit einem Hut, der wie Elfenbein leuchtete, humpelte auf einen Stock gestützt an dem schattigen Schaufenster vorbei. In seiner Gesäßtasche steckte ein rotes Tuch.

Ich betrat einen Ausstatter für »*Horse & Rider Equipment*« und kaufte mir eine Carhartt-Jacke und einen Resistol-Cowboyhut aus eng geflochtenem hellem Stroh. Die Verkäufer lächelten amüsiert, als ich mit den kurzen Haaren, in Jeans, mit meiner neuen Jacke und dem Hut vor dem Spiegel stand.

Mit dem Fahrer, der mich wieder aufgabelte und im Auto pausenlos redete, fuhr ich zweieinhalb Stunden bis zur Bitterroot Ranch und fühlte mich unweigerlich an Argentinien erinnert. Wir fuhren an glasklaren Seen vorbei, neben uns die Berge, die aus dem Nichts in unfassbare Höhen schossen. Dann fuhren wir wieder durch steppenartige Landstriche, gesprenkelt von den kugelrunden Gewächsen des wilden Salbeibusches, kamen in dunkle Kiefernwälder und wieder auf freie, sanft hügelige Ebenen, die mit kurzem grünem und gelbem Gras bedeckt waren.

Die Ranch lag in einer Senke, an einem Fluss und gehörte einem Rancherehepaar, Bayard und Mel Fox. Das Hauptgebäude war umgeben von mehreren kleinen Blockhäusern. Mein Ein-Zimmer-Blockhaus hatte eine Holztür, zwei sich gegenüberliegende Fenster und einen Dachüberstand, unter dem sich vorne eine Veranda mit Schaukelstuhl befand. Neben meiner Hütte stand eine Tanne, die umringt wurde von Pioniergewächsen wie Birken und anderen hohen Sträuchern. Es roch nach heimischem Holz, frischer Baumwollwäsche und warmer Luft.

Ich legte meine Sachen ab, öffnete das Fenster und warf mich aufs Bett. Durchatmen.

Da die Sommersaison gerade erst begonnen hatte, waren nur fünf andere Gäste auf der Ranch.

Wir ritten morgens von neun bis zwölf und nachmittags von zwei bis vier. In voller Montur samt meinem Cowboyhut erschien ich am ersten Morgen zum Ritt. Ich wurde aber darauf hingewiesen, dass man nur mit Helm reiten durfte.

Also hängte ich meinen Hut an den Nagel und setzte den Helm auf. Ein Falbe namens Aspen wurde mir als Reitpferd zugeteilt, und wie sollte es auch anders sein – ich schloss den Vierbeiner mit karamellfarbenem Fell, blondem Schweif und blonder Mähne in mein Herz. Er war jung, vielleicht fünf Jahre, und hatte am hinteren rechten Bein einen weißen Stiefel. Ihn zeichneten, wie für die Rasse der American Quarter Horses üblich, eine kräftige Hinterhand und breite Schultern aus, er war aber nicht dick und vom Stockmaß so, dass ich mich leicht in den Sattel schwingen konnte.

Mittags lagen filetierte Forellen auf einer Platte, die Bayard Fox, der Gastgeber, am selben Morgen gefangen hatte, Salate dazu, frisches Brot und Suppe. Meine Eltern hatten das Ehepaar darauf hingewiesen, mein Essverhalten im Auge zu behalten. Es war mir äußerst peinlich, als mich Bayard darauf ansprach – hier waren meine Probleme so nichtig. Das Essen sei köstlich, versicherte ich ihm. Und ich aß.

Nachts weideten die Pferde vor meinem Fenster, und ich konnte hören, wie sie in kleinen Bissen das Gras mit ihren Zähnen auszerrten. Ich hörte ihr Schnauben, ihre Huftritte. Morgens, wenn ich im Tau zum Haupthaus ging, um zu frühstücken, fand ich die Spuren eines Bären im Matsch und hörte nichts als Wind und Vogelstimmen. Ich fühlte mich zurückversetzt in die Zeit, als die Weißen dieses von den Ureinwohnern schon über Jahrhunderte kultivierte und bewohnte Land als »Wilden Westen« ergründeten.

Wie muss es gewesen sein, in dieser Natur ohne Navigation, ohne Karten oder Wegweiser zu wandern? Ich stellte mir die Menschen vor, die mit dem Planwagen und sechs Maultieren monatelang durch die Plains, das Grasland, zogen, mit dem einzigen Ziel: Kalifornien, dem Paradies auf Erden.

Fanden sie in dieser gottverlassenen Ebene die Erfüllung ihrer Träume? Wurden sie enttäuscht? Wurden sie von Wilden entführt und über Tage hinweg gefoltert und schließlich verbrannt? Wurden sie vom selben Schicksal gelenkt, das mich hierhergeführt hatte?

Zu viert oder zu siebt ritten wir durch die imposante Landschaft Wyomings, die sich mit unfassbarer Großzügigkeit vor meinen Augen ergoss. Verdammt, es gab einfach keine Zäune! Da man nur begrenzt in die Weite spähen konnte, überließ ich mich der köstlichen Illusion, Platz zu haben – so viel Platz. Der blaue Stoff meines Hemdes flatterte im Wind. Wir ließen auf Anhöhen die Pferde am langen Zügel in die Gebisse kauen. Vor uns nur grüne Ebenen, die in niedrige Berge übergingen, Täler schufen und von Flüssen voneinander getrennt wurden. Der Wind strich durch die rundlichen, kurzen Kiefern und trocknete immer wieder die Spucke, mit der ich meine Lippen befeuchtete. Wir badeten die Pferde in Flüssen und ruhten unter den zitternden Espenblättern eines Wäldchens.

Ich saß im Gras, träumte und atmete die Freiheit in genüsslichen langsamen Zügen. Meine Blicke gingen ins Leere, in mein Inneres, das seit diesen Tagen in der Wildnis friedlich geworden war. Im Schritt durchstreiften wir Birkenhaine und führten die Pferde durch breite Kiesbette. Einmal auf dem Rückweg zur Ranch entdeckte ich auf einem abgestorbenen Ast eine Eule. Ich beobachtete sie lange, es war mir ein Rätsel, wie das Tier hierhergefunden hatte. Wie auch immer, mir schien, es war ein gutes Zeichen.

Wir galoppierten nach meinem Geschmack viel zu wenig und nicht schnell genug. Aber am letzten Tag durften wir zu Pferd als kleine Übung aus einer Herde Rinder die Kälber aussortieren. Es war erstaunlich, wie Aspen auf die bockigen Viecher reagierte: mit so einer Coolness und Abgebrühtheit, dass er sich seitlich gegen den gehörnten Kopf der Rinder stellte und blitzschnell vom Stand in den Renngalopp überging, wenn das Kalb entkam, als sei er eine Katze und spiele mit einer Maus. Mit abgesenkter Hinterhand rutschte er mit einer Vollbremsung über den Sand und blieb bei all diesen Aktionen seelenruhig.

Bayard erkannte, dass ich dabei richtig aufblühte, ich muss übers ganze Gesicht gestrahlt haben. Er meinte, er habe mich das erste Mal in diesen Tagen lachend gesehen. In dem Moment hätte ich tatsächlich weinen können vor Glück. Der Geruch der schwitzenden Rinder und Pferde, die Sonne im aufgewühlten Sand, die Mähne meines Pferdes, nach süßem Leder duftend – und ich in einem tiefen Sattel sitzend, die Zügel in meiner linken Hand und meine Rechte locker auf meinem Oberschenkel ruhend. Ich fragte mich, wie weit ich noch würde gehen müssen, bis ich dies zu meiner Lebensaufgabe würde machen können. Farmer wollte ich werden. Ich sah mir die sich im Kreis bewegenden Rinder noch mal an und strich dem in der Sonne dösenden Aspen über den breiten Hals, dieser Moment war meine Erfüllung.

15

Ich warte vor dem Haus auf Jims Truck. Pünktlich um sechs Uhr früh schleicht der Wagen die Straße hoch. Ich steige ein. Auf der Fußmatte liegen Eisenketten, und die stoffbezogenen Polster sind ölverschmiert. Ein Pappbecher steht auf dem Sitz, er riecht nach frischem Kaffee. Wir fahren wieder in die Nähe von Bridgewater.

Jim zweifelt daran, bei dem Wetter einen Elch zu sehen. Doch da wir nun mitten im Wald sind, steigen wir aus. Wie am Tag zuvor streifen wir durchs Gehölz.

In den Baumwipfeln hängen die Nebelschwaden tief wie eine Zimmerdecke. Die schwarzen Stämme der Bäume ächzen von der Kälte, ein eisiger Wind pfeift. Wir finden frische Spuren im Laub. Hier muss vor wenigen Stunden ein Elch durchmarschiert sein, da der hinterlassene Kot noch schokobraun glänzt. An einem Stamm der jungen, uns umgebenden Bäume, ist die Rinde abgeschabt, hier hat ein Bulle sein Geweih gewetzt und sich den Kopf gekratzt. An anderen Stellen ist die Rinde wie die dünne Pelle einer Mandarine abgezogen – nur davon und von Blättern ernähren sich diese Tiere, die doppelt so schwer wie ein Pferd werden können. Wir bewegen uns weiter, das Gehölz ist einem Morast gewichen, der uns nur mühsam vorankommen lässt. Der Elch mag es, zu dieser Jahreszeit mit den Beinen im Wasser zu stehen, und so scheinen wir ihm auf den Fersen zu sein. Doch die Spuren verlieren sich, und die Abdrücke im Schlamm verschwinden in einer großen aufgestauten Pfütze, an der wir schließlich stehen bleiben. Es ist totenstill, die kahlen Bäume ragen bizarr in die weißverschleierte Nebeldecke. Weit und breit kein Tier.

Wir stiefeln weiter, bis mich Jim nach einigen Stunden zu einer Hütte führt. Er nennt sie »Camp«. Das »Camp« ist ein Haus, das nur aus Wellblech besteht. Wie ein A mit Schornstein und zwei Fenstern steht der Unterschlupf mitten im Wald an einem schmalen Zuweg. Wir sind völlig durchfroren und durchnässt. Innen aber heizt der Ofen, und in tiefen Sesseln mit gestreiften Polstern sitzen zwei Männer. Ich bin erstaunt. Doch sie wirken, als hätten sie hier übernachtet, als würden sie das öfter tun, einfach um dieses Abenteuer wie kleine Jungs zu leben. Den einen stellt mir Jim als seinen Vater vor, der andere ist Postbote in Bridgewater. An den eingezogenen Wänden aus Spanplatten hängen Fotografien von Jim als kleinem Jungen mit Gewehr und Weste, vor ihm ein erlegter Hirsch. Auf dem Ofen stehen Kaffeetassen, daneben ist ein Klapptisch mit einer Gas-Kochstelle aufgestellt. Der warme Ofen trocknet meine Hosen, und ich nehme dankbar eine

Tasse Kaffee entgegen. Der Postbote löffelt Müsli mit fingerdicken Bananenstücken, die er so aus dem Brei herausfischt, dass sie auf dem Weg zum Mund auf der Löffelspitze balancieren. Er bietet uns etwas davon an, doch ich mag nicht essen.

»Und? Habt ihr was gesehen?«, fragt Jims Vater, ein kräftiger, großer Mann mit dichtem weißem Haar.

»Nichts. Nur Spuren und Kot, aber kein Tier«, sagt Jim.

»Nicht bei diesem Wetter«, bestätigt der Postbote.

»Ja«, seufzt Jim. »Das war zu befürchten.«

Wir sitzen, trinken und reden.

Sie fragen, was ich in Vermont mache. Und, natürlich, wie lange ich bleibe. Ich antworte, dass ich das nicht sagen kann. Jims Vater ist gar nicht überrascht. »Ich kenne das«, nickt er. »Ich war mal auf Hawaii – und dort wäre ich geblieben bis zum heutigen Tag.« Ich schmunzle. Jeder hat seine Orte, von denen er nicht wieder zurückkehren will, denke ich.

Jim zuckt mit den Schultern. Er kennt dieses Gefühl nicht, er weiß genau, warum er hier ist und dass er für immer hierbleiben wird. Ich schaue wieder zu den Fotografien von Jim als Kind, während die anderen weiterreden. Ich frage mich, was das Idol dieses Jungen gewesen sein mag. Dieser Junge, der Stinktiere am Schwanz durch die Gegend getragen hat, im Schatten einer Trauerweide am Ufer eines Flusses seine Angel ins Wasser gehalten hat, Fische ausnehmen konnte, sich aus einer spitz zugeschnittenen Holzplanke ein Gewehr gebaut hat, barfuß ging und im Sommer immer dreckige Knie hatte.

Ich sehe diese Fotos und habe das Gefühl, hier eines von Jims Geheimnissen gelüftet zu haben. Unauffällig schaue ich zu ihm hin, zu diesem Mann mit dem stoischen Gesicht und der starken Brust. Wie leicht das Leben sein kann, wenn es einfach bleibt. *There is beauty in everything.*

Ich höre den Regen, die Stimmen der Männer, rieche den Kaffee und danke dem Elch im Stillen, dessen Spuren mich hierher verschlagen haben. Die Scheu, die ich Jim gegenüber in den letzten Tagen empfunden habe, löst sich langsam auf. Ich fühle mich ihm verbunden, obwohl ich weiß, dass diese Verbundenheit niemals tiefer gehen kann, als er es erlaubt. Aber es ist okay, denke ich mir – es ist so simpel.

Die weiße Plastikuhr, die an der Wand über der Kochstelle hängt, zeigt fast zwölf Uhr Mittag. Jim und ich verlassen die Hütte. Draußen scheint es mir ungemütlicher als noch am Morgen. Jim fragt, ob ich was essen gehen wolle. »Ich brauche jetzt Fleisch«, meint er. Ich sage zu und merke, dass auch ich hungrig geworden bin.

»Wir sollten bei besserem Wetter wieder auf Spurensuche gehen.«

Ich nicke.

Wir gehen auf einem Schotterweg zurück zum Auto. Der Rückweg scheint mir sehr viel kürzer als das stundenlange Irren durch den Nebel.

Wir essen sehr amerikanisch zu Mittag. Burger und Chicken Wings, dazu frittierte Zwiebelringe.

»Jim, kannst du dir vorstellen, woanders zu leben?«, frage ich. »Irgendwo? Woanders als in Vermont?«

»*No.*« Er spricht das Wort aus, als habe er meine Frage nicht verstanden. »Ich war letztes Jahr zum ersten Mal in New York. So viele Autisten auf einem Haufen habe ich noch nie gesehen. Die rannten alle mit Scheuklappen durch die Gegend. Sie stöpseln sich die Ohren zu oder telefonieren, sie gucken nicht rechts, nicht links. Es scheint, als könne man nur als Autist mit der Masse verschmelzen. Ich mochte es nicht.«

»Wer weiß, die New Yorker hatten vielleicht Angst vor dir – die dachten, du schneidest ihnen die Gurgel durch.« Wir müssen beide lachen. Jims Augen funkeln. Ich schüttle den

Kopf und sage: »Wenn sich so viele Menschen auf engem Raum drängen, fühle ich mich auch einsam. Hier, wo ich alleine bin und ganz viel Platz für mich habe, fühle ich mich geborgen. Für manche ist das ein Widerspruch.«

»Gott sei Dank, sonst würden ja alle in Vermont leben wollen.«

Ich schmunzle. »Das ist ein schrecklicher Gedanke. Aber nehmen wir an, du müsstest«, hake ich nach, »hättest du den Mut, alle Zelte abzubrechen und an einen fremden Ort zu gehen?«

Jim rückt etwas auf dem Stuhl hin und her. »*I am off to the promised land*«, zitiert er die vielen, vielen Auswanderer, welche die Krankheiten und tödlichen Fieber, die aufgeschütteten Gräber, die Sumpfgebiete und die Seen im Südosten verlassen haben, um es im trockenen Westen besser zu haben. »Manchmal, wenn mir mein Ellbogen vom Schneeschippen so weh tut, dass ich nicht mehr weiterschippen kann, dann träume ich davon, nach Kolumbien zu gehen. Der Winter hier ist, je älter ich werde, zu lang und zu kalt. Aber ich werde trotzdem immer hierbleiben.«

»Ich meine, wovor hätte man, wenn man ginge, Angst?«

»Davor, ein Außenseiter zu bleiben, sich nicht integrieren zu können. Der Mensch braucht sein Umfeld, der eine mehr, der andere weniger.«

»Ich werde das Gefühl nie los, ein Fremder zu sein. Egal, wo ich hinkomme«, sage ich. »Deshalb hänge ich nicht an gesellschaftlichen Umfeldern.«

»Aber sich dann für die Einsamkeit zu entscheiden, ist auch keine befriedigende Lösung.«

»Man braucht immer Menschen, denen man sich innerlich verbunden fühlt und denen man sagen kann: Lasst mich doch in Frieden! Sind die nicht da, dann ist man einfach nur einsam. Und einsam sein ist echt blöd.«

Jim ergänzt: »Und man braucht manchmal jemand anderen, der einem sagt, was gut und was schlecht ist. Sonst wird man komisch.«

»Wenn um vier keiner mehr auf der Farm ist, wird es auch auf Birch Hill sehr still. Und weißt du was?«, ich wische meine Finger an der Papierserviette ab. »Ich sage immer, ich will frei sein, und tatsächlich ist es doch so, dass ich hier völlig frei bin, ich meine, da ist nichts, was mich aufhält.«

Jim guckt mich an, als wolle er fragen: ›Wirklich nichts?‹

»Warum aber *fühle* ich mich nicht frei?«

Jim leckt den Senf von seinem Daumen und zieht seine großen Finger durch die Papierserviette. Locker zusammengeknüllt legt er sie dann in den Fleischsud vom Burger, zur sauren Gurke, in der noch der Zahnstocher steckt. Dann schiebt er den Teller etwas von sich weg. Er lächelt. »*Well.* Vielleicht bist du nicht im Reinen mit dir. Frei sein ist nicht so einfach. Es ist vielleicht ein Unterschied, ob man frei oder sogar befreit lebt. Wenn man sich die Indianer anschaut, dann haben sie zwar frei gelebt, aber sie waren eingebunden in einen ganzen Kosmos von Ritualen, Geschichten, von Zaubereien und von Feinden. Sie haben sich diese Struktur gegeben, in der sie befreit leben konnten.«

»Ist man verwöhnt, wenn man Unabhängigkeit als eine Selbstverständlichkeit ansieht?«

»Nein.« Er lächelt mich an, als hätte er mir soeben ein Geheimnis verraten.

Ich will eigentlich nicht nach Hause. Ich will mich weiter mit Jim unterhalten, aber mit den abgegessenen Knochen der Hähnchenflügel in der Pappschachtel, der Schmiererei von Ketchup an Serviette und Besteck, den ausgetrunkenen Gläsern und den Krümeln überall wird es an unserem Tisch ungemütlich.

Wir beschließen zu gehen und zahlen.

Im Auto ist es erstaunlicherweise Jim, der unser Gespräch wieder aufnimmt. »Kennst du den antiquarischen Buchladen in Woodstock?«

»Da wollte ich schon immer hin«, sage ich und weiß gleichzeitig, wie lächerlich das klingt. »Nein, ich war noch nie da.«

»Geh mal hin. Der hat einige Bücher über Cowboys und den alten Westen; ich denke, das könnte dich interessieren. Die haben alles zurückgelassen, und man könnte meinen, sie seien frei gewesen.«

»Aber sie waren Getriebene.«

»Nicht alle Cowboys haben es mit ihren Rindern ans Ziel geschafft, so viel ist klar. Manche saßen mitten in der Wüste, umgeben von Skorpionen, Klapperschlangen und Staub und haben in den Sand geschossen vor Langeweile. Überleg dir mal, wie das ist, wenn du eine Waffe hast, aber nichts, worauf du schießen kannst. Ich habe mal über einen Trapper gelesen, der siebenhundert Meilen auf dem nackten Pferderücken von Illinois Richtung Texas geritten ist, weil er keine Kohle für einen Sattel hatte. In Texas hat er Rinder zusammengetrieben, bis er eine Herde von hunderachtzig Tieren besaß. Aber die Indianer haben sie ihm alle abgeknallt und geklaut. Dann hat er sich der Pelz-Company angeschlossen und ging in die Berge. Dort hat's ihn erwischt, er hat sich selbst aus Versehen in die rechte Brust geschossen. Wollte die Waffe am Gewehrlauf aus dem Wagen ziehen. Der Ladestock steckte in der Mündung, der Hahn blieb an irgendwas hängen und feuerte die Kugel ab – direkt durch seine rechte Brust. Er starb an der Verletzung.«

Ich schaue zu Jim. »Das ist echtes Pech.«

»Die waren vielleicht frei, sind aber wie die Fliegen an Cholera und Durchfall gestorben oder kamen in die Hände von Indianern.«

»Also bleibt es dabei: Einfach ist es nicht, damals wie heute.«

Jim hält einen Moment inne. Dann schaut er mich an: »Damals hatten die meisten gar keine andere Wahl, nur das hat die Entscheidung einfacher gemacht.«

16

Am nächsten Tag fahre ich auf der Route 12 zum Farmer's Market nach Woodstock, um einzukaufen. Danach trinke ich einen Kaffee im »Coffee House«, lese den *Vermont Standard,* die Lokalzeitung, steige wieder in meinen Wagen und folge weiter der Hauptstraße. Nach ein paar hundert Metern sehe ich schon das mit ochsenblutfarbenen Schindeln verkleidete Haus. Neben der Eingangstür baumelt ein Holzschild an einer Eisenkette. »Antique Bookstore«. Ich mache einen U-Turn und parke hinter dem Haus. Den Schlüssel lasse ich stecken. In Vermont lasse ich den Wagenschlüssel immer stecken. Ich gehe ums Haus herum und trete an die Fliegengittertür des Eingangs. Doch am Türrahmen klebt ein Zettel, auf dem zu lesen ist: »Der Eingang zum Buchladen befindet sich hinter Ihnen zur Linken.« Ich gehe wieder zurück und trete an die Tür auf der Rückseite des Hauses. Auch hier klebt ein Zettel: »Der Eingang zum Buchladen ist in der Scheune hinter Ihnen.« Ich drehe mich um. Mir war der Schuppen vorher gar nicht aufgefallen. Ein niedriges langes Häuschen mit schiefem Dach und einem düsteren Fenster. Ich trete auch hier an die Fliegengittertür. Ein weiterer Zettel ist mit einem Reißnagel ans Holz gepinnt: »Bitte drücken Sie den Klingelknopf zu Ihrer Linken für Hilfe.« Ich klingele und warte. Aus dem Haus hinter mir tritt ein Mann mit sehr zerzausten Haaren und lugt aus der Tür des Hintereingangs, an dem ich vorhin gestanden hatte. Er trägt weite Wollhosen, einen schlabberigen Pulli und Sandalen. Er scheint zum ersten Mal heute an die frische Luft zu treten und kommt die Stufen herab auf mich zu.

»Kann ich in den Buchladen?«, frage ich.

»Natürlich!«, antwortet der Mann, als sei der Laden nie geschlossen. »Ich mache Ihnen Licht.«

Ich gehe hinter ihm in den niedrigen Schuppen. Der Geruch von altem Leinen und leicht feuchtem Papier ist herrlich und etwas abstoßend zugleich. Der Buchhändler macht Licht und schaltet die Heizung ein. Am Eingang an der Wand hinter der Kasse kleben hunderte Postkarten, Fotos von Südseeinseln und Flugblätter. Bis unter die Decke reichen die Regale voll mit alten Büchern. Auf Tischen und in Vitrinen liegen weitere Bücher, Hefte und Zeitungen. Fasziniert greife ich sofort einige Bände, die ausliegen, und blättere die dicken, harten Buchseiten durch.

»Suchen Sie denn was Bestimmtes?«, fragt er mich, setzt seine Lesebrille auf und geht einige gelbe Zettel durch, die neben der großen Kasse herumliegen.

»Ich weiß nicht«, sage ich. »Vielleicht etwas über die Cowboys, den *Old West* oder darüber, wie man Farmer wird.« Ach, ich will Farmer werden? Ich bemerke selbst, dass ich diesen Wunsch soeben zum ersten Mal vor jemand anderem ausgesprochen habe.

»Aha. Interessant.« Immer noch die Lesebrille auf der Nase, kommt er hinter dem Tresen hervor. Im Vorbeigehen schaltet er, die Schultern gekrümmt, herumstehende Lampen an. Er scheint sich besinnen zu müssen, als hätte ich ihn aus dem Schlaf gerissen.

An der zweiten Vitrine, die vor einem schiefen Regal steht, bleibt er stehen. Er zieht den Lampenschirm dichter heran und fingert einen dicken Schlüsselbund aus der Hosentasche. »Mal sehen«, murmelt er und öffnet den Glasdeckel.

Ich stelle mich neben ihn und gucke auf einen dünnen blauen Buchdeckel.

»Hier.« Er reicht mir das Büchlein. Reflexartig drehe ich es so, dass ich auf dem Rücken seinen Titel lesen kann. *So You're Going To Buy A Farm*. Ich muss mich zusammenreißen, fühle mich vom Schicksal ertappt und starre den Buchhändler fassungslos an.

»Ich habe es nie gelesen«, sagt er nüchtern.

Ich schlage das Buch auf. Mein Blick fällt auf ein Zitat Ralph Waldo Emersons von 1852: »*If God gave me my choice of the whole planet or my little farm, I should certainly take my little farm.*«

»*Meine* kleine Farm«, denke ich und blättere weiter. *Chapter 1: Back to the Land*. Verrückt. Das Buch wurde 1944 gedruckt. 1944 lag Europa in Schutt und Asche, in den Städten hauste man in offenen Kellergeschossen und musste schimmeliges Brot kauen. 1944 wurde an den New Yorker Straßenecken *Ice-Cream* verkauft, und die Menschen marschierten zu Tausenden in die Büros, fuhren auf den Express Highways und luden ihre Liebste ins Kino ein. 1944 spricht der Autor von Trendforschern, die eine Bewegung »Von der Stadt zurück aufs Land« feststellen. Nichts scheint sich geändert zu haben – eigentlich sehnt sich der Mensch immer nach dem Land – auch noch im 21. Jahrhundert.

Ich lebe in einer Zeit, in der dort, wo ich lebe, kein Krieg herrscht, aber in der viele Krankheiten wüten. Es sind Krankheiten, die wir nicht sehen, die wir niemals bekämpfen würden, weil sie als Fortschritt gelten. Doch welche Auswirkungen werden sie haben? Ich sitze in diesem völlig verlotterten Buchladen und kann diese beiden Welten nicht zusammenbringen. Die totale Technologisierung, Vernetzung und Digitalisierung der einen Welt und diese Welt, in der ich gerade sitze. South Woodstock, Vermont.

Eine Fliege schwirrt im Kegel unter der Glühlampe.

»Und dies ist ein Auswandererführer. Hier, Sie können sich auf den Holzschemel setzen.« Mit zitternder Hand nehme ich das Buch.

»Danke«, sage ich und schlage auch den Auswandererführer auf. Es ist von 1909. *»Der Deutsche Farmer, im Busch und auf der Prairie«.* Es ist auf Deutsch! »Der Zweck des hier folgenden Buches soll es sein, dem Farmer oder jedem, welcher sich dem ehrenwerten Beruf des Landbaus widmen will, eine gedrängte Übersicht über das Gesamtgebiet aller landwirtschaftlichen Betriebszweige zu geben und ihn so in den Stand zu setzen, für sich selbst zu denken, zu erwägen und zu entscheiden, was für seine persönlichen Ansprüche der richtige Betriebszweig sein würde und wie man ihn zum Erfolg führt.« Mit klammen Fingern blättere ich die Seiten durch. *Für sich selbst zu denken,* das würde heute niemand mehr empfehlen.

»So.« Der Buchhändler, dessen Namen ich immer noch nicht erfahren habe, steht neben mir. Erschrocken blicke ich hoch. »Ich habe Ihnen da noch weitere hingelegt. Hier rechts in dem Regal sind noch Bücher über den Westen und alte Cowboy-Groschenromane. Teilweise sind es Berichte von Trappern oder Soldaten – ganz interessant. Lassen Sie sich Zeit. Ich muss zurück ins Haus, da ich Gitarrenunterricht gebe.«

»Oh«, sage ich, immer noch etwas aus der Fassung.

»Klingeln Sie einfach, wenn Sie was brauchen. Ich bin übrigens Sonny.«

Wir geben uns die Hände. »Ich bleib gerne noch ein bisschen.«

»Lassen Sie sich Zeit«, wiederholt Sonny und wendet sich zum Gehen. »Und die Heizung lässt sich auch weiter aufdrehen, wenn's zu kalt wird.«

»Danke!«

Er winkt.

17

Warum um alles in der Welt war ich nicht in Wyoming geblieben!? Mein Problem, nicht essen zu können, schien sich dort in Luft aufgelöst zu haben, und ich fühlte mich gesund. Hier plagte mich kein Heimweh, hier hatte ich Ruhe und Pferde und Appetit.

Ich weiß es nicht – und weiß es doch. Ich bin dem Ruf meiner Eltern gefolgt und hatte nicht den Mut, »nein, ich bleibe hier« zu sagen. Nach zehn Tagen stieg ich also ins Flugzeug und flog mit meinem Cowboyhut zurück nach Zürich.

Ich wusste genau, dass ich freiwillig ins Gefängnis zurückkehrte, zurücktrottete, einer höheren Macht von Gefallenwollen ergeben meiner schulischen Zukunft folgte. Aber was soll's, sitzt man ein Jahr, zwei Jahre in einem Kerker, hört man irgendwann auf, sein Schicksal zu hinterfragen, man nimmt es einfach hin. Die einzige Möglichkeit, mich gegen den unaufhaltsamen Prozess des Weitergebildetwerdens zu wehren, schien die totale Reduktion auf Haut und Knochen. Ich wollte nichts mehr spüren. Ich wollte keinen Hunger, keinen Durst mehr spüren, ich wollte die totale Kontrolle über meine Gedanken. Nur die Kontrolle konnte mich vor der Sintflut bewahren. Vielleicht glaubte ich auch, durch die Reduktion auf das mögliche Minimum an Körpergewicht mich endlich selbst zu erkennen. Ich wollte diesen Körper ablegen, der eine Person barg, die gemacht, geformt, zurechtgebogen worden war. Ich wollte vor dem stehen, was noch von mir übrig war: meinem Kopf. In diese Falle tappe ich heute noch, zu viel Kopf und zu wenig Körper zu sein.

Warum fiel es mir so schwer, ehrlich mit mir zu sein? Und wenn ich Cowboy werden wollte, warum wurde ich es nicht einfach? Warum nahm ich nicht meine rote Tasche und zog von Wyoming aus weiter? So wie es die Cowboys taten: Wenn der Job getan war und es kein Geld mehr gab, das zweite Hemd, die Waffe, den Becher, das Bowiemesser, Trockenfleisch, die Mundharmonika, Tabak und Streichhölzer, etwas Schnur (fast alles, was früher auch in meine Pfaditasche gehörte) in die Satteltaschen zu packen, das Pferd zu satteln, die Decke festzuschnallen und weiterzureiten.

Die einzige Antwort, die ich auf diese Fragen habe, ist, dass mein Drang, die Not, der Beweggrund noch nicht groß genug waren. Immer hatte ich ein Dach über dem Kopf, immer eine Telefonnummer, die ich im Notfall anrufen konnte. Immer war ich gesund gewesen, immer war ich umgeben gewesen von den schönen Dingen, nie war ich mit echter Not, echtem Elend konfrontiert gewesen. Indem ich mich selbst krank machte, zog ich freiwillig ins Verderben, einfach um zu spüren, was es bedeutete zu leiden. Ich wollte den Schmerz und vergaß dabei, dass ich nicht nur mich selbst verletzte, sondern auch mein Umfeld in Mitleidenschaft zog. Die schlaflosen Nächte, die ich meinen Eltern mit dieser Sturheit bescherte, habe ich mir lange nicht verziehen.

Fassungslos starre ich auf die Seiten des Farmer-Buchs und muss an meine Rückkehr aus Vermont Academy nach Zürich denken. Es war wie ein Schlag ins Gesicht, es war Fettfutter für den Geier, der mich von innen her auffraß.

Meine Hoffnungen, zu Hause würde alles wieder gut werden, zerschlugen sich nach zwei Wochen. Die Gedanken darüber, was ich tagsüber alles zu mir genommen hatte, quälten mich vor dem Einschlafen, und die Überlegungen, wie viel ich dementsprechend am kommenden Tag zu mir nehmen durfte, um mein Gewicht zu halten, schlugen, kaum machte ich die Augen wieder auf, über mir zusammen. Hatte ich den Schwur geleistet, nicht mehr als Obst, eine dünne Scheibe

Brot und vielleicht einen Joghurt über den Tag verteilt zu essen, stand ich vor den nächsten ungelösten Problemen.

Wo sollte ich nun hin?

Auf welche Schule?

Wie sollte es weitergehen?

Meine Erfahrungen aus Vermont, das Erleben von Einsamkeit, hatten an mir genagt wie Salzwasser an Holz. Ich war morsch und splitterte. Ich war siebzehn, fast erwachsen. Durch die heile, unveränderte, manisch schöne Stadt Zürich zu gehen fühlte sich an wie Hohn. Ich wollte niemanden sehen. Vor meinen ehemaligen Schulkameraden, die mittlerweile alle aufs Gymnasium gingen und vor der Matur standen, wollte ich meine Schwäche nicht zeigen. An jeder Tramhaltestelle lauerten auf mich, die Versagerin, die bösen Blicke der erfolgreichen Züricher. Manchmal hatte ich das Gefühl, Drew oder Jesse auf der anderen Straßenseite zu sehen. Dann suchte ich krampfhaft die Menschenmenge ab, nur um festzustellen, dass ich mich getäuscht hatte. Die heile Welt zu Hause, die Harmonie, das Glück, nichts passte mehr zu mir und dem, wonach ich strebte. Ich strebte nach Zerstörung auf der einen Seite, nach Erfolg und Anerkennung auf der anderen. Für meine Mutter war ich nicht mehr die vermisste Tochter, sondern eine psychisch Kranke, die nur noch Kleider kaufte und Kochrezepte las – sie hatte recht, ich war eine Süchtige. Ich bekam Standpauken und hörte mir alles an. Kaum hätte ich das eine Problem abgelegt, lache ich mir ein neues an. Ja, ich stand auf Probleme – mir war schließlich seit der Einschulung gesagt worden, dass ich ein Ausbund an Problemen sei. Stumm nahm ich alle Vorwürfe hin, ohne reagieren zu können. Man wies mich mit Worten zurecht, und ich konnte und wollte mich nicht wehren. Ich wusste nicht, wer oder was ich war – ich hätte sterben können und wäre glücklicher gewesen.

Ich lebte weiter.

Bald wurde klar, dass ich nach den Sommerferien auf die Internationale Schule in Zumikon, dem Dorf meiner Kindheit, gehen würde. So beklemmend der Gedanke daran war, ich hatte keine Zeit, darüber nachzudenken. In meinem Kopf war alle Vernunft verknotet. Ich wog jetzt noch viel weniger als auf der Vermont Academy, da sich meine Muskeln rasant abbauten. Ich war nicht mehr nur dünn, sondern schon mager. Meine Mutter wies mich an, mir Strickjacken über die nackten Schultern zu ziehen, weil meine Knochen hervorstachen – ich schämte mich und konnte doch nicht anders, es ist das Absurde an dieser Hirnverbranntheit. Ich rechnete mir aus, dass, wenn ich mittags nur einen Kaffee trank, dann zu Hause richtig zu Abend essen konnte. Ich verausgabte mich beim Sport, beim Reiten und ging sogar auf Springturniere. Ich flog dabei einmal vom Pferd, stieg wieder auf und hatte mir zu meiner Enttäuschung keine Knochen gebrochen.

Es war Juni, die Schule begann im August. Zwei Monate würde ich es hier nicht aushalten, also beschloss ich, im Juli nach Sevilla zu fahren, um Spanisch zu lernen. Schließlich sprach auch mein Romanheld John Grady aus *All the Pretty Horses* Spanisch. Und wenn ich später mit den Mexikanern auf der Auktion um ein gutes Pferd verhandeln müsste, sollte ich besser ein paar Worte Spanisch können. Meine Eltern waren damit einverstanden. Meine Mutter ermutigte mich sogar, und sie sagte mir, dass Spanisch zu sprechen zu mir passen würde.

Ich wohnte bei einer Frau Anfang dreißig und hatte ein Zimmer in ihrer Wohnung, in dem es so heiß war, dass meine Fettsalbe schmolz. Das Bett war mehr eine Pritsche, und an den gestrichenen Putzwänden hing kein Bild. Der einzige Stuhl war hart, das einzige Fenster ging in den Innenhof, in dem es nichts zu sehen gab. Aber ich hatte immerhin einen

Schreibtisch, an dem ich allabendlich meine Notizen schreiben konnte. Tagsüber herrschten Temperaturen von 48 Grad, und nachts kühlte es auf höchstens 38 Grad ab.

Wenn ich morgens, umgeben von einem Plastikvorhang, unter der Dusche stand, traten die blauen Adern unter meiner Haut wie Kordeln hinvor. Emotionslos blickte ich an meinem Körper hinab – er bedeutete mir gar nichts mehr.

Tagsüber ging ich durch das sonnendurchflutete Sevilla. Glocken schlugen Stunde für Stunde. Die stumme Hitze lag träge auf den gepflasterten Wegen. Das Absinthgrün der Zitronenbaumblätter, das Blau des Himmels, die weißen und gelben Hausfassaden – alles vermischte sich zu einer prächtigen Farbpalette, die mich an van Gogh erinnerte. Eine Stille und Vollkommenheit herrschten an diesen Orten, ich konnte die Schönheit in meiner kranken Seele kaum ertragen.

Die Spanier zeigten sich hilfsbereit, lachten viel und legten dabei oft schlechte oder goldene Zähne frei, und sie konnten geduldig warten. Die Sprache allerdings war zum Verzweifeln. Die Spanischstunden waren auch deshalb unerträglich, weil die Klassenzimmer auf 17 Grad runtergekühlt wurden und es so kalt war, dass ich schlotterte.

Mittags ging ich durch die Einkaufsstraßen, die Supermärkte, die Parks. Eine Amerikanerin schloss sich mir an – ausgerechnet. Sie träumte von einem weißen Grand Cherokee Jeep und einem Swimmingpool im Garten, genau wie die Mädchen auf der Vermont Academy, und sie beging Europa wie ein Museum. Nun, ich war froh, überhaupt Anschluss zu haben, und sie wiederum war sehr viel kontaktfreudiger als ich. Nur über sie lernte ich wieder andere kennen. Mit ihr schlenderte ich durch die Läden und kaufte Klamotten. »Du bist so schlank«, sagte sie neidisch. »Dir steht einfach alles.«

Ich kaufte damals Klamotten wie Süßigkeiten, leidenschaftslos und doch mit einer gewissen Gier. Ich war völlig schutzlos, nur der Stoff meiner Kleider umfing mich und schmiegte sich an mich. Ich konnte sowieso anziehen, was ich wollte, mein Körper hatte die Ausstrahlung eines Kleiderständers, an den man alles dranhängen kann. Es ist das Höllische daran, dass man, kaum hat man eine gewisse Dünnheit erreicht, zur Puppe wird. Ich war selbst erstaunt, wie gut mir superkurze Shorts standen, wie die knappen T-Shirts immer noch aussahen, als seien sie eine Nummer zu groß, wie androgyn ich erschien. Was die Amerikanerin aber nicht wusste, war, welchen Preis ich für dieses hohle Kompliment bezahlte. Sie konnte nicht ahnen, wie besessen ich bereits war, wie ich mich danach verzehrte, immer noch weniger sein zu wollen. Sie nährte meinen Ehrgeiz, weiter daran zu arbeiten, mich aufs Minimum zu reduzieren.

Ergänzend zum Unterricht bot die Schule Ausflüge in die Umgebung an. In Gruppen besichtigten wir Paläste und Gärten im Umland, verteilten uns in kleinen Dörfern und versuchten in den Gaststätten auf Spanisch zu bestellen. Obwohl mich die Ausflüge körperlich anstrengten, boten sie mir die Möglichkeit, aus der Stadt zu kommen. Doch leider erinnere ich dieses schöne Umland Sevillas nur bedingt, da etwas passierte, was alles überschattete. Ich erinnere mich nämlich nur an die geisterhafte Erscheinung einer völlig abgemagerten Frau. Sie war Teil der Gruppe, die sich für einen dieser Ausflüge angemeldet hatte, und stieg vor meinen Augen aus dem Reisebus. Ich muss sie unentwegt angestarrt haben. Sie sah aus wie die KZ-Häftlinge auf den grobkörnigen Schwarz-Weiß-Fotos der Geschichtsbücher über den Zweiten Weltkrieg. Sie bestand aus Haut, Knochen und strohigen, blonden Haaren. Sie trank Cola light, und beim Gehen sah man, wie sich die Knochen in ihren Gelenken bewegten. Ein grässliches Gefühl beschlich mich. Die Einsicht, dass ich auf dem besten Weg war, so zu werden wie sie, bestürzte mich. Niemals durfte ich so enden. Es wurde mir grauenhaft ums Herz. Sie war der Teufel in Person, sie verkörperte das Böse in mir. Sie glotzte mich an, als sei ich eine Rivalin. »Pah! Ich bin dünner als du!«, keifte sie mich mit ihren Blicken an.

Ich hatte Alpträume von dieser Gestalt, schaffte es aber nicht, mehr als ein paar Scheiben Tomaten zum Mittag zu essen. Kleider in Größe 34 waren mir sichtlich zu groß, und in einem Monat wurde ich achtzehn.

Nach der Begegnung mit dem Teufel kehrte ich am frühen Abend verstört in die heiße Wohnung in Sevilla zurück. Meine Vermieterin sah sich dort Stierkämpfe im Fernsehen an und löffelte Quark oder Joghurt aus einer Salatschüssel. Erst dachte ich, ich könnte mich dazusetzen, einfach aus Neugierde, weil ich noch nie einen Stierkampf gesehen hatte. Eine Weile verfolgte ich das Spektakel in der wabernden Hitze auf dem goldgelben Sand. Die Kamera schwenkte über das Publikum in den Sitzreihen über die knallbunte Uniform des Kämpfers zum schwitzenden Stier, um dann wieder den hochkonzentrierten, selbstverliebten Gesichtsausdruck des Toreros in die Totale zu nehmen. Schon in den ersten Minuten floss Blut. Ich fand den Anblick des aufgeputzten Schimmels, auf dem der Kämpfer saß, befremdlich. Er wirkte im Bann des Gehorsams so vermenschlicht. Er war dem Bullen nur überlegen, weil dieser »gebrochen« war. Ich konnte den Anblick des verblutenden Geschöpfes nicht länger ertragen. Die geschmückten Schwerter steckten im schwarzen Leib des Opfers, sie baumelten mit jeder Bewegung hin und her. Der Torero drehte triumphierend seine Kreise. Enger und weiter wurde ihr Radius, röter und röter färbte sich der Sand. In Strömen lief das Blut dem wilden Tier in die Augen, aus den Nüstern. Tatenlos sah ich mit an, wie der tonnenschwere Koloss in sich zusammenbrach. Mir war schlecht, als ich vom

Sofa aufstand und in mein Zimmer wankte. Ich schämte mich für mein getarntes »Interesse«, was sich nun eher wie Voyeurismus anfühlte.

Eines Abends ging ich mit der Amerikanerin und ein paar anderen Leuten in eine Flamencobar. Dort saßen Frauen, die ich um ihre langen, schwarzen Haare beneidete, Frauen mit gerundeten Gliedmaßen und feinen Goldketten am Handgelenk oder im Dekolleté, Frauen, die selbstzufrieden lächelten und rauchige, erotische Stimmen hatten – ich bewunderte und beneidete sie. Männer in langen Baumwollhosen und Poloshirts hatten sich zwischen ihnen auf Holzbänke und kleine Schemel gesetzt. Zwei von ihnen hatten Gitarren im Arm und spielten zum Gesang und dem Klatschen einer Frau. Zitronenscheiben steckten in Gläsern, Eis schmolz in der Hitze dahin, schneller, als ich gucken konnte. Es wurde geraucht und getrunken und gesungen. Ich saugte die Fröhlichkeit auf. Die Musik ging tiefer als mein Hunger. Und was mich am meisten berührte, war, dass die Lieder von braungebrannten, melancholischen Menschen gespielt und gesungen wurden.

Um zwei Uhr morgens erst brach ich auf und schlenderte alleine durch die warme Nacht zurück zur Wohnung. Ich ließ mir viel Zeit und machte ein paar Umwege, ich überquerte eine Brücke, schaute noch in eine Bar, in der schon die Stühle hochgestellt wurden, wünschte den Kellnern guten Morgen und kam schließlich eine Stunde später an meiner Haustür an.

Der Abend hatte sich wie Glückseligkeit angefühlt – ich spürte das, weil ich und dieser Zustand unerreichbar voneinander getrennt waren.

18

Noch vier Tage, und in Zürich würde die Schule beginnen. Ich sah meiner Rückkehr nach Hause hoffnungsvoll entgegen, die Struktur geregelter Essenszeiten fehlte mir. Mich weiter treiben zu lassen bedeutete, machtlos meinem Willen erlegen zu sein, und dieser zwang mich zum Hungern. Er nutzte die Situation voll aus und verbot mir den Genuss von Essen immer stärker, immer dominanter.

Körper und Geist sprachen längst nicht mehr die gleiche Sprache, in mir tobte der Kampf heftiger als zuvor. Ich war erschöpft. Auch die spanische Hitze machte mir zu schaffen, und ich freute mich auf die kühleren Tage in Zürich.

Als ich nach Hause kam, schlich ich mich als Erstes ins Badezimmer meiner Eltern und stellte mich auf die Waage. 39 Kilo. In zehn Tagen hatte ich 5 Kilo verloren. Nicht schlecht, dachte ich. Unter 40 Kilo war eine Leistung.

An meinem ersten Schultag an der Internationalen Schule kam ich mir vor, als hätte man mich wieder in den Kindergarten gesteckt. Ich musste meinen Namen für alle sichtbar auf einen Zettel schreiben, an mein Hemd pinnen und mich vorstellen. Die meisten Schüler aus Zürich sprachen kaum Englisch, sie machten aber den Anschein, als würde der große internationale Durchbruch nur auf sie warten. Die anderen waren Sprösslinge von Diplomaten, die schon bald wieder in einem anderen Land zur Schule gehen würden.

In Geschichte fingen wir wieder ganz von vorne an, im Englischunterricht lasen wir *Homo Faber* von Max Frisch. Ich fuhr mit dem Fahrrad zur Schule und wieder nach Hause, ging nachmittags reiten, aß kaum noch etwas und machte meine Eltern wahnsinnig vor Sorge. Und ich musste in eine ambulante Therapie bei einer auf Essstörungen spezialisierten Psychologin. Das sorgte für zusätzlichen Stress im Alltag, und somit blieb mir noch weniger Zeit zum Essen, was durchaus in meinem Sinne war. Die Hosen hingen an mir, als habe man sie einer Gliederpuppe aus Holz angezogen, und ich traute mich nicht, mich im Spiegel zu betrachten, aus Angst vor meinem anderen Ich.

An meinem achtzehnten Geburtstag misslang der Geburtstagskuchen meiner Mutter. Und solange ich denken konnte, war meiner Mutter nie ein Geburtstagskuchen misslungen.

Weiter prasselten die Standpauken auf mich nieder, ich nahm die Vorwürfe, ich würde mein Leben nicht in den Griff kriegen und sie, meine Eltern, hätten dafür geradezustehen, kommentarlos hin. Nichts verletzte mich mehr als der Schmerz, den ich mir selbst zufügte. Ich war kaltblütig geworden und hatte keine Gefühle mehr. Autistisch bewegte ich mich im Spielraum meiner Neurose.

Die Schule ödete mich an, ich hasste die Lehrer genauso wie die Schüler. Gelangweilt und wortkarg unterhielt ich mich, wenn nötig, sonst war ich vollauf mit meiner Selbstzerstörung beschäftigt.

Anfang Oktober riefen mich meine Eltern ins Esszimmer zum Gespräch. Solche Gespräche im Esszimmer versetzten mich immer in Schockstarre. Sie erinnerten mich an die zahlreichen Therapeutengespräche, in denen etwas über und für mich entschieden wurde, dem ich nicht widersprechen konnte, nicht widersprechen durfte. Ich wurde zu einem Objekt, das der Willkür meiner Erziehungsberechtigten ausgesetzt war.

Wie jede Essgestörte hatte ich das Gefühl, gesund zu sein und selbst den Weg aus diesem Wahn finden zu können. Dass ich längst verloren hatte, war mir auch nach über 365 Tagen Hungern nicht bewusst. Mit der Entscheidung, mich in eine Klinik zwangseinzuweisen, haben mir meine Eltern am Ende das Leben gerettet.

Psychostatus bei Eintritt

Gepflegte, ordentlich gekleidete junge, mädchenhafte Frau. Freundlich und zuvorkommend in der Interaktion.
Wach und in allen Qualitäten orientiert. Psychomotorisch leicht verlangsamt, spricht die Patientin flüssig. Gedankengang formal wie inhaltlich unauffällig, keinerlei Hinweis auf Wahn oder Sinnestäuschungen. Leicht verminderte Konzentrationsfähigkeit bei gut erhaltenem Kurz- wie auch Langzeitgedächtnis. Im Vordergrund steht das anorektische Verhalten, welches inzwischen zu Spannungen innerhalb der Familie führt und bei einem BMI von 15 ein besorgniserregendes Maß erreicht hat. Seit einem Jahr Amenorrhoe. Die Patientin erscheint krankheitseinsichtig.
Der affektive Rapport ist herstellbar, die Patientin erscheint schwingungsfähig, aber auch spürbar belastet durch die Erkrankung und die anstehende Behandlung. Suizidalität besteht nicht. Deutlich eingeschränkte Konzentration und Ermüdbarkeit durch Gesprächsverlauf feststellbar.

19

Ich schaue entsetzt auf die Uhr. Seit zwei Stunden sitze ich hier und lese. Mein Kopf schwirrt. Am liebsten würde ich mir den Auswandererführer einverleiben, seinen Inhalt verschlingen. Ich klappe ihn zu und wieder auf und wieder zu, drücke ihn an meine Brust und lege das Buch schließlich sacht auf meinen Knien ab.

Wie fühlt es sich an, fast zu verdursten? Was ist wirklicher Schmerz? Wie tötet man, um zu überleben? Ich will auch eine Waffe besitzen und Schüsse abfeuern, die mein Abendessen erlegen. Wie baut man eine Blockhütte?

Ich denke an den harzigen Geruch des hiesigen Waldes, die unterschiedlichen Grüntöne der Flechten und Moose, die Intensität des Lichts, die Sahnigkeit der Wolken.

Und ich? Bin ich denn mutig genug, nicht nur einer Vorstellung, sondern einfach mir selbst zu entsprechen? Bin ich frei von den Zwängen?

Ich seufze und stehe vom Hocker auf. Nein, ich bin auch nach all den Jahren meiner Suche nicht am Ziel angekommen. Ich entspreche immer noch nicht mir selbst. Meine Knie sind steif, mich fröstelt. Das Buch will ich nicht mehr hergeben. Ich nehme auch den dünnen, blauen Band mit dem Titel *So You're Going To Buy A Farm* und gehe zur Tür. Ich drücke die Klingel.

»Na, haben Sie was gefunden?«, fragt Sonny, ohne den Anschein zu erwecken, dass er über die Dauer meines Aufenthaltes erstaunt ist.

»Diese hier sind phantastisch! Ich will sie gar nicht mehr hergeben.« Ich streiche über die Buchdeckel, unter denen die Anweisungen zum unabhängigen Leben schlummern.

»Hm.« Er guckt etwas verdutzt. »Na, lassen Sie mich schauen, was es kostet.«

Ich gebe ihm das blaue Buch.

»Das kann ich Ihnen für zwanzig Dollar geben. Und das andere – lassen sie mich mal sehen.«

Ich reiche ihm auch den Auswandererführer. Er schlägt den Buchdeckel auf und murmelt.

»Das ist ein kostbares Stück.«

»Der Preis ist mir egal«, sage ich. »Ich muss nur mein Geld aus dem Auto holen. Bin gleich zurück.« Ich renne zum Auto, öffne die Tür, lehne mich über den Sitz und die Kupplung, nehme meine Geldbörse aus der Einkaufstasche, wo sie oben auf dem Sellerie und der in Papier eingewickelten geräucherten Putenbrust liegt, und rapple mich wieder hoch.

Ich gebe Sonny die zwanzig Dollar und das kleine Vermögen für das andere Buch in bar.

»Interessant, dass Sie sich damit beschäftigen«, sagt er, als er die Summe in seine Kasse tippt. »Ich meine, Sie sind noch jung. Ich komme hier wahrscheinlich nicht mehr weg.«

»Hier zu leben ist ja nicht so schlimm.«

»Wo kommen Sie denn her?«

»Ich weiß nicht« – ich weiß es wirklich nicht. »Jedenfalls nicht von dort, wo mein Zuhause ist.«

»Aber wie kommt man in Ihrem Alter auf die Idee, auswandern zu wollen?«

»Ich weiß nicht«, gebe ich zu. »In erster Linie ist es eine Herzensangelegenheit, keine Vernunftsache.«

Sonny nickt.

Ich sage, ich würde wiederkommen, um mir die anderen Bücher auch noch genauer anzusehen.

»Na klar. Jetzt wissen Sie ja, wo Sie klingeln müssen.«

Wir verabschieden uns. Ich habe es sehr eilig, nach Hause zu kommen. Mit Musik im Radio fahre ich die Route 106 nach Hartland zurück. Die Aufregung hat mich hungrig gemacht. Der Sellerie duftet süß-herb.

Wie sahen denn die Farmer von damals aus? Sie hatten ja genauso durchsichtige Nasenflügel und gebogene Schultern wie wir. Aber ich glaube, sie hatten nicht so schwammig verklärte Gesichter wie viele Menschen von heute. Die Männer trugen bestimmt einen Schnauzer oder Backenbart, und wahrscheinlich hatten sie ganz rauhe Hände mit dicken, gelben Fingernägeln. Sie hatten womöglich auch tiefe Stimmen und ein kräftiges Husten, so eins, das den ganzen Körper erschüttert. Ob sie sich jemals Gedanken über das Alter gemacht haben? Ich glaube nicht. Aber jeder Landarbeiter hatte bestimmt, wenn er abends im Bett lag, Schmerzen in Schultern und Rücken. Ich weiß gar nicht, ob ich es schaffen würde, auch nur eine einzige Ackerfurche zu pflügen. Mir würde wahrscheinlich gleich dies oder jenes weh tun.

In solche Gedanken versunken, fahre ich dahin. Schneller, als das Speed Limit erlaubt. Ich schaue nach rechts, wo die immer gleichen Pferde in der Matschpampe stehen, in der sie immer stehen. Das Stroh ist schon mit Ausnahme weniger in den Boden getretener Halme aufgefressen. Bedeppert dösen die Tiere vor sich hin. Nur ihr Schweif schlägt mal nach links, mal nach rechts.

Auf dem Schotterweg der Rice Road zittern die Blätter des Selleries, dann biege ich ab und lenke den Wagen auf den Kiesplatz.

Weiterlesen will ich. Aber erst muss ich essen, sonst kann ich mich gar nicht konzentrieren.

Schnell belege ich mir eine Scheibe Brot, nehme mir saure Gurken und eine Stange vom Sellerie dazu und setze mich mit den Büchern und dem Teller an den Küchentisch.

Die erste Frage, die mir das Buch stellt, ist: Wie viel Land bräuchte ich? Vieh und Pferde benötigen viel Land, fünf bis sieben Acre pro Kopf, je nachdem, wie die Weideflächen beschaffen sind. Schafe können, wie ich ja bereits von Birch Hill weiß, auf hügeligem Gelände weiden und kommen mit weniger Gras aus als Rinder. Ziegen können auch auf Flächen grasen, die selbst für Schafe zu karg sind. Schweine kann man, wenn man sie mit Küchen- und Schlachtabfällen und etwas Körnerfutter füttert, auf kleinen Koppeln halten – man treibt sie weiter, wenn der Grund zu faul wird. Klar ist, dass der Gemüsegarten nur meine eigenen Bedürfnisse abdecken sollte.

Ich versuche mir mein Land vorzustellen. Wo soll es liegen? Mir schwebt eine hügelige Landschaft vor, irgendwo westwärts von hier. Das Land sollte an einem Gewässer liegen und über Wälder genauso wie über freie Grasflächen verfügen. Es sollte eine Anhöhe haben, von der aus ich Sonnenuntergänge und Sonnenaufgänge erleben könnte.

Nachbarn? Mal sehen. Eigentlich würde ich an einen Ort wollen, wo nicht jedermann überleben kann – um Abstand zu den Menschen zu haben.

Ich blättere weiter in meinem Buch. Bald merke ich, dass ich mit meinen Gedanken noch ganz am Anfang bin.

Ein Geräusch, das klingt, als würde jemand an der Tür rütteln, holt mich aus meinen Gedanken. Ich blicke von meiner Lektüre auf, schiebe meinen Teller beiseite und höre, dass draußen ein heftiger Wind aufkommt. Die Blätter segeln vor den Fenstern durch die Luft. Da ich das Fenster hinter der Spüle noch geöffnet habe, höre ich den aufkommenden Sturm im schweren Geäst der Bäume. Ich trage meinen Teller zum Waschbecken, schließe das Fenster und schaue auf die aufgewühlte Wasseroberfläche des dunklen Teichs. Regentropfen zerplatzen auf seiner Oberfläche, die gelben Blattspitzen der Trauerweide schwanken wie Boote in Seenot übers

Wasser. In einer Ecke der Veranda steht ein hölzernes Windrad auf einem hohen Ständer. Es besteht aus einem Pferd, das wie ein Wetterhahn auf einem horizontalen Pfeil befestigt ist. Er zeigt Norden und Süden an. Ein quietschender, ratternder Propeller aus Holzblättern schiebt das Pferd immer in die entsprechende Windrichtung, dabei klappert das locker montierte Windrad mal schneller, mal langsamer.

Der Wind heult, alles fliegt durcheinander. Schlagartig verdüstert es sich, und schwarze Wolken türmen sich am Himmel zu einer Front. Ich laufe zur Haustür und öffne sie. Heftig zerplatzen die dicken Regenspritzer auf dem Steinpflaster, über mir wankt die Laterne. Er riecht herrlich frisch, der Wind, aber er ist scharf und kalt, als würde er Schnee vor sich hertreiben. Die Hängematte, in der ich noch vor einigen Nächten gelegen hatte, wiegt sich in den Böen, die Decke, die ich vergessen habe reinzuräumen, hängt bereits im Ahorn. Ich renne raus und ziehe sie vom Ast herunter. Beim Zusammenfalten zappeln die Zipfel wie lebendige Fische. Ich laufe wieder ins Haus, schließe die Tür, renne die Treppe hoch auf mein Zimmer, schließe alle Fenster, und nur kurze Zeit später prasseln die Wassermassen aufs Land und zerfetzen das letzte Laub, das noch in den Bäumen hängt.

Dritter Teil

LITTENHEID

1

16.10.2000

Zuweisungssituation

Die Symptomatik der Anorexie wurde im Rahmen eines USA-Aufenthaltes deutlich, wo die Patientin für ein Jahr an einer Highschool in Vermont weilte. Der Gewichtsverlust wurde im Oktober 1999 festgestellt, nachdem die Mutter ihre Tochter nach drei Monaten erstmalig wiedersah. Vor der Abreise nach Amerika im Juli 1999 hatte die Patientin 55 kg gewogen, im Juni 2000 lag das Körpergewicht nur noch bei 50 kg, aktuell sei es auf 39 kg abgesunken. Erst durch die Konfrontation mit behandelnden Ärzten konnte die Patientin im Verlauf der vergangenen zwei Monate auf ihre Problematik aufmerksam gemacht werden, besonders dramatisch war die Entwicklung seit Juni 2000, wobei die Patientin während eines Spanienurlaubes innerhalb von zwei Wochen nochmals 5 kg verloren hatte.
Zur auslösenden Situation berichtet die Patientin, dass sie in Amerika wenig sozialen Kontakt hatte und sich völlig auf ihre Lernarbeit konzentrierte. Gleichzeitig konnte sie weder Kunst noch die geliebten Sportarten durchführen und außer Landhockey nicht viele andere Tätigkeiten ausüben. Sie habe eine stressige Zeit erlebt mit viel Arbeit und Sport, zunehmend »keine Zeit zum Essen gehabt«. Nach Aussage der Patientin kein Erbrechen, keine Essanfälle, keine Selbstverletzung und keine Suizidgedanken.

> Die Patientin benennt selbst als Stressor
> die Situation, dass sie erstmalig in ihrem
> Leben völlig auf sich selbst gestellt gewe-
> sen sei, da weder Vater noch Mutter in der
> Nähe gewesen seien.
> Aktuell lebt die Patientin bei ihrer Familie
> in Zürich und besucht die Intercommunity-
> school (ICS).

In welche Klinik sollte ich gehen? Schließlich fuhr ich mit meiner Mutter nach St. Gallen. Littenheid war eine Heil- und Erholungsstätte für psychisch, psychosomatisch und suchtkranke Menschen. Für alle, die nicht mehr konnten. Ich hatte keine Vorstellung von einem solchen Ort.

Klapse, dachte ich: Das sind Häuser mit weißen Wänden und langen Fluren, wo Idioten auf und ab gehen, sabbern, unverständlich sprechen und von Ärzten behandelt werden. Jeder Idiot lebt in einer Zelle, und wenn der Therapeut zur Behandlung kommt, gibt's bei jedem Anzeichen von Realitätsverlust eine Ohrfeige. »Wie heißen Sie?« – »Einstein!« – Klaps! »Wer sind Sie?« – »Ich bin General! Ich habe tausend Soldaten erfolgreich in der Schlacht gegen die Hugenotten angeführt!« – Klaps!

Früher gab es in unserem Dorf einen Trottel, Ueli, über den wir immer Witze machten. Er faszinierte uns, stieß uns ab und jagte uns Schrecken ein, wenn er zu nahe kam. Ueli war oft Opfer von Hänseleien. Und wenn man sich über einen Kameraden lustig machte, dann zog man Grimassen und rief ihm »Ueli!« hinterher. Ueli war körperlich und geistig behindert. Er fuhr täglich mit einem Besenwagen durch die Straßen, schleppte sich mit seinen verkrüppelten Gliedern über die Bürgersteige und leerte die Mülleimer. Niemand wusste, was er hatte, wo er wohnte und wer seine Eltern waren. Wenn ich ihn auf dem Schulweg sah, wie er völlig verrenkt zu den Kehrichteimern hinkte, betrachtete ich ihn mit Interesse und Mitleid gleichermaßen. Wenn wir mit unserem Auto seinen Besenwagen überholten, dachte ich immer: »Der arme Ueli.«

Grüßte man ihn, sprach er unverständlich, und man hätte nicht sagen können, ob er versuchte freundlich zu sein. Ueli gehörte nicht nur zum Besenwagen, sondern auch zu unserem Dorf. Später, als ich schon nicht mehr in der Schweiz lebte, erfuhr ich, dass er sich in seinem Zimmer erhängt hatte. Wie eigenartig, dass wir immer gedacht hatten, Ueli lebe im »Burghölzli«, einer Psychiatrie am oberen Stadtrand Zürichs. Das »Burghölzli« war damals in meiner Vorstellung eine Burg für Irre, Uelis Zuhause.

Nun befand ich mich selbst auf dem Weg in eine Anstalt. In meiner Erinnerung sprachen wir nicht, aber meine Mutter hielt meine Hand den ganzen Weg. Ich blickte seitlich aus dem Fenster, wie ich es immer tat beim Autofahren, und verfolgte, wie die Regentropfen an der Scheibe Spuren zogen. Ich dachte nach. Nachdenken war sehr gefährlich geworden, da mich die Gedanken unaufhaltsam mitreißen konnten und ich mich darin verlor. Der Wasserfall all der Erwägungen, Vorwürfe, Fragen prasselte in das Becken meines Gehirns und kreierte einen Strudel, der mich kontinuierlich unter Wasser drückte. Es war kaum mehr möglich, einen klaren Gedanken zu fassen.

Mein Bauch war eingefallen, und der Gürtel schmerzte an meinen Hüftknochen. Mein Mund war trocken, doch ich wollte nichts trinken. Ich fror – daran hatte ich mich gewöhnt. Felder glitten vorbei. Kühe weideten unter dem herbstlichen Himmel. Geräuschlos stießen schwarze Vögel in die frisch aufgepflügte Erde rechteckig angelegter Äcker und pickten sich die fetten Würmer heraus. Unser Wagen fuhr weiter entlang der Bahnlinien und des ausgesteckten Bauerwartungslands. Ich dachte an die lange Zeit, die ich nicht mehr gelacht hatte, ich dachte an all die schlaflosen Nächte, die Alpträume, die mich verfolgten, und an mein Spiegelbild, mein zweites Ich, das mich ständig aus roten, tödlichen Augen anglotzte. Dann spürte ich die Hand meiner Mutter, die Wärme und die Feuchte. Ich konnte den Puls in ihren Fingerspitzen fühlen. Mein Brustkorb brannte – ich hatte versagt. Mal wieder.

Die Bebauung wurde dichter, wir fuhren langsamer. Auf der Wiese am Rand der Landstraße standen zahlreiche Apfelbäume. Knallrote Äpfel hingen zu Hunderten zwischen den Blättern im Geäst. Die Zweige neigten sich unter dem Gewicht zur Erde und stützten sich dankbar auf die Holzleitern, die zeltartig zum Stamm hin aufgestellt worden waren. In dem Moment schien mir da draußen alles rund und prall. Die Apfelzeit war da.

»Haben Sie an Selbstmord gedacht?«, fragte der Arzt.
Ja, natürlich, dachte ich.
»Nein«, sagte ich.
»Erbrechen Sie?«
»Nein.«
»Haben Sie Fressanfälle?«
»Nein.«
Herr Dr. Wagner arbeitete sich durch die Standardfragen. Ich saß auf einem mit schwarzem Leder bezogenen Freischwinger in einem mehr oder weniger modernen Sprechzimmer. Mir gegenüber saß der Arzt, Mitte vierzig, blondes Haar, an der Stirn gerade so lang, dass es ihm nicht in die Augen fiel, sondern sich sanft gewellt zur Seite legte und sein schmales Gesicht mit intellektuell-schelmisch dreinblickenden blauen Augen freigab. Er trug ein blau-weiß kariertes Oberhemd, Jeans dazu und Wildlederschuhe zum Schnüren.

Meine Mutter wartete draußen im Wartezimmer.

Ob ich manchmal überlegen würde, mich zu verletzen, mir weh zu tun, um mich danach besser zu fühlen.

Uns trennte nur ein eckiger Glastisch, auf dem eine Kleenex-Box bereitstand.

»Nein, eigentlich nicht«, sagte ich.

Ich wollte raus, rennen, fliehen. Ich bin doch nicht krank, dachte ich, und verrückt schon gar nicht. Ich bin doch Louise, lass mich in Frieden!

»Erzählen Sie etwas von sich«, bat der Doktor. »Ich weiß nur, dass Sie achtzehn Jahre alt sind, aus Zürich kommen und eine Essstörung haben.«

Ich erzählte von der Legasthenie und den Therapien, der Schule und was mir eben so einfiel. Beim Sprechen tat mir der Hals weh. Ich starrte auf meine Füße, vielleicht ab und zu auch in sein Gesicht oder auf den Gummibaum, dessen Blätter hinter seinem Gesicht hervorragten. Während ich sprach, merkte ich, wie sehr mich meine Geschichte langweilte. Ich konnte den ganzen Mist mit der Legasthenie und den sogenannten Schulproblemen nicht mehr hören. »Ich war eigentlich ein lustiges, aufgewecktes Mädchen, ziemlich frech«, schloss ich.

Es klopfte. Meine Mutter trat ein.

Wie viele Mütter und Töchter der Doktor wohl schon gesehen hatte? Jedenfalls schaute er gelassen und immer noch schelmisch. »Mit drei Monaten müssen Sie schon rechnen«, sagte er, legte seinen Stift auf dem Notizblock ab und hielt sich mit der Linken sein Kinn.

Ich starrte auf meine Turnschuhe. Der konnte mich doch nicht einsperren! Ich war nicht verrückt! Ich war nur ein bisschen traurig, und mir war die Lust am Essen vergangen. Mehr nicht.

Ich wurde auf die Station Pünt Nord geführt und dort von Renate, einer der Pflegerinnen, in Empfang genommen. Sie zeigte mir alles.

Die Wände waren reibeverputzt, weiß getüncht. Spots an den Decken sorgten für Licht, Pflanzen in Hartplastiktöpfen mit Tonkügelchen für Grün, der Boden war gefliest, die Einrichtung aus Kiefernholz.

»Du hast wahrscheinlich Anorexia nervosa?«, fragte sie.

Guck mich doch an, dachte ich und nickte.

»Wir haben noch ein paar andere Essgestörte. Aber nicht so viele.« Sie lächelte.

Ich lächelte zurück.

Montag durfte ich einziehen.

Auf dem Nachhauseweg machte ich mir Vorwürfe. Diese Selbstvorwürfe waren längst zur Gewohnheit geworden. Andere schnitten sich mit Rasiermessern, ich schimpfte mich in Grund und Boden. Irgendwie verschafften mir diese Niederträchtigkeiten Erleichterung. Ich bestätigte mich selbst in meiner Schwäche, meiner Dummheit und meiner Unfähigkeit zu leben. Der Kreis schloss sich.

2

»Du hast ja mehr Mut als ich«, sagt Paul zu mir. »Ich kann nicht mehr mit ansehen, wie Tiere erschossen werden.« Es ist halb sieben Uhr morgens. Jim hat Paul zwei unserer Lämmer verkauft und angeboten, sie für ihn zu töten. Eiseskälte liegt über dem halbdunklen Land. »Jahrelang habe ich Schweine und Schafe für den Fleischmarkt gezüchtet und gehalten, aber je älter ich wurde, desto weniger konnte ich sie töten. Deshalb muss Jim heute für mich ran.« Jims Freund Paul hat nichts als eine Trainingshose und einen Baumwollpullover mit Mottenlöchern an den Schulterpartien an. Auf die Brust ist ein Bild von zwei Wölfen unter einem Nachthimmel im Mondlicht aufgedruckt.

Jim trägt Arbeiterhosen und Stiefel, eine gefütterte Jacke in Karomuster und seine Baseballmütze, die langen Haare darunter wieder zum Zopf gebunden, er lädt seine Waffe mit zwei Patronen. Es ist nicht die Magnum, sondern ein handlicher Revolver von der Farm. Ich sehe wieder zu Paul und dem Wulst nackter Haut, der zwischen Pulloverbund und Hosensaum hervorquillt. Von der Eiseskälte unbeirrt, kaut er auf einem Streifen Jerky. »Willst du?«, bietet er mir den Plastikbeutel an. »Habe ich sogar selbst gejagt und geschossen. Das ist Elch- und Hirschfleisch. Ist ein bisschen würzig, aber probier's.«

Ich sage, ich hätte noch nicht gefrühstückt, nehme mir aber drei Streifen und stecke sie in die Tasche.

»Och!«, lacht Paul. »Das ist das Beste zum Frühstück!«

Jim ist über den Zaun geklettert und geht zwischen den Lämmern umher. Es sind gut genährte Tiere, die ein Dreivierteljahr alt sind. Die Pistole steckt in der Gesäßtasche von Jims Hose. Er schwenkt einen Eimer mit Futter. Die Schafe sind gierig nach dem Geräusch und laufen im Unterstand zusammen. Jim wirft ein paar Handvoll ins Stroh und wartet. Als alle Tiere mit den Köpfen am Boden um Futter rangeln, greift er sich blitzschnell eines am Nacken. Er klemmt den Hals des wütenden Schafs zwischen seine Beine und wartet. Das Tier beruhigt sich etwas. Jim zieht mit einer langsamen Handbewegung die Waffe aus der Hosentasche, setzt sie hinter dem Kopf am Nacken des Tieres an und drückt ab. Ein kurzer, trockener Knall ertönt, alle Schafe stieben auseinander, blöken und stoßen am Zaun gegeneinander. Das Lamm zwischen Jims Beinen sinkt zu Boden. Es zuckt und schlägt noch ein paar Minuten mit den Hufen um sich, bis es endlich tot im Stroh liegt. Ein Blutfleck breitet sich unter seinem weißgelben Fell aus. Jim geht wieder mit dem Futtereimer herum, doch die Schafe sind misstrauisch und weigern sich, in den Unterstand zu laufen.

Während ich zusehe, erzählt Paul von einem Mädchen in seinem Dorf, das einen Elch geschossen hatte und danach die Trophäe im Haus aufhängen wollte. Das Haus sei aber für den riesigen Schädel viel zu klein gewesen. »Mit dem Geweih stößt er an die Decke und mit dem Kinn liegt er auf dem Fußboden.« Er kaut sein Elk Jerky und dreht sich immer wieder zu Jim, um festzustellen, ob er mit dem Töten fertig ist. Jim steht noch auf der Weide und hat sich bereits ein zweites dickes Lamm aus der Herde ausgeguckt. Als er direkt vor ihm steht, wartet er, bis es den Kopf hebt und schießt von vorne zwischen die Augen. Sofort plumpst es ins Gras. Es zuckt am ganzen Körper und bleibt schließlich bewegungslos liegen.

»Endlich«, seufzt Paul.

Eben noch waren die beiden Lämmer über den frostharten Boden getrabt, nun schleift Jim die Körper an ihren Hinterläufen zum Gatter. Aus dem einen Maul hängt die Zunge, Blut rinnt zwischen den dünnen Lippen herab, es dampft in der eiskalten Morgenluft. Zu zweit hieven sie die Tiere auf Jims Truck, dann fahren wir zur offenen Garage, wo bereits ein Traktor warmläuft. Jim verlädt die beiden Lämmer in die Schaufel des Traktors und fährt zum großen Misthaufen, der in einer Senke hinter den Koppeln liegt. Paul nimmt Eisenketten und Messer aus seinem Jeep und erzählt ein paar Geschichten von Leuten aus der Umgebung. Jim nimmt eines der Lämmer von der Schaufel, legt ihm einen Lederriemen um den Hals, hakt daran eine Eisenkette und eine Waage und befestigt die Kette an der Traktorschaufel. Dann fährt er die Schaufel senkrecht nach oben. Schlaff baumelt der Körper des Tieres an der Kette, sein Bauch hängt so schwer herab, dass man glaubte, es würde gleich am Genick entzweireißen. Jim wiegt beide Tiere auf diese Weise. Dann nimmt er ein Messer und schneidet an den Hinterbeinen zwischen Sehne und Knochen die Haut auf. Durch diesen Schlitz zieht er die Kette, befestigt sie mit zwei Schrauben, die er jeweils durch das Kettenglied schiebt, so dass die Beine gespreizt bleiben, und hebt die Schaufel wieder an. Kopfüber hängen die Lämmer nun und dampfen aus ihren – wie mir scheint – lächelnden Mundwinkeln.

Töten ist einfach. Schwierig wird es erst beim Häuten, Ausnehmen und Zerteilen.

Von den Beinen herab wird die Haut gelöst, dann werden Genitalien und Schwanz abgetrennt. Pauls Pullover rutscht bei der Arbeit immer wieder über den Bauchnabel. Er schnieft, führt sein Messer aber geschickt und präzise. Als er die Haut seines Tieres bis über die Hüften gezogen hat, schneidet er den Bauch längs auf. Plötzlich schießt ihm ein brauner Strahl entgegen. »Verdammt!«, er weicht zur Seite. Er hat zu tief gestochen und dabei den Magen erwischt. Er tritt wieder näher und fährt behutsamer fort. Jim und Paul unterhalten sich über ihre Messer. Die schärfsten Klingen kämen aus Schweden, sagt Paul. Jim meint, er habe seines für acht Dollar bei K-Mart gekauft. Paul ist etwas schneller als Jim. Auf einmal geht es bei ihm ruck, zuck. Magen und Milz quellen aus dem Bauch heraus, der Darm und alle weiteren Organe rutschen durch den Schnitt. Ein Saugen und Schmatzen ist es, als die graue, glänzende Masse unaufhaltsam zu Boden gleitet. »Möchtest du die Leber?«, fragt Paul Jim.

»Ja. Leber und Herz, ich habe einen Beutel mit.«

Ich bin noch immer über die Menge an Innereien erstaunt, die aus diesem Jungschaf herausrutschen. Paul trennt sie mit einem Schnitt von der Luftröhre und wirft das Ganze hinter sich auf die Erde. Es stinkt nicht, der Bauch ist leer, dampft, und das Fleisch unter der weißen Fettschicht hat ein wunderschönes, frisches Braunrot; fast etwas violett. Paul trennt die Haut weiter ab, bis ich den Kopf des Lamms nicht mehr sehe.

»Jim«, frage ich, weil mir ein Gedanke kommt. »Woher weißt du, wie man ein Lamm ausnimmt und häutet? Wo hast du das gelernt?«

»Ich hab's in Büchern gelesen und mir selbst beigebracht.«

»Ach«, sage ich.

»So was lernt man nicht auf der Schule«, meint Paul und hält kurz inne.

»Was eigentlich lernt man auf der Schule, das einem im späteren Leben nützlich ist?«

Beide zucken mit den Schultern.

Ich wische meine Nase am Ärmel ab. »Es wird dem Menschen jedenfalls weisgemacht, dass jede körperliche Arbeit nur für gewöhnliche Menschen ist. Aber wenn der gebildete, gescheite Mensch nix mehr zu fressen hat – wer ist da der Ärmere? Der, der schwatzen kann, oder der, der weiß, wie er ein Lamm ausnimmt?«

»Lamm ist so köstlich, ich weiß, wer der Ärmere sein wird«, meint Paul.

»Lamm ist aber auch nur köstlich, wenn es richtig zubereitet wurde«, sagt Jim.

»Nicht mein Ding, das macht meine Frau«, lacht Paul.

Meine Füße und Hände sind mittlerweile so kalt geworden, dass ich mich bald verabschiede. Ich lasse die beiden zurück und höre noch, während ich zum Haus gehe, wie sie sich Geschichten erzählen.

3

Das erste Abendessen auf Pünt Nord bestand aus Birchermüesli. Es muss ein Donnerstag gewesen sein, denn immer donnerstags gab es Birchermüesli. Ich hasse Birchermüesli. Die blassrosa milchige Pampe wurde in Porzellanschüsseln mit labberigem Graubrot serviert. Und dazu gab es frische lauwarme Milch in abgewetzten Edelstahlkannen.

Ich konnte es nicht fassen. Ich war gezwungen, diesen Brei zu essen! Widerlich.

An meinem Tisch saßen an jenem Abend Silvia, Anna, Christoph, Charlotte, ich und dazu noch die Pflegerin Renate. Da ich nicht essen wollte, trank ich eine Tasse warme Milch nach der anderen.

»Kotzt du?«, fragte Charlotte, die emotionslos ihren Brei löffelte.

»Nein«, sagte ich.

Sie lachte ein kratziges, rauhes Lachen.

»Mit Milch geht's immer leichter. Das Erbrechen«, klärte mich Anna auf.

»Ach so.«

Um mich herum wurde weiter still gelöffelt. Ich wagte immer nur kurz aufzuschauen, um mir die Gesichter anzugucken, sie alle wirkten blässlich, Anna trug Wimperntusche und Make-up auf der Haut, Silvias Gesicht hingegen wirkte wie gewaschenes und in der Sonne getrocknetes weißes Leinen. Ich senkte meinen Blick wieder aufs Birchermüesli. Darin versanken gerade die aufgetauten Johannisbeeren zwischen aufgequollenen Haferflocken.

Alle Geräusche hallten, da in dem rechteckigen Raum kein einziges Stück Stoff den Schall dämpfte. Durch die Fenster, die bis zum Boden gingen, kam das Abendlicht herein – es war erst 18 Uhr.

»Darf ich bitte aufstehen«, flehte Charlotte mit einem kuriosen Schweizerdeutsch, in dem ein französischer Akzent mitschwang.

Die Pflegerin sah auf die Uhr: »Nein, Charlotte. Dreißig Minuten, das ist die Regel.« Das Erbrechen geht fünfzehn Minuten nach dem Essen noch sehr leicht, dann wird es immer schwerer.

Ich bemerkte Silvia, die mir gegenüber wie eine dicke Mumie, gehüllt in das abgewetzte Jersey eines fünfundzwanzig Jahre alten blauen Trainingsanzuges, vor ihrem Teller saß. Sie inhalierte den Brei in der Schüssel und stopfte sich eine Scheibe Brot nach der anderen zwischen die blassen Lippen. Als kein Brot mehr da war, glotzte sie auf Charlottes Teller und auf meinen. Ich glotzte unfreiwillig zurück.

»Ist was?«, kam eine helle Stimme wie die eines Kindes aus ihrem dicken Inneren. Ihre eisigen Augen zerschnitten mein Gesicht und alles, was an mir dran war. »Du sollst nicht so gucken! Guck mich nicht so an!«

Ich sah weg.

»Silvia«, sagte Anna ruhig, »sie ist doch neu.«

Silvia ging nicht drauf ein. »Charlotte, darf ich deinen Teller?«, fragte sie und klang dabei wieder wie ein dreijähriges Kind.

Charlotte nickte.

Renate sagte: »Nein, Silvia.«

»Aber Charlotte isst doch nicht auf.«

»Du hast doch genug gegessen, Silvia, oder?«

Sie erstarrte wieder zur Mumie.

»Wie ist dein Name?«, wandte sich Christoph, ein junger Mann mit dicken Lippen, an mich. Er lispelte und war für einen Schweizer erstaunlich groß gewachsen.

»Louise«, sagte ich und hätte mich dabei fast an der Milch verschluckt.

»Ich bin Christoph. Und Anna ist Filmemacherin.« Anna lachte. »Filmchenmacherin«, korrigierte sie ihn. Die beiden waren wie Bruder und Schwester.

So vergingen die dreißig Minuten. Als habe ein Wecker geklingelt, schoben alle ihre Stühle zurück, erhoben sich und trugen die Teller in die Küche. Ich blieb noch sitzen und kam mit Anna und Christoph ins Gespräch.

»Sind halt alle etwas durchgeknallt, aber du gewöhnst dich«, sagte Anna und lachte. »Ist wahrscheinlich jetzt schwer für dich.«

Ich zuckte mit den Schultern.

»Komm, wir rauchen noch eine. Rauchst du?«, fragte sie.

»Nein«, sagte ich. Aber ich war froh, Freunde gefunden zu haben und aufstehen zu können. Anna gefiel mir, und wir verstanden uns sofort. Als ich in die kleine Küche kam, hing Silvia über den Schweinebottichen. Mit den Händen holte sie die Reste aus den Plastikkübeln und stopfte sie in sich hinein. Ich war entsetzt. Ich tat mein Bestes, es mir nicht anmerken zu lassen. Boshaft kauend starrte sie mich an. Ich ging raus.

Draußen auf dem mit Betonplatten ausgelegten Platz standen wir in der Abendsonne des Altweibersommers. Charlotte rauchte Kette. Auch Anna, Christoph und Silvia rauchten. Silvia war zu uns gestoßen, saß auf einem Plastikstuhl, dessen Sitzfläche unter ihrem Gewicht nachgab und starrte ins Nichts. Ich trat auf sie zu: »Silvia, es tut mir leid, dass ich dich eben so angeguckt habe, das wollte ich nicht.«

Sie lächelte ganz leicht und schnippte mit dem Daumen die Asche von der Spitze ihrer Kippe. »Schon gut, ich mag's halt nicht.«

»Ich weiß. Ich mag es auch nicht, wenn man mich anstarrt.«

»Gefällt's dir denn hier?«, fragte sie. Sie hatte eine so zarte, hohe Stimme!

»Ich weiß nicht. Wie lange bist du schon hier?«

Silvia lachte, aber nicht aus dem Mund heraus, sondern durch die Nase, ein-, zweimal nur. »Lange.« Sie seufzte. »Ja. Lange. Ich komme aus Basel.«

Ich nickte und staunte weiter darüber, wie dick sie war, ihr Körper war das krasse Gegenteil von meinem.

In meiner ganzen Klinikzeit trug Silvia diesen immergleichen blauen Trainingsanzug und Badelatschen mit dicken, weißen Socken. In ihren Augen lag immer eine grauenhafte Trauer. Ich konnte nie wirklich hineinschauen. Wenn sie nicht in »ihrem« Plastikstuhl saß, schleifte sie sich leblos durch die weißen Flure und Gänge der Station. Ihr Atem ging schleppend und drängte sich durch die Nase und den leicht geöffneten Mund. Ihre lockigen Haare waren verfilzt und die Trainingshose an den Knien ausgebeult und bleich. Ich hatte noch nie einen so durch und durch traurigen, verwahrlosten Menschen erlebt. Auch wenn ich sie nur schwer ertragen konnte, hatte ich doch das Gefühl, ihr von meiner Lebensenergie etwas abgeben zu müssen. Von jenem ersten Abend an verstanden wir uns gut. Ich redete oft mit ihr, und ich gab ihr von meinem Essen. Sie sei früher Spitzensportlerin gewesen, erzählte sie mir einmal traurig. »Welche Sportart?«, fragte ich neugierig.

»Schwimmen.«

»Oh, ich schwimme für mein Leben gern. Ich liebe Wasser«, erzählte ich, »mit vier Jahren habe ich schon den Kopfsprung gemacht.« Ich lachte.

»Ja?«

Schweigen.

So verliefen unsere Gespräche meistens. Nach ein paar Minuten wurde Silvia des Redens müde und schwieg einfach.

Beim ersten Frühstück in demselben rechteckigen Speisesaal aß ich drei Löffel Fruchtjoghurt und trank eine Tasse Tee dazu. Da war das Gefühl: Warum bin ich eigentlich hier? Ich fühlte mich so »normal«, dass ich mich fast bemühte, nur ganz wenig zu essen, um der Symptomatik meiner Krankheit gerecht zu werden.

Im ersten Morgentreff wurde ich dann allen vorgestellt. Der Tagesablauf war fortan immer der gleiche. Frühstück, dann Versammlung zum Morgentreff im Malatelier, Malen oder Tonen, um Punkt zwölf wurde zu Mittag gegessen, und der Nachmittag stand – es sei denn, man durfte turnen – zur freien Verfügung, außer donnerstags, da musste ich zu Herrn Dr. Wagner. Um 18 Uhr wurde zu Abend gegessen. Ausflüge und andere Aktivitäten der Insassen unserer Station mussten angemeldet und gestattet werden, sie gehörten aber zum Alltag dazu.

Am Anfang dachte ich, nach einer Woche wieder nach Hause gehen zu können. Anfangs bekam ich noch Anrufe von einem Mädchen aus der Klasse, die fragte, ob es mir »schon besser« ginge. Doch irgendwann blieben die Anrufe aus.

4

Die ersten Tage in Littenheid fand ich grässlich. Was hatte ich hier zu suchen? Ich kam mir deplaziert vor. Hier ging es vor allem darum, wem es schlechter und am schlechtesten ging. Die Menschen hatten kein Selbstwertgefühl, niemand glaubte an sich. Der eine hatte Probleme, die der andere sogleich wieder durch einen Suizidversuch romantisch erscheinen ließ.

Ich war umgeben von missbrauchten, ausgebooteten Menschen, saß mitten in diesem Haufen. Am Tisch aßen alle vor sich hin. Die eine rührte ihren Teller nicht an, die andere starrte ihrem Gegenüber unentwegt aufs Essen, und das Verlangen, alles zu verschlingen, machte ihren Blick teuflisch und unheimlich.

Ich fühlte mich dreckig, verschmutzt. Ich wollte diese Zeit nicht erleben, wollte sie aus meinem Leben streichen. Ich schämte mich, hier zu sein.

Dann langsam bauten sich meine Widerstände ab, und ich wurde Teil der gescheiterten, bleichen, gefühlslosen, dicken und dünnen Existenzen von Pünt Nord.

»Morgen, Alexandra«, grüßte ich eine gleichaltrige Insassin beim Frühstück. Ich goss Kräutertee auf. Sie schüttete mit zitternder Hand warme Milch in eine Tasse. Ich reichte ihr drei der hellgrünen Servietten, da die Hälfte danebengegangen war. Sie lächelte schief. Sie war blass, fast weiß im Gesicht – wie alle hier. Mit aufgerissenen Augen, als versuche sie in völliger Dunkelheit die Pfütze aufzuwischen, suchte sie die verschüttete Milch.

»Geht es?«, fragte ich nach.

»Ich nehme diese Medis«, sagte sie und schob den vollgesaugten, grünen Klumpen durch die Milch. »Die Nebenwirkung ist, dass meine Muskeln teilweise gelähmt sind und ich so zittere.« Sie stierte mich an. »Und ich bekomme davon einen so starren Blick.«

»Das tut mir leid.«

»Ich muss die eben nehmen. Nimmst du Medikamente?«

»Nein.«

»Ach so, du bist ja neu. Das kommt dann noch.«

Alexandra bewegte sich wie ein Roboter bei allem, was sie tat. Sie sprach auch wie ein Roboter. Manchmal ließ sie Teller fallen, weil sie ihre Muskeln nicht unter Kontrolle hatte, und sie stotterte beim Sprechen. In ihrem bleichen Gesicht prangten wenige, feuerrote Pickel, und ihre blauen Augen hatten etwas Eisiges, Gefühlloses. Die blonden Locken wirkten immer ungewaschen und hingen meist lose über ihre gekrümmten Schultern. Ihre Unterarme wurden mindestens einmal die Woche neu verbunden.

Als ich sie eines weiteren Morgens auf ihren dicken Verband ansprach, meinte sie nur: »Das hat die Notfallstation verbunden. Ich habe mich heute Nacht wieder geschnitten. Die Medis machen das.«

Ich trank meinen Tee, während die anderen eintrafen und sich die Brote mit Butter und Marmelade beschmierten. Da kam Anna mit zerzausten Haaren und setzte sich zu mir. Sie fragte, wie ich geschlafen hätte und ob ich gleich zum Morgentreff ginge. Es war kurz vor acht, ich trank meinen Tee aus, und wir gingen zusammen ins Atelier.

Das Atelier war ein ebenerdiger, lichtdurchfluteter Raum, in dem vormittags gemalt oder getöpfert wurde. Man konnte durch Terrassentüren auf einen mit Steinplatten ausgelegten Vorplatz treten, der in eine Wiese überging.

Bei dieser Zusammenkunft aller im Atelier tauschte man sich aus. An den jeweils verbundenen Unterarmen wurde deutlich, wer sich in der Nacht die Adern aufgeschlitzt hatte. Wer nicht anwesend war, hatte verschlafen oder lag auf der Notfallstation. Wir besprachen, wie sich jeder fühlte und ob etwas Besonderes anstand. Manche blieben im Anschluss im Atelier, um zu malen, gingen in eine Werkstatt auf dem Gelände, in eine Tanz- und Bewegungsgruppe oder verschwanden in ihren Zimmern, um weiterzuschlafen. Ich blieb immer im Atelier, weil mir Tanz und Bewegung nicht erlaubt war.

Das Malen war eine Form der Ergotherapie, und die Therapeutin, die für unsere Gruppe zuständig war, hieß Katharina. Ich mochte sie auf Anhieb. Sie trug grünen Lidschatten und hatte feuerrotes, dickes Haar. Auch Anna verbrachte die

Vormittage im Atelier. Charlotte und Silvia nahmen an solchen Dingen nicht teil – sie schliefen, rauchten oder saßen beim Arzt. Nach all der Zeit, in der ich mich zu niemandem und nichts zugehörig gefühlt hatte, in der ich, egal, wo ich hinkam, fremd gewesen war, fand ich hier eine Gruppe von Menschen, die mich bedingungslos aufnahm.

Wir waren alle gleich schlecht dran. Niemand scherte sich um den anderen. Jeder war auf seine Art daran gescheitert, sich durchs Leben zu schlagen.

Ich lernte, dass mir die Menschen nicht gleich Böses wollten. Hier war ich nicht mehr nur umgeben von Menschen, die mich ändern wollten, sondern von Opfern. Wir wurden eine verschworene Gemeinschaft. Unausgesprochen teilten wir das Schicksal, uns außerhalb der Norm, abseits von gesellschaftlichen Zwängen zu befinden. Wir lebten auf einem kleinen Planeten in einem Raum ohne Zeit und ohne Druck.

Ich fühlte mich besser als »draußen«, ruhiger im Kopf, der Kampf wurde weniger. Das erste Mal seit einem Jahr ließ ich mich ein bisschen fallen. Doch immer wieder holte mich der Ehrgeiz ein, aktiv zu bleiben, um meinen Körper dazu zu zwingen, Nährstoffe und Kalorien zu verbrennen und so mein Gewicht zu halten oder wenn möglich noch zu verringern. Ich unternahm Spaziergänge, ich schlich im Morgendunst heimlich aus der Station, um joggen zu gehen. Ich brachte mir, da ich am Wochenende noch nach Hause fuhr, sogar ein Springseil mit und hopste vor der Dusche in meinem Zimmer auf und ab, bis sich eines Morgens beim Frühstück meine Nachbarin bei mir erkundigte: »Sag mal, was machst du da eigentlich um sechs in der Früh?« Unsicher schaute ich umher, ob jemand mitgehört hatte, und mit einem verzweifelten Blick versuchte ich ihr verständlich zu machen, dass dies doch unbedingt geheim gehalten werden musste! Zu spät, man hatte mitgehört. Renate trat heran und wollte ebenfalls wissen, was das für ein Geräusch sei, das ich verursachte. Ertappt. Sie nahm mir nach dem Frühstück die Laufschuhe und das Springseil ab. Bald sah ich ein, dass dieses Versteckspiel keinen Sinn machte. Allmählich fügte ich mich den Regeln und konzentrierte mich auf das Malen.

In der Klinik war es das erste Mal, dass ich den ganzen Tag, ohne dafür benotet oder dabei begutachtet zu werden, malen und zeichnen konnte. Endlich durfte ich das tun, was ich konnte. Und ich malte wie verrückt. Anfangs zerbrach ich mir den Kopf darüber, was um Himmels willen ich malen sollte: einen Leuchtturm, ein Meer, ein Haus, einen Straßenzug. Ich machte lauter Skizzen und verwarf alle.

»Das war die letzte Skizze«, sagte Katharina eines Morgens. Ich sah sie entgeistert an. Ihre roten Haare hielt sie mit einem zum Haarband gewickelten dunkelgrünen Seidenschal zurück.

»Aber sie sind alle nicht gut, keine ist so, wie ich mir das Bild vorstelle!«

»Mach es trotzdem zu Ende«, beharrte sie. »Es muss ja nicht perfekt sein. So lassen kannst du es auch nicht.«

Widerwillig setzte ich mich an die erste der vielen Skizzen. Bei der Arbeit an dem Bild wurde mir klar, dass ich eigentlich nie etwas vollendet hatte in meinem Leben. Ich hatte mich selbst verworfen, da ich immer mangelhaft gewesen war. In einer perfekten Welt, einer perfekten Gesellschaft, einem perfekten Lebenslauf musste alles verworfen werden, was nicht perfekt war. Ich begann, meine Zeichnungen zu Bildern auszubauen, malte die Hände zu dünn, die Lippen zu groß, die Haare zu dick, gab der Haut einen grünen Stich, der Blume eckige Blätter, und es gefiel mir so.

Wir kneteten auch mit Ton. Damit sollten wir unter anderem einmal eine Gestalt zum Thema »Erde und Boden« formen. Ich arbeitete tagelang an einer filigranen Figur mit Modelmaßen. Um sie feucht zu halten, wickelte ich sie nachts in nasse Tücher und schälte sie behutsam wieder aus dem Leinen, um die zerbrechlichen Glieder nachzuarbeiten. Am dritten Morgen fiel mir die gefährlich spröde gewordene Figur bei der Arbeit aus der Hand und verlor beim Aufprall auf den Boden Arme und Beine. Alles, was von ihr übrig blieb, war der Torso. Ich nahm einen frischen, dicken Klumpen Ton und begann die zweite Frau zu formen. Ich gab ihr breite Schultern, einen starken Brustkorb, einen runden Po und einen dicken Bauch. Ihre Füße verschmolzen in einem festen Sockel, ihre Arme verschweißte ich mit den Hüften.

Sie blieb heil.

Ich klebte Collagen und ging manchmal abends noch ins Atelier, um bis in die Nacht an meinen Bildern weiterzuarbeiten.

Ich mochte meine Bilder. Ich liebte sie. Ich war stolz auf meine Phantasie und badete in den bunten, knalligen Farben. Meine ganze Welt bestand ja ausschließlich aus kranken Gedanken, aus Zwängen und der Sehnsucht nach Selbstzerstörung. Zu malen zwang meinen Perfektionismus in die Knie, und die Bilder führten mir gnadenlos meine noch vorhandenen schönen Phantasien vor Augen. Da einem die Magersucht eine zweite Persönlichkeit aufzwingt, war dies der einzige Weg, mich selbst wiederzuerkennen. Ich sah meine Handschrift in dem Gemalten und konnte nachvollziehen, dass diese Bilder von einer Person stammten, die in mir drinnen schlummerte und auf dem Weg in den Wahn immerhin noch nicht ganz verlorengegangen war.

Einmal die Woche, am Dienstag, musste ich selbständig zum Wiegen erscheinen: morgens nüchtern und in Unterwäsche auf der Stationswaage. In den Nächten davor schlief ich kaum, und Alpträume jagten mich.

Ich renne immer geradeaus, Panik in meinem Herzen, gefangen oder eingeholt zu werden. Die Bäume, die Straße, alles will mich verschlingen. Der keuchende Atem stößt im Sekundentakt aus meiner Lunge, die Kälte zerschneidet mir die Luftröhre. Meine Arme sind schwer, und in meinem Kopf dreht sich alles, was ich sehe. Die vielen Farben der am Boden liegenden Blätter vermischen sich zu einem betäubenden Bunt. Ich rieche das nasse Laub, der Geschmack von Erde liegt auf meiner Zunge.

Weiter, weiter renne ich.

Geradeaus, gejagt von dem Gefühl, fliehen zu müssen und nicht entkommen zu können.

Weiter, ich weiß nicht, wohin.

Ich will weinen, kann meinen Tränen aber keinen freien Lauf lassen. Meine Schwäche lässt mich ächzen vor Scham. Ich will meine Mutter in den Arm nehmen, ich will sehen und fühlen, dass es ihr gutgeht. Es würgt mich. Mein Wille treibt und treibt mich weiter die Straße runter.

Ich brauche Luft. Ich brauche Luft zum Atmen! Doch ich renne weiter.

Ich laufe die Straße runter neben den Autos her. Ich renne mit ihnen um die Wette.

Ich renne um mein Leben!

Ich renne, um endlich zu sterben.

Ich senke meinen Blick nur für eine Sekunde, doch es ist die eine Sekunde zu viel. Der dumpfe Knall meines Sturzes erschüttert die Umgebung. Meine Brust prallt auf die pechschwarze Straße, mein Oberkörper versinkt im Asphalt. Den Kopf spüre ich nicht mehr, auch mein Herz nicht. Ich keuche, bettle! Doch die Kräfte schwinden, ich kann nicht schreien. Niemand hört mich, niemand fängt mich auf. Ich versinke ganz tief, ganz langsam. Für einen kurzen Augenblick bin ich gestorben, dann wache ich auf.

»42,8 Kilo«, hörte ich die Betreuerin laut sagen. Sie notierte sich die Zahl. Ich starrte auf die glühenden Ziffern, 42,8 Kilo, dachte ich. Schon wieder 200 Gramm zugenommen, und es sind erst zwei Wochen. Bedingung war, 500 Gramm pro Woche zuzunehmen.

5

Mittlerweile lebte ich seit einem knappen Monat in Littenheid. Die Hecken auf der Grenze zur Gesellschaft, zum »normalen« Leben wuchsen immer höher. An den Wochenenden blieb ich nun in der Klinik. Nach Zürich, unter die Menschen dort, traute ich mich nicht mehr.

Lieber machte ich stundenlange Spaziergänge. Oftmals wusste ich gar nicht, wohin ich laufen sollte. Ich lief an Kühen vorbei, blickte ihnen von dem elektrisch geladenen Zaun aus in die Augen und sah dem unaufhörlichen Spiel ihrer Ohren und Augenlider zu, die immer und immer wieder die Fliegen zu verscheuchen versuchten. Ich streifte durch die Landschaft, setzte mich unter einen Baum, um zu ruhen, und lief dann weiter. Ich kam an eine Käserei und spazierte mit im Wind flatterndem Schal wie ein Landstreicher durchs Feld. Ich war zwar gefangen in dem Käfig meines kranken Körpers, aber die Natur machte mich frei. Mein Gewicht stieg merklich. Ich aß in Ruhe und dreimal am Tag – so wie es sich gehörte. Das ging fünf Wochen gut. Als ich am fünften Dienstag auf die Waage trat, überkam mich die Angst. 44,4 Kilo.

Als ich am Sonntagabend danach müde und hungrig von einem Spaziergang nach Pünt Nord zurückkam und nichts als Wurst, Käse und labberiges Brot serviert bekam, verweigerte ich erstmals das Essen.

Ich wollte nach Hause.

Ich hatte Hunger!

Doch ich kämpfte ihn nieder.

Dieses Erfolgserlebnis wollte ich den Therapeuten nicht gönnen, so schnell kriegten die mich nicht gesund.

»Von euch lass ich mich nicht beherrschen!« Also stand ich auf und schloss mich in meinem Zimmer ein. Meine Mitpatienten gingen mir auf die Nerven, und ich wollte keinen von ihnen mehr sehen.

Drei Tage später wiederholte sich die Szene. Ich war schon angewidert, als ich den Edelstahldeckel von meinem Teller heben musste. Dann saß ich vor gedünstetem Gemüse, verharrte bewegungslos und brachte keinen Bissen runter. Auch das Trinken verweigerte ich.

»Louise, magst du gar nicht essen?«, fragte mich Renate.

»Ach, lass mich doch in Ruhe und guck auf deinen eigenen Teller.«

»Geht's dir nicht gut?«

»Nein. Ich habe Bauchschmerzen!«

Geh weg, Teller, geh weg!, dachte ich. Der Teller blieb. Alle starrten mich an. Ich saß völlig überfordert und tatenlos da. Die Angst machte mich taub, der Stress ließ mein Herz rasen. Meine Hände wurden schwitzig, und mir war heiß. Irgendwann, dachte ich, bekomme ich so einen Hunger, dass ich nicht mehr aufhören kann zu essen. Ich stellte mir vor, dass ich platze wie eine Aubergine im Backofen.

Ich stand auf, ging in mein Zimmer und wollte niemanden mehr sehen. Lieber krepieren als 50 Kilo schwer hier rausspazieren, dachte ich.

Ich wurde zum Arzt geschickt.

»Was werden Sie bei der nächsten Mahlzeit tun?«, fragte mich Dr. Wagner.

»Keine Ahnung. Könnt ihr nicht mal besseres Brot einkaufen?«

Innerhalb einer Woche sank mein Gewicht von den 44,4 auf 43 Kilo runter. Dann sank es auf 42,5 Kilo. Ich suchte Auswege aus dem System. Die Überwachung machte mich wahnsinnig. Die Kontrolle, ich drohte die Kontrolle zu verlieren. Zucker, Getreide, Brot, Milch, Wurst, Sahne, Eier, jegliche Art von Frühstücksflocken, Schokolade, Popcorn, ich untersagte mir alles Erdenkliche. Wenn ich mich im Spiegel sah, erblickte ich ein geschlechtsloses Ungeheuer, einen Greis im Körper einer Jugendlichen. Schlaff und schwach hing ich an dem Gerüst meiner Knochen. Der Büstenhalter klemmte an meinen Rippen, und ich konnte nicht barfuß gehen, weil es an den Fußknochen schmerzte.

Inzwischen ging ich zweimal die Woche zum Doktor in ebenjenes Büro mit dem Glastisch und den Freischwingern. Die Taschentücher auf dem Tisch musterte ich immer mit Argwohn – niemals wollte ich davon Gebrauch machen. Niemals würde ich hier weinen, mir leid tun und dem Doktor das Gefühl geben, dass er endlich am richtigen Strang gezogen hatte.

»Ist Ihnen mal aufgefallen, dass die Mode- und Psycho-Zeitschriften in Ihrem Wartezimmer alle etwa drei Jahre alt sind?«

Er lachte, verschränkte dann seine Arme, holte tief Luft, sah mich an und sagte: »Wissen Sie, Fräulein Jacobs ...« Aber bei »Fräulein Jacobs« schien er in Gedanken schon wieder ganz woanders. Mir schien, als grabe er in all den therapeutischen Regelbüchern. Durch gezieltes Fragen suchte er nach der Antwort, die ihm einen Hinweis auf den Lösungsweg gab, der auf mich passte. Dann fiel ihm ein, mich nach frühkindlichen Traumata zu fragen.

»Nein«, sagte ich, »ich hatte eine schöne Kindheit.«

Er versuchte mir einzureden, ich sei krank, weil ich nur in den Schoß der Mutter zurückkriechen wolle.

»Das stimmt nicht! Ich wollte immer weg von zu Hause! Ich wäre in Argentinien geblieben und glücklich geworden! Ich bin krank, weil ich nicht mehr kämpfen möchte. Ich bin krank, weil ich nicht frei bin! Frei will ich sein.«

»Aber Sie sind es, die sich gefangen halten.«

»*Sie* sind es, die mich gefangen halten! Lassen Sie mich raus, ich schlag mich schon durch. Ich fliege nach Montana, dort habe ich meinen Platz und meine Ruhe.«

Er lachte unterdrückt und fragte weiter, bis die Stunde vorbei war.

Als ich aus der Therapie kam und ins Atelier ging, um noch bis mittags zu malen, kam mir Charlotte entgegen. »Und, wie war es bei Herrn Wagner?«

»Gut. Gut.«

»Und hast du geweint?«

»Nein.«

Wir lachten.

»Ich habe heute keine Lust auf das Atelier«, seufzte Charlotte. »Wollen wir nach Wil fahren heute Nachmittag? Mit Anna?«

Das war der Beginn unserer regelmäßigen Ausflüge nach Wil, das nächstgelegene Städtchen außerhalb unserer Mauern. Anna, Charlotte und ich stiegen dann am Bahnhof Wil aus und besuchten die Läden und das einzige Café im Ort. Charlotte erregte schon im Zug die Aufmerksamkeit der anderen Fahrgäste, indem sie laut und mit zerkratzter Stimme lustige Geschichten erzählte. Sie konnte ihre ganze Faust in den Mund stecken, sie hatte eine ausgeprägte Leidenschaft für Plüsch, Fell, Oberteile mit Leopardendruck und Glitzeranhänger. Ihr Handy trug sie Tag und Nacht bei sich, weil sie immer mit irgendwem telefonierte. Morgens sah ich sie nie vor zehn Uhr. Sie frühstückte in letzter Minute in Trainingshose und Manga-T-Shirt und verschwand daraufhin wieder auf ihrem Zimmer. Sie vereinte so ziemlich alle Krankheiten, die einen Menschen in psychiatrische Kliniken beförderten: Borderline, manische Depression, Bulimie, Fresssucht und Suizidgefahr. Eingeliefert hatte man sie mit Panikattacken. Ihre Medikamentenliste war lang und sehr aufregend. Ihre Eltern lebten in Paris.

In Wil zogen wir die Blicke an, wir müssen gewirkt haben wie drei Zootiere auf freiem Fuß.

Anna kaufte sich Chanel-Kosmetik für 250 Franken, Charlotte deckte sich mit Nylontops, Haargummis, Nagellack und billigen Sonnenbrillen ein, und ich kaufte Bücher. Wir stöberten durch die Esoterikabteilung im Buchladen und suchten nach Antworten. Wir kehrten ein in das Café im Ort, wo ich, rechts Charlotte und links Anna, vor meiner Teetasse saß und auf die Rücken alter, in sich zusammengesunkener, filterkaffeetrinkender Damen starrte, die aus dem nahe gelegenen Altenheim stammen mussten. Und dann sah ich den Kuchen in der brummenden, gekühlten Kuchenauslage am Eingang. Kuchen, Kuchen, Kuchen hinter Glas und vor den Augen zweier Fräuleins mit weißen, vor den Bauch gebundenen Schürzen und aufwendig wirkenden Hochsteckfrisuren. Ich studierte die Bewegungen des Tortenhebers, und in meinem Gehirn zersetzte sich ein jedes auf Porzellan bereitgestellte und mit einer Edelstahlgabel versehene Kuchenstück in seine Einzelteile: Weißmehl, raffinierter Zucker, Eier, Butter, gemahlene Mandeln, darauf Sahne, noch mehr Zucker, aufgelöste Gelatine, Himbeeren oder geschmolzene Schokolade, Haselnusskrokant oder Puderzuckerglasur, geschichtet, gerollt oder gespritzt – ich fand es widerlich. So groß war mein Hunger.

Nachts schwitzte ich mein Bett nass, weil ich Alpträume hatte. Ich lag stundenlang wach und wartete darauf, dass ich mich auflöste, ich wartete auf den Tod. Zwar ängstigte ich mich fürchterlich vor ihm, doch ich zog ihn der Aussicht vor, mehr essen zu müssen.

Es dauerte nicht lange, da ging auch ich in Trainingshosen ins Atelier. Jeans trug ich nicht mehr, weil ich den rauhen, harten Stoff auf meiner Haut nicht ertragen konnte.

Es wurde Anfang November, die Kälte kam, und unsere Ausflüge nach Wil fanden kaum mehr statt. Charlotte ging es an manchen Tagen so schlecht, dass sie mit offenen Wunden ins Krankenhaus eingeliefert werden musste. Manchmal drehte sie beim Essen durch, schrie alle an und verschwand auf ihr Zimmer. Ihre Gesichtsfarbe veränderte sich ins Gelbliche, und sie hörte auf, sich zu pflegen.

Ich malte schweigend an meinen Bildern, trug die Ölkreide dick und noch dicker auf, bis die Farben grell leuchteten. Dann verwischte ich sie mit einem feuchten Pinsel. So erhielten sie mehr Glanz und ließen sich zu einem öligen Brei mischen.

Die Uhr an meinem Handgelenk drehte sich während des Malens locker um mein Handgelenk, und das, obwohl ich das Armband seit meiner Ankunft schon um zwei Löcher verkürzt hatte. Anna trat manchmal an meinen Tisch heran und sah mir über die Schulter. Und auch ich stand ab und zu auf und betrachtete ihre Bilder. Wir waren einander keine Konkurrenz, und ich konnte ihre Arbeiten neidlos bewundern. Anna war noch viel freier, noch viel verrückter als ich, ich wirkte auf Anna dagegen überlegt, intellektuell und jungenhaft. Wir ergänzten uns selbst beim Malen, sie malte mit ihrem eigenen Blut, klebte Moose und Flechten in ihre Werke, ich brachte Szenen auf Papier, Menschen und Gesichter – ich vermisse diese Stunden im Atelier, wenn ich über sie schreibe.

6

Schon vor Einbruch des Winters, etwa nach drei Wochen in Littenheid, die wie eine Ewigkeit schienen, kam Kurt auf die Station. Ein cooler Typ. Nervenzusammenbruch. Hatte in der Küche mit einem Messer seine Frau bedroht, geschrien, gezittert, dann war er vor den Augen seiner Tochter zusammengebrochen.

Er war schätzungsweise vierzig Jahre alt, sehr stark und stämmig, hatte lichtes, längeres Haar und Hände mit ausgeprägten Knöcheln und Fingergelenken. Zwei Finger seiner rechten Hand hatte er im Rasenmäher gelassen. Mit den verbleibenden acht malte er Bilder. Er war als Hippie durch die Drogenszene getaumelt und von New Orleans in die Schweiz getrampt. Er wusste fast alles über Jazz und Blues. Gut trösten konnte er mich auch. Da Kurt auch einer war, der viel draußen sein musste, begleitete er mich oft auf meinen langen Spaziergängen. Ich zeigte ihm die Kühe und durchstreifte mit ihm die Wälder. Während wir liefen, erzählte er mir aus der weiten Welt. Er war wie ein großer Bruder für mich. Ich mochte seine dunkelbraunen Augen und das Herbe seiner Wangen. Mich faszinierte zu sehen, dass all die Geschichten, die er mir erzählte, in seinem Gesicht Regungen auslösten – seine Augen zum Funkeln brachten, seine Zähne beim Lachen hervorblitzen ließen. Ich sah ihn, während er redete, seitlich an und stellte mir vor, wie er mit pechschwarzen, dicklippigen Männern am Straßenrand sitzend Musik machte, rauchte und halluzinierte. Er habe viele Drogen genommen, aber nie über die Stränge geschlagen, erzählte er. Ich beneidete ihn um seine Erfahrungen. Wie gerne wäre ich mit ihm bekifft durchs Mississippi-Delta getrampt. Wie gerne hätte ich Drogen genommen! Sie würden meine Gedanken betäuben und alles um mich herum in Gold tauchen. Ich könnte vielleicht vergessen, ich könnte mich einfach darüber hinwegkatapultieren, dass ich seelisch und körperlich einging. Aber ich war immer so vernünftig und anständig. Ich traute mich nicht, bewusst meine Sinne zu verlieren, mit dem Einnehmen einer Pille die Kontrolle aufzugeben.

Wir liefen so dahin, er mit einem langen Stock, mit dem er die Gräser am Wegrand streifte, und ich mit leeren Händen.

Wir redeten nicht darüber, warum wir in Littenheid waren, sondern darüber, was uns beschäftigte. Ich erzählte ihm von meinen Träumen, und er erzählte von seinen Ängsten. Er gab mir Antworten und versetzte sich in die Rolle meiner Eltern, ich glaube, durch ihn lernte ich sie verstehen.

»Kurt?«

»Ja?«

»Es ist doch eigenartig, dass du nicht weißt, warum ich nicht esse, und ich nicht weiß, warum du einen Nervenzusammenbruch hattest.«

»Das ist eine interessante Feststellung«, meinte Kurt, »die ich nicht verstehe.«

»Wir laufen so dahin, und es ist doch völlig egal, wie viel ich wiege oder wie traurig du bist. Ich finde den Gedanken unheimlich. Denn ich kann nicht Teil deiner Gedankenwelt sein, und du kannst auch mir nicht helfen. Wir stecken beide im Schlamm, sehen uns, sind aber zu weit voneinander entfernt, als dass wir uns die Hände reichen könnten, um uns gegenseitig da rauszuziehen.«

»Na ja. Wir können einander gut zureden.«

Ich schaute ihn an. »Wehe, du gehst vor mir unter. Bitte, lass dich nicht unterjochen!«

»Irgendwann passiert's. Irgendwann muss es raus, weißt du.«

»Mann, Kurt. Ich will mit dir durchbrennen. Ich fürchte mich vor meinem zweiten Ich – jetzt in diesem Moment habe ich richtig Schiss vor mir.«

Er nahm mich in den Arm, und wir gingen weiter.

Im Eingang der Station kickten wir mit den Fußspitzen einen Volleyball durch die Luft, und mit denen, die Lust hatten, gingen wir auf den Rummel, zum Bowlen und ins Kino.

Kurt und ich überredeten die Pfleger, die Erlaubnis zu bekommen, an einem der ersten Novemberabende ein Feuer im Wald zu machen und Marshmallows und Servelat – eine traditionelle Schweizer Wurst – zu grillen. Es wurde ein riesiges Feuer. Kurt und Christoph legten Fünf-Meter-Äste in die Flammen, Funken sprühten zu den Wipfeln der Fichten empor, die Hitze breitete sich aus. Wir tanzten singend um die Flammen herum und hockten später an der Glut. Ich stocherte mit einem Stock in den glühenden Kohlen, so wie ich es auch bei den Pfadfindern getan hatte.

An anderen Abenden saß ich mit Kurt im Atelier. Er streichelte die Therapiekatze, und ich malte. Er erzählte, ich hörte zu. Oder wir saßen uns gegenüber und trommelten. Ich trommelte so heftig und lange, dass mir die Finger anschwollen und meine Arme schmerzten. Kurt stand der Schweiß auf der hohen Stirn, wenn wir uns gegenseitig die bösen Geister aus dem Leib vertrieben.

Doch dann ging es mit Kurt bergab. Niemand in der Klinik konnte diesem Sog widerstehen. Irgendwann krachten die Wände ein, irgendwann erfasste einen die Angst, unausweichlich mit seinem kranken Ich konfrontiert zu sein. Diese böse Kraft wurde entweder durch Medikamente oder durch Abgeschlossenheit befördert. Früher oder später sah man jeden kapitulieren.

Ich musste zusehen, wie Kurt zerfiel, wie er allmählich die Beherrschung über seine Psyche verlor. Er wurde nervöser, lauter, er redete verrücktes Zeug und ging im Dezember barfuß draußen umher. An dem Tag, als wir unsere »Erde-und-Boden-Figuren« (von denen mir eine zerbrach) formen sollten, fing er an zu stöhnen und zu wimmern. Er zitterte, den Ton in seinen starken Händen, in seinem Gesicht, in seinen Haaren. Er zitterte am ganzen Körper. Er konnte nicht ertragen, wie der Ton in seinen Fingern zerfiel, ich glaube, er fürchtete, es sei seine Tochter, seine Familie. Ausgetrocknet und spröde war das Material geworden, und es verweigerte ihm den Zugang zur Form, weil er es seit Stunden knetete. Er starrte wie besessen auf seine Finger und den Klumpen Lehm, der in keine Form mehr zu kriegen war, so wie auch sein Leben an Gestalt verloren hatte. Nun hockte er mit nackten Füßen auf dem Boden, schluchzte, und keiner durfte ihn anfassen.

Der Mann war für mich immer die Verkörperung des Starken, Unverletzlichen gewesen, desjenigen, der alle Fäden in den Händen hatte und Entscheidungen traf. Der Mann hatte Charisma, der Mann konnte die Frauen bewundern, er hatte Humor, und er war ungebunden. Durch meinen Hang, lieber ein Junge sein zu wollen, war Kurt für mich ein Ideal, ein Vorbild. Nun kauerte dieses Ideal schluchzend und krampfhaft stotternd vor meinen Augen. Ich musste den Raum verlassen. Auf meinem Zimmer hämmerte ich gegen den Kleiderschrank.

»Scheißmedikamente!«

Nach diesem Vorfall im Atelier erkannte ich Kurt nicht wieder. Er fing an zu rauchen – »verdammt, ist das lange her, dass ich so einen Scheiß gemacht habe!« –, fraß in sich hinein – »sieh mich an, nennt man das nicht ein fettes Schwein?« – und wirkte auch in seinem Gesicht durch die Medikamente aufgedunsen und bleich. Er hörte auf, sich zu rasieren, sein Haar wurde lang und fettig, am Tisch oder im Atelier fing er ohne Grund an, böse zu lachen, er hatte keine Lust mehr, nach draußen zu gehen – »ich muss da was auskotzen, du hast keine Vorstellung davon«. Ich begann mich vor der Begegnung mit ihm zu fürchten, weil er mir immer vorhielt, ich hätte keine Ahnung von seinen Problemen. Seine Unberechenbarkeit in der Unterhaltung, überhaupt in seinem Verhalten stieß mich ab. Ich wich ihm aus, weil Gespräche mit ihm meist in Hohn und Sarkasmus endeten. Wie lange dieser Zustand andauerte, weiß ich nicht mehr. Aber von nun an fühlte ich mich sehr alleine und irgendwie betrogen. Ich schwor mir, niemals solche Medikamente zu schlucken, sie hatten mir meinen besten Freund geraubt.

Manchmal, wenn ich ihm in den Fluren begegnete, musste ich daran denken, wie er es geliebt hatte, mit den Fingern zu malen. Und ich beobachtete, wie er noch immer seinen Tee mit zwei Beuteln aufgoss. Wenn er sie am Faden nach drei Minuten aus der Tasse zog, ließ er sie wie ein Lot baumeln. Dann legte er beide Beutel aneinander, hielt die Fäden zwischen Daumen und Zeigefinger und drückte die Papierschilder jeweils an die Seiten der Beutel. So presste er die letzten Tropfen Tee aus. Die ausgedrückten Beutel wurden auf dem Teelöffel abgelegt, mit den Schnüren umwickelt, bis die Papierschilder obenauf lagen. Erst dann legte er das Paket beiseite.

Wenn ich Tee trank, machte ich ihm diese Zeremonie nach und verbrannte mir dabei immer die Finger. Wenn er mir dabei zusah, musste er darüber schmunzeln.

Bis heute drücke ich meine Teebeutel auf diese Weise aus, und ich verbrenne mir dabei immer meine Fingerkuppen.

7

Den ganzen Tag schon wird auf der Farm gemäht und Laub zu großen Haufen zusammengeblasen. Am Straßenrand hängt Dale Gerney vom Hartland State Department mit einer Kettensäge im Baum und schneidet Totholz heraus, das Geräusch macht mich aggressiv.

Ich fahre einkaufen. An der Kasse lege ich Zucchini, Avocados, Salat, eine Aubergine und weitere Lebensmittel auf das Band. Bei der Aubergine guckt mich die Kassiererin ratlos an.

»Was war das noch mal?«, fragt sie, das Gemüse in den Händen hin und her drehend.

»*Eggplant*. Aubergine«, sage ich.

Sie blättert in ihrem Chart und tippt dann den Code ein.

Bei der Zucchini muss ich ihr ebenfalls auf die Sprünge helfen. Avocado kennt sie.

Es ist ein Tag, an dem ich nichts mit mir anzufangen weiß. Was Francis wohl macht? Selbst Jim hatte ich den ganzen Tag nicht gesehen.

Ich verwende viel Zeit darauf, mein Abendessen zu kochen. Ich höre Musik: *If you see my milk cow please drive her on home, 'cause I ain't had no milk and butter since my milk cow's been gone …*

Ich frage mich, wie weit das, was wir »Zivilisation« nennen, fortgeschritten ist, wenn wir uns tiefgekühlte Pizzen in den Ofen schieben können, aber eine Aubergine in der Kategorie unbekanntes Objekt gelandet ist. Wie weit sind wir gekommen, wenn es uns anekelt, eine Lammschulter vom Knochen zu lösen und wir nicht mehr wissen, wie eine Zucchini aussieht.

Manchmal will ich von dieser Zivilisation nichts mehr wissen, manchmal wünschte ich, ich wüsste nichts vom Fortschritt, sondern glaubte nur ans Pferd. Seltsam, wie sich Wissen über Jahrhunderte verändert hat. Schließlich weiß ich, wie ich durch *Try and Error* ein elektronisches Gerät bediene, aber ich könnte nicht sagen, wie man ein Haus baut. Ich lege das Kochmesser zur Seite und tippe ins Internet ein: »Wie baue ich ein Haus?« Da kommen erst Anzeigen mit dem Lockruf »niedrige Preise« und natürlich der »Finanz-Ratgeber zum Hausbau: Hypothek und Eigenheim – wie Sie von beidem profitieren«. Da ist die Rede von sorgfältiger Planung, von Bauamt und Genehmigungen, selbst das Wort Architektur begegnet mir. Aber von alldem will ich nichts wissen, ich will wissen, wie ich, wenn ich ein Stück Land besäße, eine Hütte darauf bauen könnte.

Ich finde die Antwort schließlich nicht im Internet, sondern in meinem Auswandererführer und stelle fest: Hausbauen wurde um 1900 als ein leichtes Unterfangen geschildert. Mit Hilfe der Nachbarn schlägt man sich im Wald die erforderlichen Stämme. Schleppt diese zusammen und haut sie entsprechend zu. Je nachdem, wie die eigenen Ansprüche sind, kann man sich dann einen Schuppen oder eine Blockhütte bauen. Der Erstere hat nur ein nach hinten abfallendes Dach. Er ist selbst für einen Anfänger leicht zu bauen und dazu auch noch billiger als eine Blockhütte. Eine solche erfordert schon mehr Können.

Baut man einen Schuppen, muss man die Stämme erst mal entrinden und auf die erforderliche Länge absägen. Ist dies getan, müssen die Stämme an beiden Enden zugehauen und eingekerbt werden. Mit Steinen, die man aus der Umgebung heranschleppt, wird das Fundament gelegt. Sonst würden die Bodenstämme zu schnell faulen. Wo es keine Steine gibt, bedient man sich harter Holzklötze.

Sobald nun mit Hilfe der Nachbarn die Wände errichtet

sind, werden die Öffnungen für Fenster und Türen ausgeschnitten. Fensterrahmen und Fensterglas gibt es meist in der nächsten Ortschaft günstig und fertig zu kaufen. Dann wird ein zurechtgeschnittenes Stück Hartholz gegen die Stammenden der Öffnungen genagelt. Es hält die Stämme in der richtigen Position und dient als Fenster- oder Türpfosten.

Als Träger für den Fußboden dient dünnere Stämme. Der Boden wird aus Brettern gelegt, die man im besten Fall in einer benachbarten Brettermühle günstig erwerben kann. Ein Fußboden befördert die Reinlichkeit im Haus. Gibt es keine Bretter, muss man eben gespaltene oder einseitig beschlagene Stämme nehmen. Es sollte aber darauf geachtet werden, dass ein Hohlraum zwischen Erdboden und Fußboden besteht, denn die Feuchtigkeit, die von der Erde aufsteigt, ist ungesund für Knochen und Gelenke.

Schmale gespaltene Stämme dienen als Dachsparren und als Latten, über sie nagelt man Bretter oder Schindeln, wenn welche zu bekommen sind. Gibt es weder das eine noch das andere oder fehlt das Geld, deckt man das Dach vorläufig mit breiten Rindenstücken zu.

Für Schindeln verwendet man am besten das Holz eines Nadelbaumes. Die Stämme schneidet man in Klötze von 18 bis 24 Zoll Länge und spaltet sie dann in dünne Brettchen. Diese muss man mit dem Schnitzmesser abziehen, danach können sie aufgenagelt werden.

Die Schlitze zwischen den Stämmen schmiert man zur Dichtung mit weichem Lehm zu, in den man Stroh oder Heu knetet. Die so in den Wänden eingeschlossene Luftschicht hält die Kälte besser ab.

Der Kamin wird an einem Ende des Hauses angebracht, hierzu muss man eine genügend große Öffnung in die Hauswand schneiden. Kann man Steine feuerfester Art (Kalkstein taugt dazu nicht) in der Nähe bekommen, so ist das das Sicherste. Man sollte den Herd und die Feuermauer mit solchen Steinen mauern und sie mit Lehm verputzen. Eine äußere Holzverkleidung schützt den Feuerplatz vor Regen. Sind solche Feuermauern ordentlich gemacht, bleiben sie viele Jahre brauchbar.

Den Schornstein baut man aus vier glatten, harten Stämmchen, die man im Quadrat durch angenagelte Sprossen wie die einer Leiter zu einem viereckigen Kanal verbindet. Diese Sprossen werden dann mit reichlich in weichem Lehm gekneteten Zöpfen aus Stroh oder langem Gras durchflochten. Inwendig und auswendig verstreicht man die Sprossen dick mit Lehm, ebnet den Überzug, so dass das Holz vor allem von innen vor Feuer und Hitze geschützt ist. Wer will, kann sich eine Vorrichtung zum Aufhängen der Kochtöpfe anbringen.

Fertig ist das warme, dichte Obdach.

8

Ohne Kurt war ich wieder auf mich alleine gestellt. Ich malte, und wenn ich nicht schlafen konnte, setzte ich mich an den Schreibtisch in meinem Zimmer, blickte durchs Fenster auf den Vorplatz, an dem auch das Busstationshäuschen der Station »Klinik Littenheid« stand, und schrieb auf, was mir gerade so einfiel.

Er hielt sie fest in seinen Armen. Umschlang sie, presste seinen Bauch an ihren und strich mit sachten Bewegungen über ihre Haare. Er lächelte, doch sein Blick ging über ihre Schultern hinweg ins Leere und verlor sich in der Gasse, in die er sie geführt hatte. Wäsche hing an Leinen kopfüber und baumelte im Durchzug. Nach wenigen Atemzügen lockerte er seine Umarmung. Sie rührte sich. Sie spazierten ohne zu sprechen weiter, bis sie an einen Platz gelangten. Über ihnen schrien Mauersegler, der Wind flüsterte weise Sprüche, und das

Plätschern des Brunnens, an dem er stehen blieb, klang wie eine Liebeserklärung. Er hielt ihre Hand, dann fasste er sie bei den Schultern, um sie besser betrachten zu können. In ihrem Gesicht lag die Trauer, und sie ließ den Kopf leicht hängen wie eine schlappe, verblühte Rose. Abschied, Trennung. Er schaute in den Himmel, als suche er dort nach seinen Worten.

Im Winter wurde es sehr still auf der Station.

Eines Morgens war Charlotte verschwunden. Uns wurde bekanntgegeben, dass sie in die geschlossene Anstalt verlegt worden sei. Die geschlossene Anstalt befand sich in einem Hochhaus schräg gegenüber von Pünt Nord. Da nie einer die Anstalt ohne Begleitung verlassen durfte, war dieses Gebäude wie ein Totenhaus. Besuche waren verboten, Handys wurden den Patienten selbstverständlich abgenommen.

Anna und ich gingen nun nicht mehr nach Wil. Manchmal saß ich bei ihr im Zimmer. Aber auch sie schloss sich immer öfter ein und verweigerte jegliche Gesellschaft.

Nach vielen Tagen oder wenigen Wochen traf ich Charlotte zufällig im Kiosk auf dem Klinikgelände, wo ich damit befasst war, mit großer Überwindung einen Schokoriegel auszusuchen.

Ich stand an der Kasse, als ich die Glocke an der Tür hörte. Da stand Charlotte – oder vielmehr ein Geist von ihr. Ihr Begleiter führte sie, als sei sie ein mit Drogen betäubter Hengst.

Sie schien mich kaum wiederzuerkennen, starrte mich dann aber mit glasigen Augen an. Ihr Gesicht war kalkweiß, abgesehen von den blutroten Lippen, die Haare seit Tagen ungewaschen. Ihr therapeutischer Begleiter stand hinter ihrem Rücken und ließ seine Augen nicht von ihr. Ich starrte sie an, vielleicht sagte ich »Hallo«.

Sie verzog ihren halb gelähmten Mund zu einem schrecklichen Lachen. Heiser flehte sie mich an, sie zu besuchen. Ich konnte ihren Blick nicht erwidern.

»Ja. Vielleicht«, sagte ich ausweichend. Ich musterte den Aufpasser mit hasserfüllten Blicken. Ich brachte nichts über die Lippen.

Benebelt wiederholte sie ihre Bitte. Ich trat einen Schritt zur Seite, da sie zum Tresen geschoben wurde. Sie kaufte fünf Tafeln Schokolade, zwölf Kinderriegel und mehrere Überraschungseier.

Alles ging so schnell, ich konnte die Begegnung gar nicht richtig sortieren. Dieser verrückte Blick, diese besessene Stimme, ihre Gestalt.

Sie kramte nach Geld. Die Kasse ratterte. Sie drehte sich zu mir um. »Ich will nicht dorthin zurück!«, sagte sie laut. »Ich hasse es da oben. Ich hasse die alle. Ich will nicht zurück. Ich komm auch bald wieder auf die Station. Weil ich es da oben hasse. Alles Arschlöcher.«

Ich nickte.

Der Begleitschutz legte ihr die Hand auf die Schulter und zwang sie zum Gehen. Sie wiederholte immer wieder, ich müsse sie besuchen, bis sie schließlich aus der Tür raus war und verschwand. Ich hatte nicht mal Zeit, mich zu verabschieden. Ein Kloß sprengte mir die Luftröhre, und ich wagte es kaum zu atmen. »Tschüss, Charlotte«, flüsterte ich ihr mit trockener Zunge hinterher.

Da ging ein weiterer verlorener Freund.

Ich wankte zurück zu Pünt Nord. Auf der Straße stand ein Mann mit hängender Unterlippe in einem graublauen Parka und starrte mich ausdruckslos an. Ich starrte zurück. Der Wind war eisig geworden, niemand sonst hielt sich draußen auf.

Noch eine Stunde bis zum Mittagessen. Ich ging auf mein Zimmer und stellte mich vor den Ganzkörperspiegel. Aus riesigen Augen glotzte mich mein Spiegelbild an. Nichts passte, die Kleidung hing von meinen Schultern und Hüftknochen, von Geschlechtszugehörigkeit oder gar Weiblichkeit keine Spur. Meine Entwicklung stagnierte, statt sich fortzusetzen, da war keine Attraktivität und kein Sexappeal. Ich hätte im Angesicht meines Ebenbildes in Tränen ausbrechen können, doch ich war zu stolz.

Ich setzte mich auf die Bettkante und versuchte das Bild von Charlotte zu verarbeiten. Vor einiger Zeit hatten wir noch gemeinsam Kekse gebacken. Sie nahm sich immerzu kleine Stücke von dem rohen Teig und steckte sie mit den Fingern in den Mund.

»Charlotte, hör auf damit!«, sagte ich.

Sie lachte und meinte, die drei, vier Löffel würden bei der Menge nicht auffallen.

Nach fünf Minuten sagte ich wieder, sie solle das lassen oder verschwinden.

»Ich glaub, jetzt muss ich kotzen«, sagte sie. Entgeistert sah ich sie an: »Das kann nicht dein Ernst sein!« Aber ich wusste, dass sie es sehr ernst meinte.

Sie verschwand.

Nach fünf Minuten kehrte sie zurück. Ohne zu zögern, griff sie mit den Fingern, die eben noch in ihrem Rachen gesteckt hatten, in die Schüssel und schmierte den Teig aufs Blech.

Ich gestand ihr offen meinen Ekel. Im Stillen redete ich mir ein, dass im Ofen alles an Bakterien verbrennen würde. Ich war zu der Zeit allergisch auf das Husten, Niesen, Nasehochziehen aller Menschen und ekelte mich vor unhygienischen Toiletten, Türgriffen, überhaupt vor allen natürlichen Gerüchen oder Spuren, die der Mensch hinterließ.

Ich schob die Bleche in den Ofen, und zwei Stunden später saßen wir alle zusammen, aßen Kekse, tranken Kaffee und plauderten – wie jeden Freitag.

Warum musste Charlotte so enden? Wer hatte das Recht, eine menschliche Psyche gefügig zu machen und ihr den Willen zu nehmen?

Wille war doch Sein! Aber um mich herum hatten die Menschen keinen Willen mehr; keinen Willen, den Zustand, der ihr Leben bestimmt, aus eigener Kraft zu ändern.

Und ich? Ich gehörte immer weniger zu meiner Familie. Geschwister und Eltern waren zu Fremden, zu Eindringlingen geworden. Ich lebte in meiner Suchtwelt, die ich mir sorgfältig errichtet hatte wie eine Burg.

Wer war ich geworden?

Anfangs hatte ich noch Genuss bei der Selbstzerstörung verspürt, wollte mechanisch funktionieren, mich immer weiter in die Enge des Labyrinths treiben. Ich genoss es, mich mit Anschuldigungen, ich sei eine Versagerin, ich sei schwach und unfähig, mich »da draußen« zurechtzufinden, erbarmungslos zu erniedrigen und meine Lebensenergie durch den immer härter werdenden, auferlegten Zwang zu ersticken. Es war berauschend, doch es ging zu weit. Erst Kurt, jetzt Charlotte – wann war ich an der Reihe?

Ich offenbarte mich niemandem, nicht dem Arzt, nicht meinen Eltern, ich kommunizierte nur schriftlich mit meinem zweiten, kranken Ich. Ich schrieb ihm Drohbriefe, ich schrieb ihm Liebesbriefe. Ich erklärte ihm den Krieg und gab dann wieder auf. Essen machte mir noch immer Angst. Ich weigerte mich, irgendwelche linsengroßen, bunten Pillen zu schlucken, und vergrub mich in Büchern, Bildern und Worten. Nur mit Anna verbrachte ich Zeit. Sie war eine wirkliche Freundin geworden, und sie ließ ich an mich ran.

Nach ihrer Phase völligen Rückzuges überredete sie mich, an einem Wochenende nach Zürich zu fahren, um »eins trinken« zu gehen. Es war schließlich Freitagabend, und *man* ging aus. Im Winter nach draußen zu gehen war mit größter Anstrengung verbunden, da es mich unglaublich viel Energie kostete, warm zu bleiben. Die Kälte wirkte wie ein lähmendes Gift auf mich, der Körper zog dann das Blut aus Händen und Füßen, um die Organe warm zu halten. Meine Muskeln verkrampften sich, und meine Haut war weiß mit Ausnahme der geröteten Wangen.

In der Bar, die wir aufsuchten, lag alles im warmen Rot marokkanischer Laternen, die von der Decke hingen. Kerzenlicht schimmerte auf dem dunklen Tresen. Die meisten Gäste standen lässig beisammen, unterhielten sich vielleicht über ihre Woche, lachten über Witze. Andere saßen eng aneinandergekuschelt in den weichen Sofakissen, zündeten sich gegenseitig Zigaretten an oder gossen das Ginglas ihrer Begleitung mit Schweppes auf. Männer musterten Frauen, Frauen musterten Männer.

Ich saß wie ein Neutrum auf einem der Hocker. Ich blickte auf die Menschen und konnte nicht glauben, dass ich auch von ihrer Sorte war. Ich könnte auch anstoßen, könnte ins Gespräch kommen, könnte glänzende Augen haben, eine rauchen und genüsslich Wein oder Bier trinken. Aber ich konnte es nicht. Ich befand mich ganz weit weg vom Ufer, ich trieb auf offener See und scheute mich, an Land zu gehen.

Anna sprach, während ich so dahinüberlegte, zwei Männer an. Sie trugen Anzug und kamen möglicherweise aus einem Werbebüro oder einer Bank. Sie wirkten auf mich wie Riesen, und als sie näher traten, um mit uns zu sprechen, erschlug mich ihre Präsenz fast. Sie luden uns auf ein Getränk ein. Mich nahmen sie nicht so ernst. Ich muss auf sie gewirkt haben wie ein Kind. Wir unterhielten uns, das heißt: Anna unterhielt sich. Ich schwieg und schaute.

Sie kamen ursprünglich aus Biel.

»Und wo kommt ihr her?«, fragten sie.

Anna und ich guckten uns an. Ich druckste.

»Wir haben Freigang aus der Klapsmühle«, sagte Anna schließlich.

Die Männer zeigten sich irritiert, lachten ungläubig und wiederholten ihre Frage.

»Nein, wirklich«, sagte Anna. »Wir wohnen im Irrenhaus und haben heute Abend Ausgang.«

Sie musterten mich und sahen sich Anna ganz genau an.

Um uns herum wurde geküsst, geflirtet und gelacht. Wir selbst waren nur Steine, die am Bachbett lagen und von dieser sprühenden Lebensenergie überspült wurden.

Es blieb bei diesem einen Getränk.

9

Ich fahre mit dem Gator hinunter zum Schuppen, um Öl für Jims Kettensäge zu holen. Seit mittags schon putzen und säubern wir einen Waldpfad, wir schneiden Bäume zurück, holen Baumstümpfe aus der Erde, befreien die Wege von Ästen, die von Bäumen abgebrochen sind, und streuen Komposterde auf den Weg, um den Boden zu nähren. Seit einer Stunde habe ich mit der Kettensäge Holz geschnitten und zerkleinert, es muss mittlerweile vier Uhr sein, denn das Nachmittagslicht wird deutlich schwächer. Meine Hände sind noch immer zittrig von der Anstrengung, ich spüre angespannte Muskeln in meinen Schultern. Im Schuppen wühle ich mich durch riesige Pumpenzangen, Kisten mit Schrauben, Nägeln, mit Totenkopf gekennzeichneten Flaschen, Hämmern und Bohraufsätzen. Ich suche den Ölkanister. Da entdecke ich auf einem höheren Bord einen roten Kanister mit der Aufschrift »Oil«, lange nach ihm und stelle fest, dass er erstaunlich schwer ist. Ich hieve ihn herunter und schleppe ihn vor dem Bauch auf die Ladefläche des kleinen Gators. Ich schüttle meine Hände aus und reibe sie fest aneinander, dann starte ich den Motor. Gegen den Wind rase ich wieder zum Birkenhain hoch, an dem Jim und ich arbeiten. Er steht zwischen zwei Birken, die ich umgelegt habe, und blickt in den Wald. In seiner rechten Hand hängt mit dem Blatt nach unten die Kettensäge. Ich parke den Gator und springe vom Sitz. Ich lehne mich über die Ladefläche, greife den Ölkanister am Henkel und ziehe ihn zu mir heran. Dann hebe ich ihn mit beiden Armen hoch und will ihn abstellen, da rutscht mir das blöde Teil aus den zittrigen Händen, und zwar so, dass die ganze schwarze Suppe aufs Gras fließt.

Ich springe zurück vor Schreck. Der Deckel war anscheinend nicht richtig verschlossen. Ich fluche und starre auf das schmierige, stinkende Gras.

»Das tut mir leid!«, sage ich verzweifelt.

Jim kommt heran, schraubt den klebrigen Deckel des Kanisters ganz ab, legt seine Säge hin und räuspert sich. »Kann man nichts machen.«

»Aber wie krieg ich das sauber?«

Jim füllt etwas von dem verbliebenen Öl in den entsprechenden Behälter seiner Kettensäge, schraubt den Deckel zu, verschließt den Kanister ebenfalls und hebt ihn wieder auf die Ladefläche.

Es fängt eklig an zu stinken, und die schwarze Suppe versickert in der Erde.

»Soll ich einen Spaten holen?«

Jim scheint zu überlegen. Er schaut hinauf in den grauen Himmel und wieder hinunter zur Erde.

Fragend und beunruhigt schaue ich ihn an. Er reibt sich den Bart, den er sich im Winter immer wachsen lässt, und murmelt: »Wir zünden es besser an, dann entsteht kein Loch.«

»Was!?«

»So kriegen wir das Zeug aus der Erde.«

Er legt die Säge ebenfalls auf die Ladefläche des Gators.

»Du meinst, das brennt?«, frage ich verunsichert und schaue, wie es Jim eben getan hatte, in den Himmel, um den Abstand bis zu den ersten gelben Birkenblättern auszumessen.

Er geht einige Schritte in den Wald, bricht sich Stöcke zurecht, schraubt den Benzinbehälter der Kettensäge auf, tunkt einen der Stöcke und ein paar zur Schnur gedrehte Gräser hinein und zündet sie mit dem Feuerzeug an. Ich hole ebenfalls Äste aus dem Dickicht. Ich schleppe ein paar Hölzer an, und nach fünfzehn Minuten brennt der kleine Scheiterhaufen über der Öllache. Schmierige Flammen züngeln empor. Auf meinen Fersen hocke ich daneben und stochere mit einem dicken Stock in der glühenden Erde. Schwarzer Qualm wallt mir, je nachdem, wie sich der Wind gerade dreht, ins Gesicht. Meine Augen brennen, und ich kauere bald neben Jim und starre in die Flammen. Es ist, wie ich finde, trotz meines Missgeschicks ein glücklicher Moment.

Wir schweigen. Dann überkommt mich ein Anflug von Trauer. Mein Glück scheint auf einmal fragil, die Vergänglichkeit des Momentes wird mir bewusst. Ob ich tatsächlich den Mut hätte, entgegen aller Vorstellungen eines geordneten Lebens meinen Traum vom Leben in der Natur mit meinen eigenen Tieren wahr zu machen? Könnte ich im Winter vom Verkauf selbstgehackten Feuerholzes leben und im Sommer junge frische Pferde auf einer Ranch reiten und trainieren? Könnte ich auf Kojoten schießen, die meine Kälber reißen, und Freundschaften mit den Leuten aus dem nächsten Ort knüpfen? Ich versuche mir die Vorteile von Gesellschaft und sozialem Leben in der Stadt vor Augen zu führen und komme zu dem Schluss, dass es darin eigentlich nur um Konkurrenz und Selbstdarstellung geht.

»Wenn ich mich doch hier so wohl fühle, warum kann ich nicht einfach bleiben?«, frage ich Jim. »Jedes Mal, wenn ich hier bin, ergeht es mir so, dass ich nicht zurück in die Stadt will. Ich spüre, wie mich die Natur erst einschüchtert und dann mit sich zieht, ja einholt, je vertrauter sie mir wird. Mir ist es rätselhaft, wie ich es in der Stadt aushalte. Man wird zum manipulierten Objekt einer Vorstellung von Werbern und Medienmachern. Ich bin dort nie ich selbst, sondern das, was ich vor anderen das Gefühl habe darstellen zu müssen.«

Jim schweigt. Er stochert in der Glut. Dann murmelt er in seinen Bart hinein: »Die meisten Trapper, die jahrelang in der Wildnis gelebt haben, sind erst im Alter wieder in die Zivilisation zurückgekehrt.« Jim wendet mir sein Gesicht zu, zum ersten Mal habe ich das Gefühl, dass er mir in die Augen schaut.

»Ich glaube, wenn man jung ist, macht einem die Einsamkeit nichts aus – erst im Alter sehnt man sich nach Gesellschaft. Dann will man Geschichten erzählen und sich austauschen.«

»Um Geschichten erzählen zu können, muss man gelebt haben. Dafür bleibt immer weniger Zeit.«

»Was ist leben?«, fragt Jim.

»Es ist überleben.«

Jim zuckt mit den Schultern und nickt. »Es ist ein Kampf.« Das Feuer wird sehr groß und heiß, an meinen Oberschenkeln glüht der Stoff meiner Jeans, ich muss etwas zurückweichen.

»Es *war* ein Kampf«, sage ich. »Heutzutage sichern sich die Menschen doch an allen Fronten ab, um die Angst und die Auswirkung ihres Handelns berechnen zu können. Das Schicksal aber ist nicht berechenbar, und deshalb lassen wir uns gar nicht mehr darauf ein.«

»Einst wollten wir nur überleben, so entstand der Jagdinstinkt, und wir jagten und sammelten, um unsere Existenz zu sichern; Tag für Tag aufs Neue«, meint Jim. »Wir pflanzten uns auch fort, um zu überleben.«

»Heute ist es selbstverständlich, dass wir bestehen bleiben, ja, das steht für den Einzelnen gar nicht mehr in Frage. Der ursprünglichste Wille, einfach am Leben zu sein, wird demnach umgeleitet auf Bedürfnisse, die von anderen in uns geweckt werden – nichts als berechenbare Ausweichmöglichkeiten.«

»Uns zieht das an, was uns Gewissheit vermittelt. Gewissheit nimmt uns die Angst.«

»Ist es das, was uns dann unglücklich macht? Dass wir in einer zu engen gesellschaftlichen Struktur fremdbestimmt und fremdbeeinflusst sind und nicht erinnern, nicht wahrhaben wollen, was einmal unser einziges und stärkstes Bedürfnis war?« Mir drängt sich der fast schon bedrohliche Gedanke auf: Ich muss Rancher und Cowboy werden, egal wie! Denn alles andere wäre nicht das, was ich wirklich will. Ich überlege fieberhaft, was für mich persönlich gleich nach dem Bedürfnis kommt, den Alltag zu bewältigen und zu schreiben. Nein, da ist nichts anderes. Direkt danach kommt bei mir das Bedürfnis, aus der Haustür zu treten und Teil der Wildnis zu sein. Ich weiß, dass ich mein Leben ändern müsste, sollte ich es wagen, meinem Herzen zu folgen. Doch je länger ich darüber nachdenke, je mehr ich verstehe, dass es auch schon vor Hundert Jahren Menschen gegeben hat, die das gleiche Verlangen verspürt haben wie ich heute, desto lauter wird meine innere Stimme. Es ist möglich, ich muss es nur suchen, ich werde es finden, und ich kann es schaffen, wenn ich will.

»Wusstest du, dass die Indianer Süßkartoffeln in der Asche gegart haben?«, lenkt Jim vom Thema ab, und ich bin ihm dankbar dafür.

»Nein. Ich sollte es probieren«, sage ich lächelnd.

»Eigentlich hatten die nur wenig zu essen. Mais, Fleisch,

Nusskerne, Wurzelgewächse, das war's. Aber sie waren hart, zäh, ausdauernd, und sie konnten über Tage hinweg ohne Nahrung überleben.«

Wir lassen das Feuer ausbrennen und kippen noch den letzten Rest Kompost von der Traktorschaufel auf dem Pfad aus. Da entdecke ich in der Humuserde einen armlangen, faustdicken Knochen. Das muss ein Überrest von dem Pferd sein, das sie letztes Jahr im Kompost begraben haben.

Ich hebe ihn auf und halte ihn waagerecht in beiden Händen. Er ist so lang wie mein Arm, die Gelenkkugeln größer als meine Fäuste, porös und ganz leicht. Ich habe keine Angst vor dem Tod. Ich habe nur Angst davor, im Sterben zu liegen und zu sagen: »Eigentlich hätte ich gerne ... Eigentlich wäre ich gerne ...«

Und da entpuppt sich die Denkhaltung, welche es mir, trotz allem, immer wieder ermöglicht hat, weiterzuleben. Denn die Aussicht darauf, irgendwann zu sterben, hat für mich eher die Konsequenz, jeden Tag bewusst die Entscheidung zu treffen, das Leben zu führen, das ich führen will. Ich weiß, dass der Weg dorthin lang sein wird. Und da ist natürlich die Ungewissheit, ob ich es jemals an mein Ziel schaffen werde. Aber wenn ich jeden Tag eine weitere Entscheidung fälle, die mir den Weg dorthin bahnt, wird es leichter sein, mit der Ungewissheit umzugehen.

Ich betrachte den Knochen und finde, dass er die Farbe von handgeschöpftem Papier hat.

10

An jenem Abend in der Bar hatte ich die Zerrissenheit gespürt zwischen normalem Leben und Littenheid. Mein Aufenthalt in der Klinik hatte nichts mit Alltag zu tun. Ich hatte keine »normalen« Freunde mehr, keinen Kalender, keine Aufgabe. Niemand in der Gesellschaft brauchte mich, niemand schien mich zu vermissen. Das große Rad drehte sich auch ohne mich und all die anderen Insassen von Littenheid. Ich war faktisch tot und musste überlegen, als was ich wiedergeboren werden wollte. Meine Zukunft bestand nur aus einer utopischen Kilozahl – der 50. Dahinter lag eine scheinbar unüberwindbare Salzwüste: die Zukunft.

Es gab Tage, da hielt ich die Klinik nicht mehr aus. Ich wollte alles überwinden, ich wollte den Neuanfang machen und somit das Hier und Jetzt als Vergangenheit erklären. Es machte mich unruhig, dass andere Menschen lebten und liebten, genießen konnten und dankbar waren und ich ungeduldig mit einem Teelöffel den Tunnel durch meine gestörte Psyche grub, in der Hoffnung, irgendwann ans Tageslicht zu stoßen. Ich wollte den Zustand ändern, aber ich konnte es nicht, ich wagte es nicht. Da draußen warteten Bedingungen auf mich: Schulabschluss, Beruf und Karriere. Doch mir fehlte die Voraussetzung all dessen – mir fehlte ein Ort, an dem ich mich zu Hause fühlte. Die Schweiz gab mir dieses Gefühl nicht, und so wurde mir klar, dass ich noch überhaupt nicht bereit war hinauszugehen und das Leben am Schopf zu packen.

Aber ich konnte auch nicht ewig hierbleiben. Ich sah mich unerbittlich mit meiner Angst davor konfrontiert, rauszugehen und zu versuchen, ein glücklicher Mensch zu werden.

Dr. Wagner nannte das: »Ängsten begegnen, um sie überwinden zu können.«

Ich hatte ganz unterschiedliche Ängste. Ich hatte Angst, meinen Eltern zu widersprechen, ich hatte Angst, kräftig und stark zu werden, ich hatte Angst, gesund zu werden, weil Gesundheit einer Sackgasse gleichkam. Die größte Schwierigkeit, von einer psychischen Krankheit abzulassen, besteht darin, auf die Aufmerksamkeit und die scheinbare Anteilnahme von Ärzten und Therapeuten verzichten zu müssen. Es gab wenige Auswege aus meiner Situation. Oder auch: Es gab gar keine.

Ich ging nun zweimal die Woche zu Dr. Wagner. Es ärgerte mich, dass er mich anscheinend durchschaute. Ich wollte seinen rhetorischen Schachzügen nicht unterliegen. Doch irgendwann packte er mich da, wo ich am empfindlichsten war – an meinem Ehrgeiz. Monatelang hatte ich große Worte gesprochen, ohne Taten walten zu lassen. Ich hatte ganz gescheit dahergeredet, mich furchtbar intellektuell gegeben, aber wenn's darum ging, einen Joghurt aufzuessen, machte ich mir fast in die Hose.

Vielleicht warf er mir vor, ich könne zwar gut reden, sei aber mutlos und ein Angsthase. Vielleicht sagte er mir, wenn ich tatsächlich so hart im Nehmen sei, warum würde ich es dann nicht schaffen, Speck auf meine Knochen zu kriegen.

Und da unterlag ich doch. Wie ich mich schämte, Opfer von einer so bescheuerten Schwächlingskrankheit zu sein. Wie ich mich schämte, immer die große Klappe zu haben, dass mir alle unrecht taten und getan haben, ich mich aber am wenigsten akzeptieren konnte und ich es war, die sich am meisten Schaden zufügte. Wie bescheuert es doch war, sich täglich mit ein und demselben Gedanken auseinanderzusetzen, nur um vor der Konfrontation mit dem Ernst des Lebens zu flüchten! Und zuletzt: Wie verwöhnt ich war, mich zwischen weiß getünchten Wänden, im Angesicht gut bezahlter

Ärzte und im Schutze einer Institution meinen Problemen zu widmen. Hatte ich nicht immer rausgewollt aus dem goldenen Käfig?

Na, Louise?

Traust du dich etwa nicht?

Verdammt, ich saß in einer Falle.

Mit großer Genugtuung schob Dr. Wagner mir die Taschentücher über den Glastisch zu. Doch ich weigerte mich, eines zu nehmen, wischte stattdessen die Augen an meinem Ärmel trocken. »Ich brauche keine Scheißtaschentücher!«, sagte ich trotzig. Er zog sie zurück und überschlug seine Beine andersherum.

Dann kam der Freitag, an dem uns Silvia verlassen sollte. Freitags wurden immer die Austritte bekanntgegeben und die Abschiede gefeiert. Sie sollte aber nicht freikommen, sie wurde verlegt – in eine andere Klinik.

Silvia war nach einem Jahr, zwei Jahren – niemand von uns wusste es genau – in Littenheid nicht mehr zu halten. Ihr Verhalten besserte sich in keiner Weise. In der Station ging schon die ganze Woche das Gerücht um, dass Silvia nach Bern »umziehen« würde. Als Silvia selbst davon erfuhr, schnitt sie sich drei Nächte hintereinander die Adern auf und tat alles, um in die Notfallstation des nächsten Krankenhauses eingeliefert zu werden. Nachts lag ich wach und hörte die Sirenen, sah das Blaulicht an meinen weißen Wänden entlanggleiten.

Doch der Freitag kam.

Wir saßen wie immer im Kreis, aßen Himbeerquarktorte, rekapitulierten die vergangenen fünf Tage und besprachen, was jeder am Wochenende unternehmen wollte. Silvia saß da wie jemand, den man drauf und dran war lebendig zu begraben. Bleich.

Als Herr Wagner das Wort ergriff und ansetzte, dass

»Silvia ...«, brach die Frau in ein fürchterliches Schluchzen aus. Ihr ganzer dicker Körper bebte. Ihre hohe Stimme überschlug sich, und sie zog mit jedem Atemzug die Nase hoch. Herr Wagner brachte ungerührt seine Rede zu Ende. Irgendwann stand Katharina, die Ergotherapeutin, auf, hockte sich vorsichtig an Silvias Seite und hielt ihr die Hand. Wir seien ihre Familie, presste Silvia unter großer Anstrengung hervor. Ihre Stimme war so hoch, dass sie sich immer wieder überschlug und sie ins Stottern kam. Das sei ihr Zuhause, man könne sie nicht einfach wegschicken.

Ich senkte wie alle betroffen meinen Blick. Das hier ist nicht mein Zuhause, dachte ich in dem Moment. Ich kann hier nicht bleiben. Ich muss hier weg, bevor es zu spät ist.

Keiner sprach.

Silvias Weinen wurde unerträglich laut. Dann riss sie sich zusammen, erhob sich mühsam vom Stuhl und schleppte ihren Leib zur Tür. Katharina ging ihr nach. Aber Silvia rief, so laut sie konnte: »Bleib da!«

In den Monaten mit Silvia hatte ich erfahren, wie eine Depression zu Treibsand werden konnte. Die menschliche Psyche besitzt die Kraft zur völligen Selbstzerstörung. Sie kann einen immer tiefer ziehen, bis man bis zum Hals eingesunken ist und es unmöglich wird, sich mit eigener Willenskraft aus dem psychischen Schlamassel zu ziehen. Leiden erweckt Mitleid und Aufmerksamkeit – Silvia konnte gar nicht mehr gesund werden, da sie, auf sich selbst gestellt, vollkommen lebensunfähig geworden war. Sie war wie ein Zootier, das keine Ahnung mehr hatte, was es bedeutete, durch die Savanne zu rennen und das nächste Wasserloch zu suchen. Ich glaube, sie wird noch heute in einem Gehege leben, in dem es immer um 12 Uhr Mittagessen und um 18 Uhr Abendessen gibt, in dem immer ein Arzt da ist, wenn sie blutüberströmt nach Hilfe ruft.

Mir war klar, dass ich hier rausmusste, wenn ich selbstbestimmt leben wollte. Um rauszukönnen, musste ich die 50 Kilo Gewicht auf die Waage bringen, koste es, was es wolle.

Die sind krank, dachte ich. Aber ich gehöre nicht mehr dazu. Jetzt muss ich mich entscheiden.

Entscheidungen zu treffen ist ein zentraler Bestandteil unseres Lebens. Und Leben bedeutet Nahrungsaufnahme. Nahrungsaufnahme bedeutet Wärme und Gesellschaft.

Ich stellte mir vor, wie schön es sein konnte, in einer Runde mit netten Menschen zu sitzen, Lammragout zu essen, Wein zu trinken und sich Geschichten zu erzählen.

Ich begann, ernsthaft an meiner Gewichtszunahme zu arbeiten. Wie üblich bei so langer Nahrungsverweigerung entwickelte mein Gehirn in manchen Situationen eine solche Fresssucht, dass ich nicht mehr aufhören konnte zu essen. Die Lust war so überwältigend groß, ich schaffte zwanzig Pralinen plus neun Kekse oder eine ganze Pizza ohne Widerstand. Danach erst schlich sich die Angst ein.

Ich schaffte es aber immer häufiger, diesen Ängsten zu begegnen und sie zu überwinden. Jeden weiteren Morgen stellte ich fest, dass ich trotz der Nahrungsmittel, die ich meinem Verdauungsapparat zugeführt hatte, noch lebte.

Man begann meine Blutwerte täglich zu kontrollieren. Mir wurde nun morgens um sechs Uhr Blut abgenommen. Dann klopfte es an meiner Zimmertür, und immer der gleiche Betreuer mit nierenförmigem Edelstahltablett in den Händen trat ein. Darauf lagen fein säuberlich Spritze, Gummimanschette zum Abbinden und Kanülen fürs Blut. Einmal musste er viermal in den einen Arm, dann zweimal in den anderen Arm stechen, bis beim siebten Versuch endlich das Blut kam. Er muss so aufgeregt, ungeschickt oder unerfahren gewesen sein, dass er die Vene einfach nicht erwischte. Er hatte eiskalte Finger und schien sich fast ein bisschen vor mir zu fürchten.

Im Februar wog ich knapp 50 Kilo – die Bedingung für meine Freilassung hatte ich somit erfüllt.

Womit ich nicht gerechnet hatte, war, dass mich eine Woche vor meinem geplanten Austritt ein Grippevirus befiel. Ich lag drei Tage mit Fieber im Bett und bekam höllische Angst, ich könnte mein Gewicht wieder verlieren und müsste dann noch länger hierbleiben. Keinen Tag länger, schwor ich mir. Krampfhaft klammerte ich mich an den Termin. Der Freitag kam, ich fühlte mich gesund, das Fieber war weg, und von der Grippe war nur eine leichte Erkältung übrig geblieben.

Nun war ich es, die sich von allen verabschieden musste. Alles hier hielt mich nur auf, mein Leben weiterzuleben. Ich war getrieben von diesem absurden Traum, irgendwann dort hinzukommen, wo ich keine Erwartungen mehr würde erfüllen müssen. Auf einmal schien mir jeder Tag wie mein letzter, jeden dieser letzten Tage musste ich es schaffen, dem Ort meiner Träume näher zu kommen. Zugesehen zu haben, wie Kurt, Charlotte und Silvia in diesem System zusammenbrachen, bewirkte in mir ein fürchterliches Angstgefühl, auch bald in mich zusammenzufallen.

Ich verließ die Klinik mit dem Bus, und ich sah nicht einmal zurück. Am Bahnhof in Wil stieg ich in den Zug um und fuhr alleine nach Hause, da meine Eltern Urlaub im Engadin machten. Dort wollte ich auch hin. Und so setzte ich mich noch am Samstag nach meiner Entlassung im Züricher Hauptbahnhof in den Zug nach St. Moritz, um meine Familie im Skiurlaub zu besuchen. Jeder Schweizer weiß: Wenn man mit einem Schnupfen in die Berge fährt, wird aus dem Schnupfen ein Schüttelfrost.

11

Aus der windschiefen Kneipe »Skunk Hollow« (»Stinktierhöhle«), die von zwei Laternen und einer Wandleuchte angestrahlt wird, dringt Musik, die Stimmen von Menschen mischen sich darunter. Kreuz und quer parken die Trucks auf der Straße. Vor dem Eingang stehen mehrere Typen in meinem Alter zusammen und rauchen, den Hals ihrer Bierflasche zwischen Ring- und Mittelfinger geklemmt. Sie tragen Mützen, zerschlissene Jeans und Strandsandalen im November. Ich dränge mich an ihnen vorbei und hoffe, Jim möge schon da sein, ich hatte mich gestern mit ihm für 20 Uhr hier verabredet. Es ist Mittwoch, und mittwochabends ist hier Open Mike, jeder, der Lust hat, darf auftreten, singen.

Ich komme kaum durch die Tür. Der unebene Fußboden ist mit gewölbten, genagelten Holzdielen ausgelegt. An den Wänden hängen die Bilder schief, und die Deckenbalken scheinen sich unter dem Gewicht des ersten Stockwerks zu biegen. Die Menschen stehen Schulter an Schulter, Rücken an Rücken. Es riecht nach Hopfen und frisch gewaschenen Haaren. Soweit ich auf die Schnelle erkennen kann, ist Jim noch nicht da. Ich schiebe mich zur Bar vor und muss lange warten, bis ich beachtet werde.

»*Hi, honey, what you want?*«, spricht mich endlich die breite Frau hinter dem Tresen an, die nebenbei ein Bier zapft.

Ich bestelle Gin Tonic. Sie mustert mich von der Hüfte bis zum Scheitel und meint nach kurzer Überlegung, sie müsse meinen Ausweis sehen.

Ich sage, ich ginge zum Teufel auf die dreißig zu!

Das könne sie leider nicht erkennen, sagt sie und verlangt nach einem Pass.

Ich lege das Dokument, in dem mein Geburtsjahr vermerkt ist, auf den Bartresen und verlange ein zweites Mal »Gin Tonic«. Mit der gleichen Miene, mit der sie eben noch das Bier gezapft hat, mixt sie mir den Longdrink und verlangt dann aber lächelnd das Geld. Ich bezahle und drehe mich um. Da steht Jim. Mit einer Handbewegung ordert er Bier.

In der Ecke bei der Eingangstür stellen drei Jungs einen Verstärker auf und schließen ihn an eine Gitarre an. Einer richtet das Mikrofon, es folgt der Soundcheck. Dann kündigt sich die erste Sängerin an. Es ist eine Frau in einem knöchellangen Wollkleid. Sie trägt Birkenstocksandalen und hat sich die Gitarre vor den Bauch geschnallt wie andere Frauen ihre Säuglinge. Sie gibt dem Keyboarder ein Zeichen, und dieser spielt die Akkorde von *Blue Bayou* an.

Wieder und wieder singt sie den Refrain »... *on blue bayouuuu* ...«, genüsslich und mindestens zehnmal wiederholt sie diese drei Worte. Der letzte Akkord ist fast verklungen, da lässt sie den Hals ihrer Gitarre los und lächelt zufrieden.

Weitere Kandidaten stellen oder setzen sich ans Mikrofon und spielen Songs. Es wird lauter. Die Lieder von Pink Floyd singen alle mit. Farmer und Holzarbeiter spielen Frankie Laine, George Jones' *Ruby don't take your love to town* und eigene Songs. Ein hagerer Mann mittleren Alters, der eine Kette aus Holzperlen um den Hals trägt und Augen wie Steinkohle hat, spielt so gut Gitarre, dass die Zuhörer drei Zugaben verlangen. Wir klatschen und tanzen. Jim bestellt ein zweites Bier und einen zweiten Drink für mich.

Da stellt sich einer ans Mikro und fragt: »Wer kann Willie Nelsons' *Mammas don't let your babies grow up to be cowboys* singen?«

Ich zucke zusammen. Ich kann Willie Nelson singen, denke ich.

Jim schaut mich fragend an.

»Lass uns singen«, sage ich.

»Nein«, wehrt Jim ab.

»Komm schon, Jim.« Ich trete einen Schritt vor und sage: »Wir singen!«

Jim weigert sich immer noch. Ich fasse in den zwanzig Jahren, die ich ihn kenne, zum ersten Mal seine Hand. Sie ist warm.

»*Mammas don't let your babies ...?*«, setzt der Typ an der Gitarre mit der ersten Strophe an.

Ich nicke. Flehend schaue ich über die Schulter zu Jim, doch er will nicht. Eine andere junge Frau kommt ans Mikro und meint, sie würde mit mir singen. Sie ist schlank und muskulös, hat weißblonde, wirre Haare, in denen eine Margerite steckt. Ihre Haut ist so braun wie eine Wurzel, die man gerade aus der Erde gegraben hat. Sie sieht mich mit großen, leuchtenden Augen an und sagt mit breitem Lachen: »Ich habe noch nie jemanden getroffen, mit dem ich Willie Nelson singen kann.«

»Ich auch nicht«, erwidere ich.

Der Trommler fängt an zu trommeln, und der Gitarrist mit den prügeldicken Oberarmen beginnt zu spielen.

Mama don't let your babies grow up to be cowboys
Don't let 'em pick guitars and drive them old trucks
Make 'em be doctors and lawyers and such
Mama don't let your babies grow up to be cowboys
They'll never stay home and they're always alone
Even with someone they love
Cowboys ain't easy to love and thei're harder to hold
And they rather give you a song than diamonds or gold
Lonestar belt buckles and old faded Levi's
Each night begins a new day

And if you don't underdstand him
And he don't die young
He'll probably just ride away
…

Das Singen fühlt sich gut an, merke ich. Singen findet nicht im Kopf statt, sondern im Hals und im Bauch, und das tut mir gut. Alles um mich herum tut mir gut, weil nichts von alldem einen kulturellen oder intellektuellen Anspruch hat, weil mein Kopf und all die Gedanken zwar da sind, aber hier und jetzt nicht die Hauptrolle spielen.

Ich denke an die Flamencobar in Sevilla zurück, schaue in die rotbackigen Gesichter um mich herum und bin froh, nicht mehr nur Betrachter, sondern gemeinsam mit anderen Teil des Vergnügens zu sein.

12

Die Rhätische Bahn fuhr, nachdem sie sich drei Stunden über den Albulapass gewunden hatte, in den Kopfbahnhof von St. Moritz ein. Mein Vater stand am Bahnsteig, um mich abzuholen.

Es war eigenartig, in die Familie zurückzukehren und so zu tun, als sei nie etwas gewesen. Ich versuchte, mich so »gesund« wie möglich zu verhalten. Natürlich war ich immer noch sehr dünn, und ich achtete extrem darauf, was und wie viel ich aß. Ich konnte nicht Ski fahren, weil ich mich dazu noch zu schwach fühlte. Stattdessen ging ich spazieren, mit meiner Mutter oder alleine. Meine Mutter war vom ersten Tag meiner Rückkehr an wieder extrem besorgt. Nun, da ich wieder in der Familie war, stand stets die Frage im Raum: War alles wieder gut – oder nicht?

Widerwillig lutschte ich Hustenpastillen, die anderen Symptome des noch nicht überstandenen Infekts versuchte ich zu verdrängen. Jetzt muss alles wieder gut sein – alles wie früher, redete ich mir ein.

Wir sprachen nicht über die Klinik. Keiner wollte sich danach erkundigen. Was sollten sie auch fragen? Wie war's denn in der Klapse? Laufen dort wirklich alle in Zwangsjacken rum?

Nein, Littenheid war nun Vergangenheit.

Wenn ich keinen Kuchen zum Tee aß, wurde meine Mutter unruhig. Aber ich konnte nicht! Der Dämon war zurück, und keiner war da, der mir ein Schwert reichte, damit ich ihm den Kopf abschlagen konnte.

Es dauerte keine drei Tage, da hatte ich wieder zwei Kilo runter. Ich kränkelte, mir lief die Nase, und ich hatte Halsschmerzen. Meine Mutter wurde immer nervöser, und mein Verhalten strengte sie an. Am dritten Abend gingen wir nicht weit von unserem Haus im Restaurant essen, wo wir Freunde trafen. Man sagte, ich sähe »gut« aus, aber das konnte nicht stimmen. Ich aß drei Bissen Lamm und etwas Reis. Am ungewöhnlichsten war es, mich wieder in Gesellschaft zu erklären. Ich musste über Zukunftspläne, Berufsvorstellungen und andere wichtige Dinge reden. Diese Sprache hatte ich völlig verlernt. Ich konnte mich nur schwer auf eine Unterhaltung einlassen. Gesellschaft zu haben, empfand ich zwar als etwas Unterhaltsames und Anregendes, doch ich fühlte mich, als stünde ich hinter einer Glasscheibe, und mein Gesprächspartner redete vor sich hin, ohne dass ich ihn hören konnte. Ich sah nur zu, wie er gestikulierte und jäh innehielt, die Augenbrauen hochziehend verstummte und abwartete. Erst dann wurde mir klar, dass er eine Antwort auf seine Frage, die ich nicht gehört hatte, erwartete. Ich gab mir Mühe, meine Zukunftspläne in Worte zu fassen (denn in dieser Gesellschaft ging es immer nur um die Zukunft). Aber wie sollte denn meine Zukunft aussehen? Zurück in die Schule? Kritisch oder neugierig wurde ich beäugt, während ich sprach. Ich konnte die Blicke jener kaum ertragen, die auf der anderen Seite der Glasscheibe standen, in meinem Alter waren und auf die Hotelfachschule in Lausanne gingen oder in England ihren Bachelor machten. Ich hatte mich selbst aus diesem System ausgestoßen, und nun schien es, als gäbe es keine Rückkehr mehr.

An jenem Abend ging ich unruhig, schwach und mit Kopfschmerzen ins Bett. Die Nacht brach pechschwarz über mir zusammen. Ich lag dürr und fröstelnd unter der aufgeplusterten Daunendecke.

Der Dämon war da und redete mir ein, ich würde mich auflösen. Wie von einem lang gekochten Suppenhuhn würde das Fleisch von meinen Knochen fallen. Ich würde es nicht mehr festhalten können.

Wehrlos gegen diese Angstphantasien lag ich in meinem Bett und zählte die Astlöcher in der Vertäfelung der Zimmerdecke. Ich drehte mich von einer Seite auf die andere. Meine Schultern und Hüftknochen schmerzten. Wie ein Wasserpegel stieg die Angst. Ich konnte niemanden wecken, meine Mutter würde verzweifeln, wenn ich jetzt nicht gesund wurde. Ich begann zu zittern, mir wurde kalt und heiß zugleich, und meine Zähne klapperten. Ich machte das Licht an und versuchte mich mit Atemübungen zu beruhigen. Doch meine Zähne schlugen unaufhörlich aufeinander.

So oft hatte ich in diesem Zimmer gelegen, hatte nicht schlafen können, hatte *Effi Briest* gelesen, hatte geschrieben, die Astlöcher und die Stunden gezählt. Ich kannte diese Nächte in den Bergen, in denen man keine Ruhe fand.

Innerhalb weniger Minuten war ich nassgeschwitzt. Meine Glieder wurden schwächer, und ich hatte kaum Kraft, die

Decke zur Seite zu schlagen und mich hochzuziehen. Schlotternd saß ich auf der Bettkante und beschloss, meinen Vater zu wecken. Ich schlich barfuß im Dunkeln die eiskalten Treppenstufen hinunter.

Meine Eltern riefen sofort eine Ärztin im Dorf an. Nach fünfzehn Minuten saß sie an meinem Bett. Meine Mutter stand in der Tür und sah elend aus. Sie wusste einfach nicht mehr weiter – auch sie hatte keine Kraft mehr. Ich lag im Bett und bangte. Die Ärztin maß Fieber und riet meinen Eltern, mich ins zwanzig Minuten entfernte Samedan auf die Notfallstation zu bringen.

Immer ich. Immer ich!

Mein Vater sagte, er würde mich begleiten, und zog sich an. Ich zog mir trockene Hosen und einen Pullover über. Meine Mutter bestellte das Taxi. Ich weiß nicht, wie spät es war. Ich weiß nur, dass ich froh war wegzukommen.

Wir glitten ohne Gegenverkehr durch die eiskalte, sternenklare Nacht. Wie eine schwarz in sich erstarrte Wassermasse türmten sich die Berge am Nachthimmel auf. Die Mondsichel hing an einem seidenen Faden darüber.

Zwischen mich und meinen Vater klemmte sich der Dämon. Er lachte mich aus: »Siehst du, du verreckst doch. Ich hab es gewusst. Ich mach dich kaputt, ich zertrete dich wie eine Schnecke, breche dich in Stücke. Du willst doch gar nicht mehr leben, gib's zu!«

Ich zitterte, konnte nicht sprechen.

Als Nächstes lag ich auf der Intensivstation in einem riesigen Bett, umgeben von Monitoren, Schläuchen und Lichtern. Man legte eine Infusion und gab mir Sauerstoff. Die Krankenschwestern waren sehr fürsorglich und liebevoll.

Ich fühlte mich gerettet. Der Dämon wurde leiser, verzog sich auf einen der Stühle und nickte ein. Mein Vater blieb noch eine Weile neben mir und fragte immer wieder, ob alles gut sei. Man diagnostizierte eine Lungenentzündung, was ich aber nicht mehr mitbekam. Ich fiel in ein Delirium, halb erleichtert, halb tot, halb schlafend. Das Fieber stieg an. Ich träumte, ohne richtig zu schlafen.

Meine ganze Familie ist am Strand versammelt und schaut einem braungebrannten Typen zu, der eine neue Wassersportart betreibt. Sie singen dazu, und es läuft Musik wie in einer Surferdoku. Kaum hat er seine Vorstellung beendet, rollt eine gigantische Welle heran und überspült den ganzen Strand, reißt die Fenster der Busstation in Littenheid ein und zerstört mein Weihnachtsgeschenk, das ich für meine Eltern bereitgelegt habe. Alles schwimmt im Wasser, die Menschen können sich gerade noch so vor dem Ertrinken retten.

Die erste Nacht verging und die zweite. Als sich mein Zustand stabilisiert hatte, verlegte man mich auf ein Zimmer.

Die Schmerzen in den Lungen brannten, und es fühlte sich an, als lägen Wackersteine auf meiner Brust, die ich durchs Atmen kaum anheben konnte. Manchmal wachte ich in der Nacht auf und klingelte nach der Schwester, weil ich glaubte, ich würde ersticken.

Von den Antibiotika wurde mir speiübel. Appetitlos saß ich zur entsprechenden Tageszeit vor dem Tablett mit Essen und konnte kaum hinsehen. Mein Gewicht sank innerhalb von drei Tagen auf 37 Kilo. Die Tage schienen endlos, die Nächte vergingen im Rhythmus von Wachen und Schlafen, Fieberträume verfolgten mich.

Tagelang schwamm ich auf dem Lammfell, das man mir als Unterlage ins Bett gelegt hatte, durch die Zeit. Meine Mutter kam vorbei und brachte Hörkassetten und Zeitschriften. Doch ich konnte nichts hören, nichts sehen, nichts lesen. Mir taten die Knochen weh, und ich schaffte es gerade, mich zur Toilette zu schleppen. In den Spiegel über dem Waschbecken zu schauen, traute ich mich nicht, aus Angst, nichts darin zu sehen. Ich starrte an mir hinunter und dachte immer wieder: weniger geht nicht, weniger überlebe ich nicht. Dann wankte ich zurück ins Bett.

Ich wachte und schlief. Das Fieber blieb hoch.

Morgens lag weißes Licht auf meiner Bettwäsche und dem Linoleumfußboden. Die Wintersonne knallte auf die weißen Wände, die mich umgaben. Ich sah, den Kopf zur linken Seite geneigt, aus meinem Fenster in die strahlende Engadiner Sonne auf den unfassbar weißen, dicken Schnee und die Berge. Unterhalb des Spitals befand sich eine dick verschneite Weide, die nur noch an den fünf Zentimetern Holzzaun, der ringsherum aus dem Schnee ragte, als Weide zu erkennen war. Auf dieser Weide standen ein Wassertank und ein verrosteter Wagen, in dem manchmal Heu steckte. Und auf dieser Weide standen Kühe. Sie waren bis zum Bauch im Schnee eingesunken, und ich fragte mich, wie sie sich überhaupt fortbewegen konnten, um zum Heu zu gelangen. Sie standen einfach da, in der Sonne, taten- und bewegungslos.

Jeden Morgen, wenn die Sonne wieder aufging oder wenn mal ein Sturm fegte oder Nebel im Tal hing, schaute ich auf diese Kühe, die im Schnee feststeckten.

Ich weiß nicht, wie viele Tage ich so lag. Nachts wartete ich mit offenen Augen. Ich glaube, ich wartete darauf, dass endlich der Tod kam. Doch er ließ auf sich warten. Ich rief nach der Schwester, sie gab mir eine Tablette und verließ mich wieder. Ich schloss nur die Augen, wollte nicht schlafen. In meinen Ohren sauste das Fieber, ich glaubte, Stimmen zu hören, glaubte, ich würde mich sehen, wie ich damals im Garten mit meinem Bruder Cowboy und Indianer gespielt hatte. Und was als friedliches Spiel begonnen hatte, wurde zum Alptraum.

»Zurück!«, rief mir mein Bruder mit bebender Stimme zu. »Sie haben uns gesehen!« Je näher die Indianer auf ihren Pferden kamen, desto deutlicher konnte ich ihre nackten Oberkörper erkennen und den blinkenden Schmuck an Beinen und Brust, den ich schon aus der Ferne wahrgenommen hatte. Mit schrecklichen, blutrünstigen Schreien preschten sie heran.

Ich war vor Schock verstummt, nur mein Bruder schien die Sinne zu bewahren. In seinen Augen glaubte ich das Feuer eines erbitterten Kämpfers zu sehen. Ich tat, was er mir befahl. Behende sprang er vom Bock unseres Wagens und machte die Mulis vom Geschirr los. Er gab mir ein Zeichen, ich solle vom Pferd steigen. Im nächsten Augenblick hatte er die Mulis hinter unserem Wagen aufgereiht und das eine jeweils vors andere gebunden, so dass mit den Pferden ein geschlossener Kreis um uns herum entstand. Innerhalb dieser lebenden Schutzmauer hatten wir Zeit, die Waffen anzulegen und Patronen auszuteilen. Kauernd erwarteten wir die Meute. Trotz der Hitze kroch mir die Gänsehaut über den ganzen Körper.

»Hinlegen!«, wies mich mein Bruder an. »Flach auf den Boden!«

Ich schmiss mich auf die Erde und starrte geradeaus. Die Wilden kamen im vollen Galopp auf unsere Festung zugerast. Es waren so viele, ich konnte sie nicht zählen. Mein Bruder und ich hielten die Gewehrläufe stets aufs Ziel gerichtet.

Im grellen Licht der Sonne glitzerten die Waffen der Indianer. Mit grausamer Gelassenheit brachten die Krieger ihre Pferde zum Stehen. Sie fingen an, sich untereinander zu beraten. Mein Bruder wandte sich mir zu und ermahnte mich heiser flüsternd, keine Schüsse zu verschwenden. Jeder Schuss musste tödlich sein. Mit zitternden Fingern kontrollierte ich den Lauf meiner Waffe und spannte den Hahn. Mein Mund war trocken, meine Hände aber glitschig vom Schweiß. Ich schloss den Gewehrlauf und presste die Waffe wieder an meine

Schulter. Mein Atem ging flach und wurde von meinem pulsierenden Herzen schier erdrückt. Auch mein Bruder lud seine Waffe, schloss das Gehäuse und setzte an. Die Krieger hatten ihre Unterredung beendet, die Pferde begannen nervös auf der Stelle zu treten. Ein alter Indianer, dessen Kleidung darauf schließen ließ, dass er der Anführer sein musste, hob seine Hand. Es kam mir vor, als erklärte er uns damit den sicheren Tod. Er sprach laut drei, vier Worte, der Trupp verstummte, und nur ein Teil der jungen Krieger ritt hintereinander auf eine Distanz von etwa hundert Metern auf die Ebene hinaus. Ich hatte Zeit, sie zu zählen, es waren etwa vierzig. In der Entfernung beschleunigten der vorderste und die folgenden ihr Tempo. Die Formation bog nach links und näherte sich uns wieder. Ich sah der Szene teilnahmslos zu. Mein Verstand schaltete erst, als mein Bruder schrie: »Sie umzingeln uns!«

Ich beobachtete die Reiter.

»Verdammte Bastarde!«, fluchte er. »Ich hab's gleich gewusst. Genau so steht's beschrieben. Verflucht seien diese hässlichen Teufel! Bleib ruhig, und such dir aus der Gruppe einen einzelnen Reiter aus, auf den du schießen willst. Nur keinen Schuss verfeuern. Und nicht schießen, ehe ich das Kommando gebe.« Er fing sogleich an, die Kriegsstrategie der Indianer zu erläutern, die er in irgendeinem Buch und aus Erzählungen aufgeschnappt hatte. »Die zwanzig dort umzingeln uns im vollen Galopp. Mit Pfeilen werden sie versuchen, unsere Deckung zu stürzen. Dann werden die übrigen zwanzig das Feuer auf uns eröffnen. Sobald wir unsere letzte Kugel abgefeuert haben, übernehmen die ersten zwanzig den Rest.«

»Wir müssen mit ihnen verhandeln!«, sagte ich verzweifelt. »Wir müssen versuchen, mit ihnen zu reden! Wir wollen doch nichts Böses.«

»Aber die«, sagte mein Bruder kalt, »die wollen Böses.«

»Ich dachte, die seien uns gut gesinnt! Die können uns

nicht grundlos überfallen!« Ich verstand nicht, warum ich, ohne mit den Fremden ein Wort gewechselt zu haben, auf sie schießen sollte. Ich konnte mich an den üppig ausgestatteten und geschmückten Reitern nicht sattsehen.

Kaum hatte mein Bruder aber das letzte Wort ausgesprochen, ertönte ein grässliches Kriegsgeschrei. Pfeile schwirrten durch die Luft, und die Reiter zogen ihren Kreis enger und enger. Ich rappelte mich auf. Rücken an Rücken verfolgten wir jede ihrer Bewegungen. Wir suchten uns unsere Opfer aus und zielten. Doch sowie sie dichter kamen, rutschten sie auf den Rücken ihrer Pferde in Deckung. Zu sehen war nur noch eine Hand in der Mähne und ein Fuß auf dem nackten Rücken des Mustangs. Mal tauchte sekundenschnell ein bemaltes Gesicht auf und verschwand ebenso schnell wieder. Die Pferde holten bei diesem Manöver zum vollen Galopp aus. Keiner von uns hätte treffsicher schießen können; die Pferde zu treffen wäre kein Problem gewesen, doch das war verschwendete Munition und hielt uns nicht den todbringenden Feind vom Hals. Wir würden ihm erliegen.

Ich verfolgte die Bewegungen unserer Gegner mit der Wachsamkeit einer Katze und war mir zugleich bewusst, dass ich um mein Leben würde kämpfen müssen. Die Indianer schrien und kreisten weiter und weiter um uns herum. Pfeile steckten im Holz des Wagens, bohrten sich knapp vor unseren Füßen in den sandigen Boden. Einige unserer Tiere waren getroffen, eins der Mulis sank in die Knie, die Pferde versuchten sich aus dem engen Verbund zu befreien – vergeblich. Bei der fünften Umrundung stolperte eines der Indianerpferde und stürzte zur Seite. Der Reiter flog hilflos ins Gras, und ehe er sich aufrichten konnte, traf ihn die tödliche Kugel aus der Remington meines Bruders in den Rumpf.

Wir schrien auf.

»Einer weniger!«, meinte er. »Ich wusste, dich krieg ich, du angemalte Rothaut. Nicht schießen«, schrie er zu mir, »bis ich nachgeladen habe.« Das waren seine letzten Worte. Noch während er sein Gewehr lud, durchbohrte ein Pfeil seinen Schädel. Stöhnend sank er zur Erde. Ich war fast blind vor Schock – niemals hatte ich Derartiges gesehen. In Todesangst stürzte ich mich auf ihn. »Tom!«, schrie ich.

»Tom!«, hörte ich meinen gellenden Schrei. Ich hob seinen leblosen Körper an meine Brust. Die Spitze hatte sich durchs Auge in seinen Kopf gebohrt, kein Atemzug verließ seine Brust. Nun stürzten die roten Krieger auf mich. Wie eine lebendige Flut überwältigten sie mich. Ich kämpfte mit bloßen Händen. Nur in Bruchteilen von Sekunden sah ich, wie ein Indianer von blutenden Wunden bedeckt in sich zusammensank. Schreie hallten in meinen tauben Ohren. In Panik rief ich nach meiner Mutter. Kurz darauf traf mich ein gewaltiger Schlag am Kopf, jäh erstarben die Geräusche um mich herum. Es fühlte sich an, als stürze ich von einer meterhohen Klippe in den Abgrund. Dann wurde es schlagartig schwarz.

Als Kind hatte ich mir manchmal vorgestellt, wie es wohl sein würde, wenn ich eines Morgens tot im Bett läge. Ich stellte mir vor, dass meine Mutter ins Zimmer kommen würde, um mich zu wecken, und ich mich nicht rührte. Ich stellte mir vor, dass ich von oben zusah, wie alle ums Bett herumstanden und versuchten, mit mir zu reden. Aber ich war ja tot. Ich würde mir alles genau ansehen von da oben, wo ich säße. Und dann wurde mir klar, dass ich, wenn ich tot wäre, auch nicht mehr mit meinen Eltern reden könnte. Ich rief zwar: »Hallo, hier oben bin ich! Ich bin doch hier!«, aber sie hörten mich nicht.

Die Vorstellung beängstigte mich, und so beschloss ich, dann doch lieber am Leben zu bleiben.

Hier lag ich also: niedergestreckt, achtzehn Jahre alt, ein Nichts. Ich öffnete die Augen. Um mich herum eiskaltes Mondlicht und die Umrisse meines Bettes, die Kanten des Fernsehers, das rote Auge. Es war totenstill. Ich stellte fest, dass ich noch atmete. Ich wusste meinen Namen und konnte bis zehn zählen, das Alphabet aber hätte ich nicht mehr rückwärts aufsagen können. Da zerrte etwas an mir. Da lag etwas in der Luft. Ich wurde fortgetragen. Ich gab mich einer wunderbaren Kraft hin. Alles an mir wurde leichter – alle Ängste waren verschwunden. Doch ich hatte mich nicht verabschiedet! Wenn ich einmal dort oben angekommen war, gab es kein Zurück mehr. Warte, wollte ich überhaupt sterben? Ich verharrte.

Es wäre sicherlich der einfachere Weg. Ich dachte an all das Kämpfen, an all die Menschen und Psychologen, die an mir rumgefummelt hatten. All die Schlachtfelder führte ich mir vor Augen, die ich durchmessen und hinter mir gelassen hatte. Keine gute Erinnerung schien da mehr übrig geblieben zu sein. Aber ich war nie den einfachen Weg gegangen. Es passte nicht zu mir, hinzuschmeißen und aufzugeben.

Wollte ich denn leben?

All die schönen Momente, die ich schon hatte erleben dürfen, führte ich mir vor Augen. Da wartete noch ganz viel auf mich, und ich musste jetzt damit anfangen, mein Leben selbst zu gestalten – so, wie ich es leben wollte. Wenn ich frei sein wollte, durfte ich hier nicht abkratzen. Ich musste handeln, ich musste das Leben packen und schütteln. Niemand sonst konnte das für mich erledigen. Nur ich.

Zu lange hatte ich mich anderen überlassen, es wurde Zeit, mich selbst zu gestalten. So zu sein, wie ich bin. Ein Cowboy.

Ich hob meinen Oberkörper hoch und sah aus dem Fenster. Der Mond brachte den Schnee zum Leuchten. Die Gesteinsmasse der Berge war mir in dem Moment das Sinnbild von Schwerkraft. Bleib hier, dachte ich. Nicht wegfliegen.

Ich konnte nicht aufgeben, auch wenn da immer die Verlockung bleiben würde, das Paradies der Realität vorzuziehen. Ich musste mir eine zweite Chance geben, ich wollte es wenigstens versucht haben auszubrechen.

Kaum hatte ich diese Entscheidung getroffen, kam es zurück, das Ich. Etwas flackerte in mir auf, es war Wille, aber ein gesunder Wille. Und es war Mut. Wenn ich wollte, konnte ich es schaffen, dann konnte ich irgendwann frei sein.

13

In Vermont werden die Tage regnerisch und grau. Ich sitze vor dem Kamin und lese. Das Mittagslicht ist spärlich. Ich stehe auf, um mir Tee nachzuschenken, und schaue dabei aus dem Fenster. Es macht mich melancholisch, weil in diesem Licht alles ohne seinen Schatten dasteht, entzaubert irgendwie.

Der Wind jagt die Blätter durch die Luft. Er hat auch Gewalt über meine Gedanken. Regen platzt immer heftiger an die Scheiben. Das Feuer brennt auf einmal lauter. Ich nippe an meinem Tee und fühle die wohlige Wärme, die aus dem Kamin in den Raum wallt.

Mit Einsetzen des schlechten Wetters bin ich auf mich selbst zurückgeworfen, und mich beschäftigen Gedanken an meine Zukunft, die Zweifel. Für immer kann ich hier nicht bleiben, so viel ist klar. Und wer weiß, ob und wann ich wiederkomme?

Wie sollte meine Freiheit aussehen? Sich wie eine Eidechse vor den Menschen zu verstecken, ist das ein Zeichen von Schwäche?

Vielleicht kommt es nur darauf an, wo ich mich vor ihnen verstecke. Hier ist es die Abwesenheit von Menschen, die mir ein gutes Gefühl gibt, da somit der Zwang verschwindet, mich an ihnen messen oder mit ihnen vergleichen zu müssen. Solange ich nicht weiß, was mir die Einsamkeit bringt, ist sie reizvoll. Ich will die Reduktion, da bin ich mir ganz sicher. Ich will über Landstriche reiten, die ich kenne wie meine Hosentasche. Ich will auch im Gras liegen, in den Himmel schauen und mich frei fühlen. Ich will im Hier und Jetzt leben, ich will der trächtigen Stute helfen, ihr Fohlen auf die Welt zu bringen, ich will sehen, wie der Weizen steht und vom Hagel niedergeschlagen wird, ich will an der Sorge darüber verzweifeln, wie ich das Rindvieh aus dem Schlammloch ziehen kann, in dem es feststeckt.

Ich muss an den Knochen im Kompost denken, es ist nur das, was bleibt. All die Zeit, die vergeht, sie fügt sich zu dem zusammen, was *mein* Leben ist. Bis ich meine Heimat gefunden habe, muss ich jeden Tag packen, walken und bearbeiten wie einen Acker.

Man muss kämpfen und überleben. Überleben finde ich noch viel besser als leben – Überleben setzt mehr Kraft voraus, verlangt mehr, fordert mehr.

Ich stehe auf und merke, dass Mittag schon vorbei ist. Ich nehme mir von der Aubergine, die ich gestern gekocht habe, und setze mich in die Küche.

Nach dem Essen gehe ich zu den Pferden. Es ist nasskalt und mich fröstelt. Bald wird Schnee fallen, das spüre ich. Die Luft riecht förmlich danach, und der Nebel hängt an den Bäumen fest wie Zuckerwatte am Stiel. Meine Gummistiefel knirschen auf dem harten Schotter. Ein Streifenhörnchen flitzt in Windeseile über die Trockenmauer und verschwindet, als ich zum Stall abbiege.

Francis ist da und wendet die Späne in den Boxen mit der Mistgabel. Die Pferde stehen auf den Koppeln. Es erklingt leise Musik aus dem Radio. Ich nehme ebenfalls eine Gabel und einen Bottich, ziehe ihn an Walthers Box ran und entferne die Pferdeäpfel und die stark nach Urin riechenden Späne. Säcke mit frischen Spänen liegen in der Stallgasse bereit. Nachdem ich den Mist aus der Box geholt habe, streue ich frisch ein und entleere den vollen Bottich auf die Ladefläche des Gators. Francis tut das Gleiche. Ich miste die nächste Box aus und setze mich schließlich hinters Steuer des Gators, fahre rückwärts aus der Stallgasse, rase am alten Stall vorbei zum Kompost runter und lade den Mist ab. Ich schaue auf den riesigen Haufen und überlege, was da drin wohl alles vor sich hin gärt. Egal was es ist, im Lauf der Zeit wird es sich zersetzt und in einen nährstoffreichen Humus verwandelt haben. Ich denke, dass es mit Erfahrungen genauso ist, man häuft sie an, und sie zersetzen sich im Leben zu einem nährstoffreichen Humus. Es gibt Menschen, die haben so viel mehr gesehen und erlebt als ich, es gibt Menschen, deren Komposthaufen ist so groß, die Erde so reich, dass mein Häufchen dagegen kümmerlich wirkt. Es gibt Menschen, die zufrieden sind, ob mitten in oder fernab jeglicher Gesellschaft. Und es gibt mich, die ich mir versuche zu erklären, wo ich in alldem stehe. Es gibt solche, die mühen sich ab, um zu bestehen, und es ist fraglich, ob sie dabei das Leben führen, das sie glücklich macht.

Manchmal hasse ich mich für die Feigheit, die mich dazu bewegt, mich in den Wäldern zu verstecken, aber es ist das, was mir am meisten entspricht.

Ich begreife, warum man Ställe ausmisten muss, warum im Herbst die Blätter von den Bäumen fallen und warum wir den Saft des Ahorns im März beginnen zu zapfen, aber ich verstehe die Prinzipien der Gesellschaft nicht. Leistung hat in meinem Leben oft eine zu große Bedeutung eingenommen, und die Traurigkeit darüber kann ich nicht abschütteln.

Ich fahre zum Stall zurück. Jim ist mittlerweile auch da. Wir holen die Pferde von den Weiden, was schnell getan ist, da sie am Gatter stehen und nur darauf warten, reingeholt zu werden. Walther wälzt sich sofort in den frischen Spänen, und Giovanni äppelt – kaum dass er in seinem Stall steht – auf die neue Einstreu. Jeder bekommt von Francis seine Schütte Hafer mit Pellets, und bald höre ich das Mahlen und Kauen ihrer Kiefer. Während Francis die Lichter löscht und die Tore halb zuzieht, frage ich Jim, ob er die nächsten Tage etwas vorhat. Er denkt kurz nach und schlägt vor, ob ich morgen mit ihm nicht einen Freund in Cornish besuchen wolle, der habe ausgesuchte Büffelfelle und selbstgemachte Mützen aus Biber und Stinktierfell.

»Da ihr weder einen Elch gesehen noch geschossen habt, kannst du dir dort wenigstens das Geweih eines Elchs angucken und so tun, als hättest du ihn gekriegt«, Francis klopft mir auf die Schultern.

»Er hat auch echten alten Indianerschmuck und Dutzend andere Kuriositäten«, sagt Jim. »Ich glaube, das könnte dir gefallen.«

14

Ich fing im Krankenhaus wieder an, das Gehen zu üben. Erst ging ich nur ein paar Meter den Gang hinunter und legte mich dann todeschöpft wieder in mein Bett. Bald aber konnte ich auf die Terrasse hoch und dort herumgehen. Ich baute meine Kräfte auf und verließ schließlich das Krankenhaus. Mehr als zwei Kilo hatte ich nicht zugenommen – aber immerhin. Ich verbrachte noch einige Tage mit meinem Vater alleine im Engadin, da meine Geschwister, begleitet von meiner Mutter, zurück in die Schule mussten.

Ich versuchte, Ski zu fahren, und ich versuchte zu essen.

Nach zwei Wochen kehrten auch mein Vater und ich ins Unterland zurück. Kaum dass ich wieder in Zürich war, begann die Fragerei von neuem. Meine Eltern wollten wissen: was nun? Diese Frage ging mir so auf die Nerven. Zurück in die Schule? Niemals. Ich recherchierte Universitäten, bis mir auffiel, dass ich ohne Abitur ja niemals auf eine Universität würde gehen können. Ich suchte Kunstschulen und Designschulen. Nicht nur wirkten die Aufnahmebedingungen abschreckend, auch hier stellte ich fest: Ohne Abitur konnte ich es vergessen.

Was hatte ich vorzuweisen? Den Abschluss der zehnten Klasse in der Schweiz, sonst nichts. Das Jahr an der Vermont Academy galt ebenfalls als zehnte Klasse, da ich eine ausländische Studentin gewesen war. Die ganze Tortur dort war also für überhaupt nichts nütze gewesen. Abgekämpft hatte ich mich für eine gute Note, draufgegangen war ich für ein A+, – und nun? Kein Schwein hat sich danach jemals jene akribischen Biologiearbeiten angesehen, kein Schwein hat jemals jene Aufsätze gelesen, nach den Mathearbeiten gefragt. Man kämpft sich ab und kämpft sich ab, dachte ich. Und nun muss ich betteln, dass ich wieder zur Schule gehen darf.

Ich war frustriert und beschloss, erst mal einen Job anzunehmen. Doch für meine Eltern muss die Vorstellung, dass ich neunzehn Jahre alt werden würde und kein Abitur in der Tasche hatte, schrecklich gewesen sein. Da draussen in der grausamen, kalten Welt waren alle nur darauf erpicht, einen mit ihren Diplomen und Bachelors, den Professuren und Doktorarbeiten zu überholen. Die Hoffnung, dass ich eines Tages von der Universität abgehen und ein richtig studierter Mensch sein würde, wollten sie partout nicht aufgeben.

Ich stand derweil um 4.30 Uhr auf, um die Bahn um 5.07 Uhr nach Zürich zu nehmen, wo um sechs Uhr das

Café öffnete, in dem ich eine Arbeit als Barista gefunden hatte.

Im Café erwartete mich schon die andere Angestellte, die bereits aufgeschlossen hatte. Ich musste mich umziehen, da schwarze Hosen und Schuhe als Arbeitskleidung Vorschrift waren.

Wir reihten Birchermüeslis in Plastikbechern aneinander, legten gefrorene Zitronenkuchenstücke in Plastikfolie gestaffelt daneben, sie tauten im Verlauf des Morgens langsam auf. Wir mussten haufenweise Croissants aufbacken und in Körbe legen sowie Tassen und Teller sortieren. Musik wurde eingelegt, Mixbehälter für Eisgetränke mussten bereitgestellt, Tische abgewischt und Servietten gestapelt werden. Um halb sieben öffneten wir die Türen.

Ich lernte Kaffee machen, besuchte dafür auch eine Schulung, und musste natürlich die Kasse bedienen. Hier sah ich mich oft mit meiner Rechenschwäche konfrontiert: Die Verwirrung trat zum Beispiel ein, wenn mir jemand auf einen Betrag von zwölf Franken und 55 Rappen fünfzig Franken und 55 Rappen in die Hand drückte. Da ich in die Kasse schon den Betrag von fünfzig Franken eingetippt hatte, zeigte mir die Kasse 37 Franken und 45 Rappen als Rückgeldsumme an, eine schon an sich verwirrende Zahl. Und dann sagte mein Gegenüber auch noch: »Ach, ich habe ja zwei Franken und 55 Rappen.« Da verstand ich gar nichts mehr. Es war mir peinlich, weil der Kunde anfing zu lachen: »Sie stehen hier an der Kasse und können nicht rechnen?« Ich wusste nicht, was ich sagen sollte, und musste bitten, dass er mir sagte, wie viel Rückgeld ich ihm nun schuldig war.

Nebenbei bediente ich und lernte die kuriosen Wünsche der Kunden kennen. Nach der Klinik und dem Krankenhaus, nach der Abgeschiedenheit, wollte ich den Umgang mit den Menschen wieder lernen. Ich genoss es, ein paar Worte mit ihnen zu wechseln, sie zu studieren und auf sie einzugehen. Ich stellte fest, dass die Menschen eigentlich nicht schlimm waren, sie waren wie Wachs, man musste sie erwärmen, um sie formen zu können. Natürlich stellten manche meine ersten Kaffees zurück auf den Tresen und meinten: »Das ist kein Cappuccino!«

Ich hasste Kritik und arbeitete hart daran, die Milch zu einem cremigen, dichten Milchschaum von höchstens 60 Grad Celsius aufzuschäumen.

Es gab eine Frau, die immer »heißes Wasser mit aufgeschäumter Milch« bestellte. Wochenlang fragte ich mich, was zum Teufel diese Frau hatte, dass sie heißes Wasser mit Milch trank. Bis ich irgendwann nachfragte und erfuhr, dass sie den Becher ins Büro nahm und dort einen Teebeutel reinhängte.

Ein anderer kam jeden Morgen Punkt halb zehn, bestellte Milchkaffee, setzte sich auf den immer gleichen Stuhl und las eine geschlagene Stunde die Zeitung.

Wieder ein anderer kam täglich Punkt acht Uhr und bestellte einen Espresso und einen Blueberry Muffin. Er muss etwa dreißig Jahre alt gewesen sein, hatte ein breites Gesicht und krauses, langes Haar, das ihm bis fast auf die Schultern reichte. Mir fiel auf, dass er immer die gleichen ausgefransten Turnschuhe anhatte. Er war kaum größer als ich, trug einen Rucksack und kam immer mit einem Kickboard. Jedes Mal unterhielt ich mich ein bisschen mit ihm, und zog dabei seinen Espresso. Doch die Unterhaltung konnte schon mal fünfzehn Minuten dauern, und das, obwohl ein Espresso nur fünfundzwanzig Sekunden in die Tasse läuft. Den Muffin nahm er sich immer mit.

Zum ersten Mal seit Monaten führte ich *freundliche* Gespräche, in denen es nicht um die Länge oder die Anzahl von Schnitten im Unterarm ging. Ich interessierte mich dafür, was andere in ihrem Alltag machten, wie sie diese Zeit, die wir

Leben nennen, für sich gestalteten. Völlig unvoreingenommen redete ich dahin, freute mich an meinem Nächsten und saugte alles förmlich auf. Ich war immer noch sehr dünn, mein Körper produzierte kein einziges weibliches Hormon, und daher machte ich mir auch keine Gedanken darüber, dass Männer von Frauen angezogen sein konnten.

»Übrigens, ich bin Mark«, sagte der Blueberry-Muffin-Mann eines Morgens.

»Louise«, entgegnete ich strahlend.

Die Wochen vergingen, und »Espresso mit Blueberry Muffin« erschien täglich. Mark blieb immer länger am Tresen hängen, und er erzählte viel von seiner Arbeit und dem Kickboardfahren. Manchmal musste ich bitten, das Gespräch auf morgen zu verlegen, da ich zu tun hatte. Dann verabschiedete er sich mit einem breiten Lachen und einer Kopfbewegung, die seine Locken hüpfen ließen, und rollte aus dem Laden. Bald ahnte ich, dass da etwas im Gang war. Mir kam eines Tages der Gedanke, dass Mark mich vielleicht mögen könnte. Jeden Morgen stand er wieder da: »Einen Espresso und einen Blueberry Muffin.«

Ich fand ja gar nichts an ihm, ich war einfach nur dankbar, dass sich überhaupt jemand Zeit für mich nahm! Nach Monaten, in denen ich von der Menschheit vergessen worden war, schätzte ich jeden Blickkontakt. Ich wusste nicht, wie man als Frau mit Männern umging, ich verhielt mich einfach überbordend fröhlich.

Eines Tages fragte Mark, ob ich Lust hätte, am nächsten Tag mit ihm Mittag zu essen. Ich fasste es nicht, der wollte mit mir essen! Ich war doch ein Nichts, ein kleines dummes Ding! Doch das schien ihn nicht zu kümmern. Ich sagte zu: »Um eins an der Ecke Bahnhofstraße.«

Eine Stunde später schlug ich mir an den Kopf. Ich wollte doch gar nicht mit ihm essen. Ich stellte mir vor, wie wir zusammen im Halbschatten einer Linde oder Platane auf einer Parkbank sitzen würden, ihm würde auffallen, dass ich wenig aß, und ich müsste ihn vielleicht anlügen. Dann beim Abschied würde er fragen: »Kann ich dich wiedersehen?«, und ich würde einfach nicht nein sagen können, weil ich es nicht ertrug, jemanden abzuweisen, der sich meiner angenommen hatte.

Bisher hatte mich der Tresen von ihm getrennt, hatte mir als Schutzwall gedient. Hinter dem Tresen war ich unantastbar. Nun sollte ich neben dem Kickboard herspazieren und ... – ja, was sollte ich dann tun?

Ich wollte wieder absagen, hatte aber keine Telefonnummer von ihm. An dem Morgen wartete ich ungeduldig, bis es »Bitte einen Espresso und einen Blueberry Muffin« hieß – doch er tauchte nicht auf. So ein Mist. Um zehn kam die Chefin und meinte, sie bräuchte mich über Mittag, da eine andere Kollegin ausgefallen sei. Ich sagte, ich könne nicht, ich sei zum Mittagessen verabredet.

»Du musst absagen, ich habe niemand anderen.«

Da stand ich also. Was jetzt? Ich konnte Mark nicht anrufen. Mittag nahte, und ich sah schon, wie er seinen Rucksack nahm, aus dem Büro Richtung Bahnhofstraße fuhr, sich dort hinstellte und wartete.

Um 12.30 Uhr ging der Mittagsstress los, die Menschen kamen pausenlos, die Schlange riss um diese Zeit einfach nicht ab. 13 Uhr verging, und ich konnte nicht weg. Ich wartete darauf, dass er kam, doch er kam nicht.

Es war mir ganz elend. Nun war er sicherlich verletzt. Er würde denken, ich sei wie alle anderen Frauen auch: mit großer Klappe und feige, wenn's um mehr ging.

Der Tag verging. Um 16 Uhr durfte ich Feierabend machen. Ich fühlte mich, als hätte ich jemanden umgebracht. Das fing ja gut an mit mir und dem Gewinnen neuer Freunde, dachte ich und lief mit hängendem Kopf zur Tram. Aber ich hätte Mark ja auch gar nichts von mir erzählen können, alles, was ich zu erzählen hatte, war mir unangenehm und peinlich. Aber wie sollte ich dann mit Menschen in Kontakt kommen? Ich sagte mir, dass ich dann lieber alleine bleiben wollte, bevor sich irgendjemand von mir abwenden würde, nur weil ich gerade aus einer Institution für Nervenkranke entlassen worden war.

Von dem Tag an hörte ich nie mehr die allmorgendliche Bestellung »Bitte einen Espresso mit Blueberry Muffin.« Mark ließ sich nicht mehr blicken.

15

Vier Monate Arbeit an der Espressomaschine machten mir klar: für immer konnte ich das nicht tun. Am meisten ging mir die Arbeitskleidung – schwarze Hosen, dunkles T-Shirt und schwarze Schuhe – auf die Nerven. Es kostete mich jeden Morgen mehr Kraft, in dieses düstere Outfit zu schlüpfen.

Nach vier Monaten des Bedienens fühlte ich mich dünnhäutig und von all den Wünschen und Forderungen ausgezehrt. Neben der Sache mit dem Blueberry Muffin ereigneten sich Dinge, mit denen ich noch überhaupt nicht umgehen konnte. Die Lebendigkeit der Stadt wirkte nach der Abgeschiedenheit in der Klinik ungeheuerlich auf mich.

Als ich an einem Morgen in der Pause auf die Toilette ging, fand ich dort einen schockierenden Saustall vor. Da lagen Spritzenkanülen, blutgetränktes Klopapier, Pflaster, Plastikhüllen von Nadeln und Taschentücher rum. Wände und Klodeckel waren mit Blutspritzern übersäht, es sah aus, als sei hier eine Sau geschlachtet worden. Eine Frau musste sich mindestens drei Spritzen Heroin in die Venen gejagt haben. Es war mir unerklärlich, wie man so was anrichten konnte. Mechanisch holte ich Schaufel und Besen. Weg damit, dachte ich nur. Bloß weg damit. Als ich wieder an die Arbeit ging, überlegte ich krampfhaft, wer denn hereingekommen war, der wie eine Drogensüchtige ausgesehen hatte. Ich konnte mir kein Gesicht in Erinnerung rufen.

Als um zehn die Chefin kam, erzählte ich ihr von dem Vorfall. Sie schimpfte mit mir, ich hätte sofort jemanden rufen müssen und auf keinen Fall hätte ich das alleine wegmachen dürfen. Ich hätte mich verletzen und infizieren können, sie machte ein ziemliches Theater.

Eines anderen Morgens kam der Vorgesetzte meiner Chefin in den Laden und fragte, wer denn die Tafel draußen beschriftet habe? So eine Schmiererei könne kein Mensch lesen, und überhaupt: wer schreibe schon »Heiße Schocki«, das müsse »Heiße Schokolade« heißen.

»Sofort wegmachen!«, forderte er mit einer Handbewegung.

Am liebsten hätte ich mich mit ihm geprügelt. Eine Stunde hatte ich damit zugebracht, in Schreibschrift, mit Mustern, Schattierungen und kleinen Zeichnungen öde Worte wie *Kaffee* und *Schokolade* zu »gestalten«.

Wir durften auch unsere Musik nicht spielen, sondern nur die vorgegebenen CDs einlegen, und wehe, ich drehte beim Anrichten den Tassenhenkel nach links und legte den Löffel andersherum. Vorschrift war, die Tasse so zu drehen, dass die Rechtshänder mit der rechten Hand die Tasse anheben und mit dem Löffel in der Linken den Schaum umrühren konnten.

»Sie haben die Vorschriften zu befolgen!«, sagte der Vorgesetzte schroff.

»So«, sagte ich.

Er sah mir nicht in die Augen.

Ich ging zur Chefin und erklärte ihr, ich hätte keine Lust mehr, Vorschriften zu befolgen.

»Was ist denn los?«, fragte sie besorgt.

»Ich muss weiter. So wird ja nie was aus mir.«

Obwohl ich fast täglich schrieb und Bücher las, kam es mir niemals in den Sinn, dass Schreiben etwas war, das ich gut konnte und womit ich mein Brot verdienen könnte. Doch wann immer ich eine englische oder amerikanische Modezeitschrift durchblätterte, sah ich mir die Porträts der »Contributors« ganz genau an und las ihre außerordentlichen Kurzbiographien, die vom rasanten Aufstieg erzählten, aufmerksam durch. Beim Betrachten der markanten, intellektuellen Gesichter dachte ich mir immer: »Einmal in der Liste der Contributors zu stehen – das wäre toll.«

Und so kam ich darauf, dass ich mich ja bei einer Zeitung in Zürich an den Kopierer stellen könnte, um zu volontieren. Eine Freundin sagte mir, dazu bräuchte ich kein Abitur. Ich würde vielleicht auch mal einen kleinen Beitrag schreiben dürfen und es wäre als eine Art Lehre auch eine von meinen Eltern akzeptierte Form des Schreibens.

Mit diesem Vorhaben ging ich zur Berufsberaterin und erläuterte meinen durchdachten Plan. Sie machte Tests mit mir, analysierte meine Schrift, bestätigte zum hundertsten Mal, dass ich weder rechnen noch analytisch denken konnte, und erläuterte *ihren* Plan im Abschlussgespräch meiner Mutter. Die beiden Frauen waren der Meinung: für den Journalismus sei ich nicht geeignet. Ohne Abitur bräuchte ich mir draußen keine Hoffnungen zu machen.

Vor den Kopf gestoßen verließ ich das Beratungszimmer, mein Gedankengebilde einer großartigen Zukunft als Schreiberin lag in Scherben. Ich war des Kämpfens müde. Es gab keinen Ausweg aus diesem Tunnel. Noch mindestens zwei Jahre würde ich die Schulbank drücken müssen. Allein der Gedanke an Schule rief Übelkeit in mir hervor. Ich wollte leben, nicht rechnen oder physikalische Formeln studieren! Zwei Jahre, was für eine Ewigkeit! In zwei Jahren würde ich zwanzig werden, und es fühlte sich wie achtzig an. Doch es half alles nichts, ich hatte nichts in der Hand, womit ich mehr anfangen konnte, als zu kellnern. Na gut, sagte ich mir, zwei Jahre Schule bringen mich nicht um. Und wenn ich doch dabei draufgehe: dann nehme ich eben mein Abitur mit ins Grab.

16

Im gemütlichen Tempo fahren Jim und ich vierzig Minuten über die Backroads nach Cornish. Die Sonne, die endlich durchgebrochen ist, ist schon wieder dabei zu versinken. Die Umrisse der Wolken färben sich golden. Die Intensität des milchigen Novemberlichts nimmt ab und lässt die Bäume glanzlos und massiv erscheinen.

Nach einer langen Fahrt, auf der wir uns über die Intelligenz von Pflanzen unterhalten und Jim sein Wissen so umfangreich ausbreitet, dass ich ganz still werde, parkt er den Truck auf einer Anhöhe zwischen zwei Gebäuden. Rechts liegt eine Scheune, an deren Fassade dicht an dicht große und kleinere Geweihe angebracht sind. Unter dem Vordach, das an der kurzen Seite der Scheune auf zwei Stützen steht, sehe ich einen Mann. Er sitzt gebeugt auf einem Schemel. Wir steigen aus, ich schlage die Tür zu und gehe mit Jim zu ihm hin. Auf dem Tisch vor ihm liegt ausgebreitet ein frisches Schwarzbärenfell, und der Mann auf dem Schemel ist damit beschäftigt, die Haut des Tieres sorgfältig mit einem Messer und kurzen, präzisen Schnitten vom Schädelknochen zu lösen. Wir grüßen ihn, Jim stellt ihn mir als Pete vor. Pete grüßt zurück, als kämen wir jeden Tag um diese Zeit vorbei. »Die Tatzen sind noch gefroren, damit muss ich wohl bis heute Abend warten, aber wenn ich fertig bin, mache ich Bärenfußsuppe daraus«, meint Pete von seiner Arbeit aufschauend. Er hat langes gelocktes weißes Haar, das er im Nacken mit einem Lederband locker zusammenhält. Er trägt trotz der Kälte nur ein Flanellhemd und dicke Stoffhosen. In seinem schmalen Gesicht wächst ein grauer Bart, und auf der feinen Nase sitzt eine randlose Lesebrille, über die hinweg er mich immer wieder aus gutmütigen, grünen Augen anblinzelt.

»Hast *du* denn dieses Prachttier geschossen?«, frage ich. Pete schmunzelt und schüttelt den Kopf.

»Ich habe ihn tiefgefroren aus Kanada mitgebracht«, sagt er und löst weiter mit kleinen Schnitten seines spitzen Messers die Haut von Kiefer und Unterkiefer, Nase und Ohren. Die bereits abgezogene Haut riecht stark nach Tierfett, ein bisschen wie ranzige Butter. Ich beuge mich über das glänzende Fell des Bären, betrachte die speckigen, dicken Haare und frage: »Darf ich es anfassen?«

»Nur zu«, lächelt Pete. Ich streiche mit meiner Hand darüber. Das Fell ist ölig, damit wasserabweisend, wie ich später erfahre, etwas blutig und rauh, stellenweise sogar borstig; am Rücken kann ich meine ganze Hand in den dicken Haaren versenken. Neben der einen schweren Tatze des Bären liegt ausgestreckt eine tote Ratte. Ich sehe mich weiter um. Um uns herum stehen Plastikeimer, gefüllt mit Füßen von Hirschen und anderem Wild, Eimer mit Fellstücken, mit abgeschnittenen Ohren, Seilen und Werkzeug. Weitere Schnüre, Fuchsschwänze und Gummistiefel hängen an oder klemmen zwischen dem Gebälk des Vordaches, unter dem wir stehen. Ich trete wieder dichter an den Tisch heran und betrachte die tote Ratte. Pete erzählt, er habe früher einmal auf einer Tour vierzehn tiefgefrorene Bären mit Eingeweiden und allem Drum und Dran aus Kanada hierher transportiert. »Da ich mit einem Laster gefahren bin, nahm ich den einen neben mich auf den Beifahrersitz, und vier weitere guckten hinten über den Rand des Containers auf die Straße.« Er lachte. »Die Leute haben geguckt! Das war großartig.«

Den Schädel hat er fast völlig enthäutet, die blanken Zähne und die Augenhöhlen liegen frei.

»Und warum häutest du ihn nicht gleich vor Ort?«, frage ich.

»Wenn du in Kanada oder Alaska einen Bären schießt und häutest, dann ist nach zwölf Stunden nichts mehr von ihm übrig. Die Wölfe, Kojoten und Raubvögel fressen alles auf. Da bleiben nur die Knochen liegen. Hier kann ich aber noch mehr als nur das Fell verwerten.«

Er schabt mit der Messerklinge weiter über den Schädelknochen und meint dann: »Ich denke, ich brauche hier noch ein bisschen Zeit.« Ganz vertieft arbeitet er jetzt an der Partie rund ums Ohr. »Jim, zeig ihr doch drinnen die Felle, du kennst dich ja aus. Ich komme in einer Minute zu euch.«

Da mir, seit die Sonne versunken ist, auch etwas kalt ist, begrüße ich diesen Vorschlag. Pete blinzelt mir noch einmal zu, und dann folge ich Jim über einen Steintritt ins Haus. Jim knipst als Erstes eine Glühlampe an. Im gelben Licht erkenne ich die Wände, die bis unter die Decke mit Tierhäuten, Soldatenmänteln und Lederjacken von Indianern oder Trappern behängt sind. An Holzbalken baumeln Steigbügel aus verrostetem Eisen, Trensen, Hörner an Lederriemen, Kappen stapeln sich auf Ablagen, Bücher liegen daneben. Ich schaue nach oben auf die abgelaufenen Sohlen schwarzer Kavalleriestiefel, deren Leder am Schaft so mürbe aussieht wie geschnittenes, trockenes Brot. Wanderstäbe stehen in den Ecken, Tonbehälter liegen herum, Lederhandschuhe, Indianerschmuck, Silbersachen sind in alten verstaubten Schaukästen ausgelegt. Jim zieht an der Kette einer weiteren Lampe. Ich gehe ganz langsam zu ihm, bewege mich durch dieses Sammelsurium wie durch einen Garten Eden. Der Geruch des Leders, des Eisens, des Staubes setzt Phantasien in meinem Kopf frei. Ich höre Schüsse, trampelnde Büffel, heulende Indianer, die Hilferufe sterbender Soldaten, die unter der gleißenden Sonne Arizonas auf dem Sandboden vor einer Baracke liegen, und ich höre den Galopp fliehender Pferde. Ich traue mich nicht, etwas anzufassen, weil ich befürchte, durch meine Berührung einen Geist zu wecken.

Ich trete neben Jim an eine längliche Schmuckvitrine. Darauf stapeln sich Büffelfelle, Büffelhäute, und an Ringen hängen aufgezogen etliche Kojotenfelle, kleinere und größere Dachs- und Stinktierfelle. Jim nimmt einige von ihnen in die Hand und benennt die Tiere, von denen sie stammen. Dann zeigt er auf mehrere Mützen, die links an einem Balken an Nägeln hängen. Ich nehme mir eine und setze sie auf. Sie ist aus Stinktierfell und sieht mit ihrer schwarz-weißen Zeichnung sehr witzig aus, der plüschige Schwanz liegt auf meinem Rücken. Noch kann ich mich nicht entscheiden, welche ich nehmen soll, ich setze noch zwei andere auf.

Draußen muss es längst dunkel geworden sein. Pete kommt ins Haus. Er lächelt mich gutmütig an. So gutmütig, wie ein alter Freund, der seit vielen Jahren mit mir durch die Wälder streift. Ich kann dem Blick kaum standhalten. Er schließt einen der Kästen auf und zeigt uns ein großes armdickes Stück Knochen oder Horn, in das das Jahr 1737 eingraviert ist. »Hat man in einem Acker in der Gegend gefunden.« Er legt mir Armreifen aus gehämmertem Kupfer und Silber in die Hand, ich betrachte sie staunend. Dann führt Pete uns eine Treppe hoch auf eine zweite Etage. Hier steht eine große Werkbank,

Werkzeuge liegen herum, Fellstücke, Nadeln, Lochzangen, Garnrollen und Papiermuster. Ich probiere die drei Mützen, die ich ausgesucht habe, vor dem Spiegel an und entscheide mich für eine aus dem Fell des Berglöwen und eine aus Biberfell.

Als wir wieder nach draußen treten, ist es bereits sieben Uhr abends. Die Nacht liegt eiskalt und trocken in der Luft. Pete breitet eines der Büffelfelle auf dem Kies aus und rät mir, mich draufzusetzen. Ich lege mich auf den Rücken und starre in den Himmel. Von dem gefrorenen Erdboden spüre ich nichts. Ich kaufe ihm das Fell ebenfalls ab.

Wir sind dabei, uns zu verabschieden, als Pete meint: »Jim, du kommst doch zur Bärenfußsuppe, oder?«

»Klar«, antwortet Jim.

Hartnäckig setzt sich die Frage in meinem Kopf fest, wie wohl Bärenfußsuppe schmeckt.

Zu gerne wäre ich auch eingeladen, aber ich traue mich nicht, etwas zu sagen. Pete reicht mir schließlich seine sanfte, warme Hand. Er wirkt wie ein Zauberer und ist dabei doch so menschlich.

Jim legt das Büffelfell auf die Ladefläche des Trucks. Wir steigen ein und fahren auf den Backroads zurück nach Hartland. Ich frage Jim, ob er im Februar wieder nach Kolumbien zu seiner »Vision Quest« reist – einem Schamanen-Camp für Eingefleischte. Nach Jims Aussage »meditieren« sie hauptsächlich, gehen in Schwitzhütten und wandern durch die Landschaft Kolumbiens. Er nickt und meint, letztes Jahr habe er da sogar zwei Schweizer kennengelernt.

»Die sind überall«, sage ich.

Nach einer langen Pause, in der wir nicht reden, erzählt Jim davon, dass Pflanzen unsere Gedanken lesen können, unsere Gefühle wahrnehmen. Ich höre ihm zu und genieße es einfach, mit ihm zusammen zu sein, weil unsere gemeinsame Zeit immer intensiv und echt ist. Wir essen in Stella's Café noch einen Burger, und dann setzt er mich wieder zu Hause ab.

Ganz allein stehe ich nun in Biberfellmütze und kariertem Flanellhemd vor dem Spiegel, und für einige Sekunden erkenne ich das eine Ich nicht wieder und sehe, wie ein anderes, echtes Ich zum Vorschein kommt. Ich schaue in den Spiegel und denke: Da, das bin ich!

Die ganze Nacht gehen mir die Bilder von dem Bären, dem Schmuck und den Geweihen nicht aus dem Kopf. Mit meiner Biberfellmütze fühle ich mich zu allem fähig. Was, außer einer Biberfellmütze, Feuer, Nahrung, einem Dach über dem Kopf und ab und zu ein wenig Gesellschaft braucht der Mensch zum Leben? Was noch?

# VIERTER TEIL

AM

TEUFELSBERG

1

Ende April war klar, ich musste zurück in die Schule. Meine Eltern riefen in der Internatsschule Salem an. Es war dies einfach die letzte Anlaufstation für Kinder wie mich. Eine solche Schule hatte ihren Ruf zu verlieren und somit den Auftrag, einfach gut zu sein. Eine solche Schule hatte die Macht, einen dahin zu bewegen, wo man hinbewegt werden musste.

Mein Vater fuhr mit mir zum Bodensee, um mir, die ich dabei war zu ertrinken, den Strohhalm zu reichen.

Bei unserem ersten Besuch strahlte dort die Sonne. Mein Vater und ich spazierten an der Uferpromenade entlang. Wir aßen Eis, und ich versuchte mir vorzustellen, ob ich hier zwei Jahre bleiben könnte. Ich ließ alles über mich ergehen – es gab keine andere Wahl.

Als wir nachmittags zum Gespräch empfangen wurden, glaubte ich, jemand hätte die Zeit zurückgespult. Ich ging über das Schulgelände, schaute in den Esssaal, in die Klassenzimmer, in die Häuser, in die Gesichter glücklicher, hochgescheiter Schüler.

Ich sollte wie auf der Vermont Academy Biologie, Mathematik, Französisch und Deutsch belegen. Zum Thema Sport konnte ich wenigstens sagen, dass ich einmal Feldhockey auf dem linken Flügel gespielt hatte, aber das schien mir sehr lange her zu sein. Mein Vater umriss meine schulische Laufbahn und legte eine fünf Zentimeter dicke Mappe mit Zeugnissen, Notentabellen und Berichten aus der Vermont Academy und der Sekundarschule in Zürich vor.

Gelangweilt starrte ich auf den hoch und runter wippenden Fuß des Stufenleiters vor mir, betrachtete seine Socken, die zwischen den Lederriemen seiner Birkenstocksandalen hervorragten. Ich war wieder beherrscht von einer zweiten Persönlichkeit, die all seine Fragen nur mit »ja«, »nein« oder »ist mir egal« beantwortete.

Es war wie früher, wenn ich mit meinen Eltern im Zimmer des Schuldirektors saß und darüber diskutiert wurde, ob ich wegen klinisch diagnostizierter Legasthenie und Dyskalkulie vom Mathematikunterricht suspendiert werden sollte. Ich fühlte mich taubstumm, unfähig, mich gegen dieses Stigma zu wehren.

Nun war ich so viel älter, saß wieder bei einem Direktor und konnte nicht aussprechen, was ich eigentlich dachte – nämlich, dass die Mathematik für mich der größte Schrecken war und ich in all diesen Fächern versagen würde.

Er war schrecklich freundlich und bemühte sich, die Fakten so hinzubiegen, dass die Aufnahme im Herbst gar kein Problem darstellte. So einfach kann es doch nicht sein!, dachte ich. Ein Bild drängte sich mir auf: Ich sah mich in der Mittagssonne auf dem Bretterboden eines Podestes stehen. Um meinen Hals lag die Schlaufe eines dicken Taus. Meine Hände im Rücken gebunden, sah ich ins Gesicht eines Geistlichen, der mir hier und jetzt noch mal einige Sätze aus der Bibel vorlas und mir erlaubte, bevor die Luke unter meinen Füßen geöffnet wurde, noch ein letztes Gebet zu sprechen.

Mein stilles Gebet lautete, nicht hier zur Schule gehen zu müssen. Ich würde keinen unbeobachteten Schritt tun können, ich müsste schreckliches Internatsessen essen, müsste versuchen, mich in alteingebürgerte Internatscliquen einzufügen, und heimlich rauchen oder trinken, um dazuzugehören.

Doch mein Vater und ich fuhren ein zweites Mal zum Bodensee. Diesmal saßen wir mit dem Stufenleiter beim Direktor des Internats, und auch er lächelte mich freundlich an. Er warb für sein Institut und seine Schüler, und er schien sehr erfreut über meine Bereitschaft, Teil dieser großartigen Bildungsstätte und der Gemeinschaft zu werden.

Aber ich will nicht!, schrie ich innerlich. Ich bin nicht großartig, ich bin auch gar nicht gescheit, ich habe keine Freunde, und ich werde versagen! Doch wie paralysiert saß ich vor diesen netten, wohlwollenden Pädagogen und konnte nicht sprechen. Ich konnte nicht »nein!« sagen. Stattdessen sagte ich gar nichts. Der Strick, der wurde schwerer, und nun, da ich mein Gebet im Stillen gesprochen hatte, erklomm der Henker das Podest. Im weiteren Gespräch wurde der Schulbeginn für Anfang August angesetzt. Händeschüttelnd verabschiedeten sich der Direktor und der Stufenleiter von mir, und ich fuhr mit meinem Vater zurück nach Hause.

Im Auto wurde er sehr wütend, ich hätte mich unmöglich benommen. Vielleicht schwieg ich, vielleicht sagte ich auch, ich hätte mich bemüht, freundlich zu sein, vielleicht habe ich gestanden, nicht dort hingehen zu wollen.

Es gäbe für mich keine andere Möglichkeit, erwiderte mein Vater. Basta.

Ein weiteres Gespräch mit meinen Eltern war unausweichlich. Zurück in Zürich, saß ich also wieder im Esszimmer, nahm all meinen Mut zusammen und versuchte mein Gefühlschaos in Worte zu fassen, ohne zu wissen, was meine Argumente gegen Salem sein sollten. Meine Eltern wollten doch nur mein Bestes, sie wollten mich irgendwo wissen, wo es sicher war, wo mir nichts passieren konnte, wo ich lernte und wurde wie alle anderen. Sie wollten mich behüten, und ich wollte verstoßen und trotzdem geliebt werden.

»Ich will da nicht hin«, sagte ich.

Meine Eltern beharrten aber auf ihrer Entscheidung, meinten, es gäbe keine andere Schule, die mich mit meiner Geschichte aufnehmen würde, und wenn ich diese letzte

Chance nicht ergriffe, dann könnte ich einpacken und Milch schäumen bis ans Ende meiner Tage.

»Nein«, sagte ich. Eine ungeahnte Kraft beherrschte mich. So offen hatte ich den Plänen meiner Eltern noch nie widersprochen. Ich hatte gehungert, aber ich hatte nichts gesagt. Ich hatte vor mich hingefiebert, aber ich hatte nicht gesprochen. Nun war es raus, das »Nein«.

Meine Mutter wurde so wütend, dass ich schließlich in den Keller rannte und mich wie ein kleines Kind hinter dem Sofa versteckte. Da erschien mir Dr. Wagner, der Arzt aus Littenheid, und ich sagte mir, ich müsse den Ängsten begegnen, um sie zu überwinden. Die Angst stand in Gestalt meiner Mutter in der Tür und meinte, ich würde jede vernünftige Unterhaltung unmöglich machen, wenn ich schluchzend dasäße. Ich solle jetzt sagen, was ich wolle. Ich blieb sitzen. Sie ging und ließ mich nachdenken. In jenem Moment war mein Verlangen nach einem Pferd größer denn je. Lasst mich frei, flehte ich innerlich. Ich konnte mich vor ihnen nicht dieser Frage stellen, denn was ich wollte, war nicht das, was meine Eltern für mich wollten. Ich wollte wegreiten, wollte alleine sein, wollte allem aus dem Weg gehen und dort schwach sein, wo es niemanden und nichts kümmerte – in der Wildnis. Doch dann begriff ich, dass nur ich diejenige war, die sich befreien konnte. Ich konnte hier nicht sitzen und auf das Kommando warten. Wenn ich wegwollte, musste ich selbst gehen.

Ich blieb noch eine Weile hinterm Sofa sitzen. Ich überlegte angestrengt, wo ich denn würde hingehen wollen. Das einzige Land, das meine holprige Schullaufbahn zu einem Ende bringen könnte, war Deutschland. Eine deutsche Schule, die kein Internat war wie Salem, schien mir am wenigsten fremd.

Also ging ich zögernd die Treppen hoch und begab mich wieder an den Esstisch. Meine Eltern erwarteten eine Alternative zu Salem. Ich dachte noch mal nach: Nach Amerika konnte ich nicht zurück, für Frankreich war mein Französisch zu schlecht, in England passte das Schulsystem nicht, die Schweiz kam nicht in Frage, da ich hier ja nur wegwollte, Italien, Belgien, Polen, nein: da blieb nur Deutschland. In Deutschland selbst kam von den Großstädten, die ich kannte, weder das dunkelblaue, enge Hamburg noch das goldglänzende München in Frage. So kam ich schließlich auf Berlin.

»Ich gehe nach Berlin«, erklärte ich. Meine Eltern blieben stumm. Berlin war unter anderem auch gerade in meinen Fokus gerückt, da meine Schwester dort ein Auslandsjahr auf der Humboldt-Universität absolvierte. Für meine Eltern war es also auch nicht die allerschlechteste Alternative, da es nun dort durch ihren Aufenthalt bereits ein paar Anknüpfungspunkte gab.

Im Internet suchte ich nach Gymnasien in Berlin. Hinzu kamen einige Empfehlungen von Freunden meiner Eltern, darunter das Gymnasium zum Grauen Kloster, das Canisius-Kolleg und die John-F.-Kennedy-Schule. Im Grauen Kloster rief ich an und erklärte: »Ich komme aus der Schweiz, habe hier auch die zehnte Klasse abgeschlossen, bin vor einem Jahr aus Amerika nach Zürich zurückgekehrt, habe mich neu orientiert und will im Sommer in Berlin zur Schule gehen« – der Hörer wurde aufgelegt.

Das Canisius-Kolleg war freundlicher. Die riefen sogar zurück, und ich drang bis zum Direktor vor. Doch auch diese Tore blieben versperrt, da ich nie ein Wort Latein gelernt hatte. In der Kennedy-Schule wurde mir erläutert, dass frühestens in fünf Jahren ein Platz frei würde.

Ich rief in weiteren Schulen an, bis ich eine fand, die mir anbot vorbeizukommen. Ich schaffte es, meine Hände aus den Fesseln zu befreien, dem Henker einen Tritt zu versetzen, aus dem Strick zu schlüpfen und zu fliehen.

Unterdessen telefonierten meine Eltern herum und suchten in ihrem Freundeskreis irgendjemanden, der jemanden in Berlin kannte, der mich würde aufnehmen können.

2

Bereits im Frühjahr anlässlich eines Geburtstages, zu dem ich mit meinen Eltern und meiner Schwester eingeladen worden war, hatte ich Berlin zum ersten Mal besucht. Das bedeutete zwar nicht, dass ich die Stadt kannte, doch mir waren einige Eindrücke von diesem Wochenende geblieben.

Mir waren schon damals die eigenartigen Namen der Bezirke, Straßen und Schein-Berge aufgefallen. Als ich bei einem Spaziergang hörte, dass wir uns »hier am Fuße« des *Teufelsberges* befanden, wirkte das auf mich abstoßend und anziehend zugleich. Doch die Anziehung schien größer. Ein Berg aus Schutt, und drumherum lauter tanzende Teufel – Junge, Junge! Mit denen wollte ich mich verbrüdern. *Charlottenburg* klang für mich nach einer großen, romantischen Burg mit Schießscharten und Rankrosen an der Sandsteinfassade. Dass man in einem Wort wie diesem leben konnte, fand ich ungewöhnlich. *Mitte* klang anonym und undefiniert. Wessen, welche Mitte war da gemeint? Mitte war für mich ein Punkt, keine Fläche. Der *Kurfürstendamm* klang in meinen Ohren nach in edle Gewänder gehüllten Fürsten, die einen hellen Kiesweg runterspazieren. Ich hatte gleich Kutschen und weiße Pferde vor Augen. Auch bei *Unter den Linden* assoziierte ich das Grün von Limettenschale und helle und dunkle Flecken ohne Struktur auf unebenem Grund. *Limmatquai, Sihlquai, Rudolf-Brun-Brücke, Bellevue, Rämistrasse* – wie hohl und blass diese Bezeichnungen Zürcher Straßen und Promenaden dagegen waren – ein wesentlicher Grund im Übrigen, warum ich nie einen Orientierungssinn innerhalb Zürichs entwickelt hatte. Die Straßennamen dieser Stadt bieten mir bis heute keine Inspiration, und ich kann mir kaum eine Gasse oder den Standort eines Geschäfts merken.

Wir kamen also in Berlin an, wohnten in einem Hotel in Mitte und trafen meine älteste Schwester, die noch hier studierte, zum Kaffee. Sofort, als ich sie nach nur sechs Monaten Studium in Berlin zum ersten Mal wiedersah, bemerkte ich, dass sie Netzstrümpfe zum Jeansrock trug. Aus Zürich kommend waren Netzstrümpfe ein modisches Neuland; abseits von Perlenohrringen, Nerz, Kaschmir und taillierter Bluse ja geradezu ein Vergehen. Aber der Eindruck ist mir geblieben, und ich muss gedacht haben: Wenn Berlin Netzstrümpfe ermöglicht, mein Gott, was kommt da noch!

Die Geburtstagsgesellschaft war groß und sehr deutsch. Laut meinem Pass bin auch ich deutsch, aber in der Schweiz ist Deutschsein eher ein Nachteil, und da ich mich von Kindheit an als zwischen den Welten sitzend empfand, hatte ich mich mit über neunzehn Jahren damit abgefunden, eben nichts von beidem zu sein. Ich empfand die Deutschen als sehr direkt, sehr laut, sie waren alle einen Kopf größer als die Schweizer, irgendwie anders als alles, was ich bisher kennengelernt hatte.

Was meine Figur betraf, so stand ich auch nach den Monaten seit Littenheid unter der kritischen Beobachtung meiner Mutter. Ich wusste, dass ich immer noch zu dünn war, und bemühte mich nicht unbedingt, mehr zu werden. Doch hier in Berlin schien das keinen zu kümmern. Mein Tischnachbar stellte Fragen, die alles andere, nur nicht mein äußerliches Erscheinen betrafen, und machte charmante Bemerkungen, denen ich wie Kanonenschüssen auswich. Wie schon damals im Café machte ich die Erfahrung, dass es Menschen gab, die Interesse an mir hatten und zugleich mein Interesse für sie weckten.

Ich sagte Salem ab und kehrte nach Berlin zurück, wohnte in der WG meiner Schwester in Kreuzberg und suchte jene Gymnasien auf, die mir immerhin die Möglichkeit gegeben hatten vorzusprechen. An einem der Tage reiste ich mit Stadtplan und U-Bahn-Plan von der Friesenstraße in Kreuzberg nach Zehlendorf, wo das Schadow-Gymnasium lag. Ich fand mich vor einem großen Backsteingebäude wieder, das so gar nicht nach Elite aussah, und war sehr beruhigt. Vor den Türen zum Hauptgebäude lagen Zigarettenkippen, silberne Tags zierten die vom Ruß geschwärzten Mauern der Schule, und die Klinke am Eingang war abgegriffen. Ich ging mit dem guten Gefühl hinein, dass dies das totale Gegenteil von Salem war – das konnte nur Gutes heißen. Im Treppenhaus roch es weder sauber noch dreckig. Auf den ersten Blick schien es mir, als habe man seit langer Zeit vergessen, die Wände zu streichen, den Boden zu pflegen, zu lüften. Aber ich empfand nichts Unangenehmes dabei. Ich war regelrecht erleichtert, in einer ganz normalen Schule gelandet zu sein. Hier will ich hin, dachte ich sofort. Hoffnungsvoll sah ich mich nach dem Lehrerzimmer um. Irgendwie fand ich es, klopfte an und fragte nach dem Direktor.

Man ließ mich warten. Das Zimmer, in dem ich wartete, ist in meiner Erinnerung olivgrün und eichenholzbraun, ich saß auf einem knarrenden Stuhl und starrte gegen eine Wand.

»Bitte.« Die Tür öffnete sich.

Ich trat ein. Vor mir saß ein kleiner dicklicher Mann mit kurzen grauen Haaren, einem Schnauzer und frech blickenden Augen. Er wirkte gar nicht intellektuell und auch gar nicht freundlich, das gefiel mir. Ich setzte mich. Er spielte mit einem Füllfederhalter, und ich wurde das Gefühl nicht los, dass er höchst amüsiert über mein Erscheinen, überhaupt über mein Anliegen war.

»Sie wollen also hier zur Schule gehen«, stellte er fest.

»Ich will nicht, ich muss. Und Sie müssen mich lassen.«

»Und Sie kommen aus der Schweiz?« Er schien immer noch amüsiert, aber auch etwas besorgt.

»Ja. Aus Zürich.«

»Aber was wollen Sie, wenn Sie aus Zürich kommen, denn in Berlin?«, fragte er sehr verwundert und nun etwas vorgebeugt. »Ist Zürich nicht wunderschön?«

»Nein, es ist schrecklich.«

»So so.« Er schien nachzudenken. Mit seinen frechen Blicken begutachtete er mich. Es war mir unangenehm, weil ich fürchtete, er könnte mich zu dünn, zu krank, zu verzweifelt finden. Ich fühlte mich wie ein hungriges Kind, das immer lauthals gewettert hatte, es möge keinen Spinat. Nun, wo der Hunger aber so schrecklich quälte, bat es um nichts anderes als eine Schüssel Spinat.

»Sie sind aber nicht von zu Hause ausgerissen?«, fragte er.

»Nein«, sagte ich. Für einen Moment genoss ich die Vorstellung, wie es wohl wäre, ausgerissen zu sein. Ich fügte hinzu: »Meine Eltern wissen, dass ich hier bin.«

»Nun, wenn Sie wollen, dann können Sie natürlich bei uns zur Schule gehen. Das ist ja in Ihrem Alter eher ungewöhnlich. Ich meine, dass Sie das freiwillig tun.«

Ich lächelte beschämt. Wie tief war ich gesunken, dass ich »freiwillig« zur Schule ging? »Wissen Sie, ich habe keine andere Wahl, ich muss einfach nur das Abitur schaffen. Mehr will ich gar nicht. Bitte lassen Sie mich zwei Jahre hier zur Schule gehen, ich werde mein Bestes geben.« Ich sagte dies im Glauben, dass, wenn ich erst einmal mein Abitur hatte, alles besser werden würde. Mit Abitur würde das Leben schön sein. Abitur klang in meinen Ohren fast wie Freiheit.

Der kleine Mann hatte, glaube ich, Mitleid mit mir. Na, wenn die so unbedingt will, warum soll sie dann nicht können? Die Bürokratie und wie das alles mit den Schuljahren hinhauen sollte, welche Fächer ich belegen könnte, wo ich im Lehrplan wieder anknüpfen würde, das schien ihn nicht zu kümmern. Er sagte einfach: »Das kriegen wir hin.«

3

Regen, Wind, wütender Wald. Erst gegen Mittag öffnet sich die Wolkendecke am Himmel. Die scharfe Kälte riecht, wie Chili schmeckt, nichts duftet mehr.

Dann geschieht etwas Außergewöhnliches auf der Farm.

Ich erfahre es durch Jim, dessen Entdeckung die Runde macht: Ein Biber hat sich an unserem Teich eingenistet.

»Wenn der zu dieser Jahreszeit auftaucht, ist er von zu Hause ausgerissen oder rausgeschmissen worden«, meint Jim. Ich will mehr wissen und treffe Jim mittags im Shed bei den Traktoren und Landmaschinen.

»Hat er bereits Bäume gefällt?«, frage ich.

»Nur einen jungen Ahorn und eine der Tannen. Ich habe versucht, seinen Arbeitsweg aufzuspüren. Sieht aus, als sei er gerade erst dabei einzuziehen.« Jim reibt sich die Nasenspitze mit dem Handrücken.

»Und was wirst du tun – ihn vertreiben?«, frage ich.

Jim lacht und schüttelt den Kopf. »Nein, vertreiben kann man so einen Kerl nicht. Hat er erst mal einen so schönen Ort gefunden, lässt er sich den nicht einfach so nehmen. Der kommt immer wieder zurück – ich werde ihn fangen. Wir wollen unseren Waldrand doch behalten, oder?«

Ich führe mir den Biberteich im Wald vor Augen, an dem ich regelmäßig mit Francis vorbeireite. In der Tat sieht das Drumherum dieses Biberponds verlassen und abgestorben aus. Der Biber dort beißt in einer Nacht einen fünfzig Jahre alten Baum durch. Die fallenden Bäume schlagen Schneisen in die Uferböschung und reißen anderes Geäst mit sich zu Boden. Wie Streichhölzer liegen die abgestorbenen Tannen dort im Marsch. Man sieht auch die Schleifspuren und Wege des Bibers. Er bahnt sich seine Pfade durchs dichteste Unterholz, und die zurückbleibenden Baumstümpfe ragen wie Speerspitzen aus dem Boden. Der Anblick des Biberbaus ist faszinierend – was der Biber dabei anrichtet, ist ebenfalls faszinierend, aber es ist nicht schön.

»Du fängst ihn besser schnell, bevor er uns die großen Birken hinterm Teich umlegt«, lache ich.

»Das wird mein erster erlegter Biber sein«, sagt Jim fast stolz. »Gott, ich muss heute Abend meine Bücher übers Fallenlegen durchsehen.«

Ich habe noch nie einen Biber gesehen, und ich bitte Jim, mich beim Fallenlegen mitzunehmen.

Am nächsten Morgen holt Jim mich mit dem Gator ab. Auf der Ladefläche liegen eine Rolle mit dünnem, grünem Draht, eine Säge, ein Hammer, Ketten und ein rechteckiges Eisengestänge – die Genickbrecherfalle. Wir fahren ans hintere Ufer des Teichs, wo die Böschung nur spärlich bewachsen ist. Ich betrachte Jims Handgriffe wie ein Lehrling, der seinem Meister bei der Arbeit zusieht. Er sucht den Pfad des Bibers durch die entlaubte Böschung, man kann ihn an den bereits abgefressenen Baumstämmen erkennen. Der Biber hat einen oder mehrere Zugänge zum Wasser, an einen von ihnen legt Jim seine Falle.

Die Falle selbst funktioniert wie ein Tor, durch das der Biber gehen muss. Einen Köder in Form von Fleisch oder Käse gibt es hier nicht, da der Biber Vegetarier ist. Kleine Ästchen, die Jim mit dem Draht zu einem Bündel zusammenbindet und an einem der Eisenbügel aufhängt, lösen bei Berührung die Feder aus. Zwei rechteckige Eisenbügel, die in einem Winkel von 45 Grad gespannt werden, schnappen dann blitzartig zusammen und klemmen den Kopf des Tieres ein – ein schneller Tod. Jim rammt zwei armdicke Stämme im Abstand von etwa fünfzig Zentimetern in den Uferbereich. Dazwischen hängt er die Falle, verdeckt das Eisen so gut es geht mit trockenem Gestrüpp, versperrt die Nebenwege mit Ästen und zieht schließlich mit großer Anstrengung die Eisenbügel 45 Grad auseinander und bringt eine Sicherung an. Dann watet er mit kniehohen Gummistiefeln bedächtig durchs Wasser, prüft seine Fallenkonstruktion wie ein Kunstwerk und legt hier und da noch einige Zweige zur Tarnung darüber.

Das nasse Eisen kann ich in der kalten Luft riechen. Um uns herum ist es totenstill.

»Morgen früh kommen wir zurück und gucken, ob sich der Biber davon hat beeindrucken lassen«, meint Jim abschließend, löst die Sicherung und trocknet seine geröteten Hände an der Jeanshose.

Am nächsten Morgen ist kein Biber in der Falle. Und auch die folgenden Tage liegt kein totes Nagetier im Wasser. Jim ändert seine Strategie und legt zusätzlich zum Genickbrecher eine Fußfessel in den Uferbereich. Vom ursprünglichen Pfad rückt er ab und entdeckt dabei weiter rechts in einem kleinen Tannenwald das Versteck und die Gänge des Bibers. Es vergehen drei weitere Tage. Kein Biber. Ich frage Jim, ob der Kerl vielleicht weitergezogen sei – jetzt, wo er Gefahr wittere. Jim schüttelt den Kopf, und sein dichter, lockiger Pferdeschwanz wiegt dabei leicht hin und her. »Nein, er findet einfach immer einen Weg dran vorbei. Der weiß nicht, was eine Biberfalle ist. Er sieht, da ist was im Weg, geht drumherum und macht weiter sein Ding.«

Jeden dieser Tage schaue ich zu den Birken und Tannen am Ufer des Teichs, um zu sehen, ob sie der Biber bereits umgelegt hat. Sie bleiben stehen. Immer wieder höre ich in den

Morgen- und Abendstunden den Motor des Gators am Uferbereich.

Der Biber lebt weiter.

Am achten Tag um 7.30 Uhr in der Früh durchfährt ein Schuss die Morgenstunde. Sofort stelle ich meine Kaffeetasse auf dem Küchentisch ab, starre auf den Kühlschrank und sage laut: »Der Biber!«

Ich schnappe mir meine dicke Jacke aus der Garderobe und trete raus auf die Veranda. In der Tat steht hinterm Pond der knallgrüne Gator. Ich eile noch mal in die warme Küche und hole das Fernglas, das immer beim Radio bereitsteht. Nun sehe ich Jim im Tannenwald, erspähe durchs Glas, wie er ein riesiges braunes Etwas aus dem Wasser zieht. Mir entfährt ein Jubelschrei, obwohl nicht ich diejenige bin, die das Tier erlegt hat. Jim sammelt die Falle ein und legt seine Beute auf die Ladefläche des Fahrzeugs. Ich lasse mein Fernglas sinken und trete an den Wegrand. Wenige Augenblicke später kommt der Gator herangerattert. Jim hält und steigt aus.

Da liegt der Biber. Er ist in die Fußfessel gegangen, und Jim hat ihn mit einem Genickschuss erlegt. Ich betrachte seine kleinen Ohren, den typisch brettartigen Schwanz und die Schwimmflossen an den schwarzen hinteren Füßen. Jim ist sehr stolz und sieht richtig glücklich aus. »Na, einfach hat er es mir nicht gemacht. Aber gekriegt habe ich ihn trotzdem.«

»Das wird eine besonders schöne Mütze, Jim.«

»Im Winter ist ihr Fell dicht und warm – ja, das trifft sich gut.«

Ich schaue auf den breiten leblosen Körper des Tieres und kann nicht anders, als zu sagen: »Das Risiko muss man eingehen, wenn man von zu Hause ausreißt.«

4

Ich kam zunächst bei Freunden eines Freundes meiner Eltern unter, die mir das Gästezimmer in ihrer Wohnung in der Schlüterstraße 19 in Charlottenburg anboten. Mit mir war ein Säugling in die Familie gekommen, und es gab abends oft Sushi vom Take-away, Süßsauer vom Chinesen, Antipasti vom Italiener. Hier wurde nicht jeden Abend aufwendig gekocht, so wie ich es von zu Hause kannte. Take-away zum Abendessen war mir völlig fremd. Das Leben in der Wohnung war turbulent und vom regen Besuch unterschiedlicher Bekannter und Verwandter geprägt.

Ich beneide niemanden, der in jener Zeit mit mir zusammenleben musste. Ich war verunsichert, verschlossen, unerreichbar und konnte mich noch nicht besonders gut integrieren. Die Integration schien etwas zu sein, das ich nie verstehen würde, ich verstehe sie bis heute nicht. Statt mich in eine Gruppe einzufügen, trenne ich mich von ihr wie Öl von Wasser. Doch durch diese Berliner Familie hatte ich die Möglichkeit, einen Anschluss ans Stadtleben zu finden. Ich lernte in sehr kurzer Zeit sehr viele Deutsche kennen und bemerkte, dass sie viel, gerne und laut lachten.

Den Sommer, bevor die Schule begann, verbrachte ich in Berlin. Mit dem alten Fahrrad meiner Schwester radelte ich durch die Stadt. Ich setzte mich in Cafés und las oder schrieb in mein Notizbuch. Oft hatte ich das Gefühl, dass mich die Menschen um mich herum musterten, mich begutachteten wie einen fremden Vogel. Ihre Blicke schienen zu fragen: Wo sind denn deine Freunde? Kann aber auch sein, dass ich es mich selbst fragte. Ist man alleine, fällt einem auf, dass der Mensch ein ausgebildetes Gruppenverhalten pflegt.

Es machte mir nichts aus, alleine zu sein, Berlin ermöglichte mir den Zugang, indem es mich abtauchen ließ.

An meinen ersten Schultag erinnere ich mich nicht. Aber ich erinnere mich an den dritten Schultag. Da wurde ich nämlich in das Büro des Direktors gerufen. Ich ahnte etwas ganz Böses. Mit trockenem Mund setzte ich mich ihm gegenüber. Was jetzt kam, überstieg meine Vorstellungen. Der Direktor sah unglücklich aus, er spielte auch nicht wie beim letzten Mal mit dem Füllfederhalter, sondern legte die Hände gefaltet auf seine lederne Schreibunterlage. Mir wurde schlecht, weil ich wusste, da stimmte etwas nicht.

»Es gibt ein Problem«, begann er.

Ich wartete.

Der Direktor suchte krampfhaft nach einer Formulierung, die sich so wenig erniedrigend wie möglich anhörte, um mir mitzuteilen, dass ich in der zwölften Klasse gar nicht zugelassen sei. Alle meine Zeugnisse würden vorweisen, dass ich bis zur 10. Klasse zur Schule gegangen sei, ich also in die elfte Klasse zurückgestuft werden müsste. Er sprach von einem Schulsenator und dass er ihn selbst nach einstündigem Gespräch nicht anders hätte überzeugen können.

Mir blieben die Worte im Hals stecken. Ich hatte überhaupt nie überlegt, dass ich ja die elfte Klasse in meiner Schullaufbahn vollkommen ausgelassen hatte. Statt zur Schule zu gehen, war ich doch in Littenheid gewesen, hatte im Café gearbeitet. Diese Zeit schien mir nun, da ich genauer darüber nachdachte, wie ein schwarzes Loch in meiner Erinnerung. Tatsächlich gehörte ich in die elfte Klasse – ich war völlig verwirrt. Aber in wenigen Wochen wurde ich neunzehn, und dieser Mann versuchte mir zu erklären, dass ich fortan mit Sechzehnjährigen …! Ich verstand nichts, vor allem verstand ich nicht, warum der Schulsenator die Macht besaß, über mein Schicksal zu entscheiden.

»Ich kann Sie nicht weiter in der Zwölften lassen. Sie müssen Ihre Sachen packen und rüber ins andere Schulgebäude – dort finden Sie im Zimmer 22 die elfte Klasse.«

»Wie? Jetzt sofort?«, war das Einzige, was ich erwidern konnte. Der Direktor legte seine Handflächen nebeneinander auf den Tisch und sagte, als habe ihn der Schulsenator am Schlafittchen: »Ja.«

Fassungslos, einen Kloß im Hals, die Verzweiflung überall in und an mir, wankte ich zurück ins Klassenzimmer. Vor aller Augen packte ich meine Sachen. Die Schüler, mit denen ich vor 48 Stunden Bekanntschaft gemacht hatte, sahen mir nur mitleidig hinterher, als ich mich aus gegebenem Grund verabschiedete. Mir war klar, dass ich es keine drei Jahre auf der Schule aushalten würde. Drei Jahre waren ein Jahr zu viel. Wie es für mich typisch ist, dachte ich auf meinem Gang ins andere Gebäude an die beiden Extreme: Leben oder sterben. Leben bedeutete, jetzt und hier wegzulaufen. Sterben bedeutete, mich widerstandslos meinem Schicksal zu fügen. Ich entschloss mich, wie es für mich typisch war, zu sterben und ging weiter.

Schule war immer schlimm gewesen, aber dies war der schlimmste Vormittag meines Lebens. Gegen die persönliche Erniedrigung, die ich in jenen Stunden erfuhr, war das körperliche Leiden der Magersucht Zuckerschlecken gewesen.

Ich konnte den Kindern der elften Klasse nicht verübeln, dass sie mittags noch bei Mami am Esstisch saßen und ihr von der Schule erzählten. Ich konnte ihnen nicht verübeln, dass sie, seit sie sieben Jahre alt waren, im gleichen Feldhockey-Club spielten. Diese Pferdchen trabten einfach brav im Kreis, so, wie man es von ihnen erwartete. Ich hingegen tat zwar, was man von mir verlangte, aber ich war kein Pferdchen – ich war ein Löwe im Käfig.

Völlig taub kehrte ich an jenem Nachmittag in die Schlüterstraße zurück. Die Schmach darüber, dass meine selbstgewählte Alternative zu Salem zu scheitern drohte, drückte mich nieder.

Doch dann ereignete sich etwas, das ich nicht mehr für möglich gehalten hatte. Mein Gastvater hatte zu meiner Verwunderung gute Beziehungen in Berlin, und eine Woche später, in der ich nicht zur Schule ging, durfte ich offiziell zurück in die zwölfte Klasse. Nie wurde ich gefragt, warum ich die elfte Klasse eigentlich ausgelassen hatte, und ich erklärte es auch niemandem. Ich war nun in der Zwölften, und von nun an lief die Uhr: zwei Jahre bis zum Abi. Und ich zählte jeden Tag.

5

An dem Tag, an dem ich meinen neunzehnten Geburtstag feierte, war ich einsam, es war grau und regnerisch. Ich erinnere genau, wie ich den Ku'damm runterspazierte und »The Story of Berlin«, ein Museum für sehr Faule, besuchte. Danach trank ich einen Kaffee am Savignyplatz. Es regnete ohne Unterlass. Abends ging ich mit meinem Gastvater und dessen Stiefvater ins Hyatt zum Abendessen. Wir waren fast alleine in der mit Jazzmusik erfüllten, dunkel gehaltenen Esshalle. Die steifen weißen Servietten ließen sich kaum auseinanderfalten, und keiner von uns wusste so recht, was er an diesem ganz besonderen Tag reden sollte. Lustlos und schweigsam schnitt ich Stücke vom Rinderfilet ab, es war so zäh wie dieser Abend. Das Gespräch drehte sich um Theaterinszenierungen und das Lebenswerk deutscher Literaturgrößen. Es fiel mir schwer, mich dafür zu interessieren, und es dauerte ewig, bis endlich die Geburtstagstorte zum Dessert serviert wurde. Ich zerteilte den fetten Schokoladenmoussekuchen mit Blattgoldfetzen auf der Glasur.

Drei Tage später flogen die Jets in New York in die Twin Towers. Fassungslos saß ich vor dem Fernseher und hatte das Gefühl, auf einer Eisscholle zu treiben, weit weg vom Festland, wo sich meine Familie befand.

Kampfflugzeuge flogen in den Irak. Unser Geschichtslehrer entrüstete sich über das Titelbild einer Berliner Tageszeitung, das nichts als ein grün-schwarzes grobes Pixelgewimmel mit zwei helleren und zwei dunkleren weißen Flecken in der Bildmitte zeigte. Als Bildunterschrift hatte man die Worte: *Amerikanische Kampfjets über Bagdad* gewählt. Niemand wusste, was los war.

So verging das Jahr, und der Winter kam. Es gab einige wenige Schüler in meiner Stufe, die bereit waren, eine Freundschaft mit mir einzugehen. Ich konnte sie an einer Hand abzählen. Den restlichen Schülern meiner Stufe war ich sehr suspekt. Morgens, wenn ich auf das Schultor zuging, wo sie sich versammelten und rauchten, nahm ich mir immer vor, mich dazuzustellen und mich zu unterhalten. Doch je näher ich kam, desto abschätziger wurden die Blicke, desto leiser wurden die Stimmen, und ich wagte es nicht, anzuhalten. Ich war fremd, ich kam nicht von hier, und dann war da auch noch mein Nachname. Verließ ich am Nachmittag das Schulgebäude, spielte sich das Gleiche wieder ab. Geh hin, red mit denen, tu einfach so, als ob, rauch eine – doch ich konnte nicht, und auf dem ganzen Weg nach Hause warf ich es mir vor.

Mit den Lehrern verhielt es sich ähnlich. Sie beäugten mich aus dem Augenwinkel und blieben auf Distanz. Sie erteilten mir die schlechten Noten, da sie wussten, dass meine Eltern hier nicht lebten und ihnen somit nicht drohen konnten. Es war mein Schicksal, dass ausgerechnet der Mathematiklehrer der Einzige war, der mir sagte, dass er sich bemühte, mich gut zu benoten, aber ich würde einfach zu viele Fehler machen. Er war wenigstens ehrlich. Im Deutsch-Zusatz-Unterricht zweifelte der Lehrer, dass ich die Aufsätze, die ich einreichte, selbst geschrieben hatte, und wenn ich mich meldete, nahm er grundsätzlich die anderen dran. In Biologie wurde ich von der Lehrerin mitleidig belächelt, und sie schüttelte eigentlich immer den Kopf, wenn ich etwas sagte, so als könne sie sich nicht erklären, was um alles in der Welt ich in ihrer Klasse zu suchen hatte.

Irgendwie verging die Zeit – ich weiß nicht mehr, wie. Ich saß in den Freistunden oft in einem Café in Zehlendorf und machte Hausaufgaben. Nach der Schule kam ich um 15 Uhr ausgehungert und müde in die Wohnung. Abends versuchte ich Feldhockey im SC Charlottenburg zu spielen, um andere Leute kennenzulernen, aber ich gab es bald auf, mich in der ehrgeizigen Damen-Clique zu profilieren. Ich verursachte einen Autounfall mit dem Auto meiner Gastmutter, ich las, starrte nachts aus meinem Fenster in den blau erleuchteten Hinterhof und versuchte die immer wiederkehrenden Erinnerungen an Littenheid, an Silvia, Kurt und Anna zu verarbeiten, indem ich sie skizzenartig aufschrieb. Es blieben Skizzen.

Aber es gab auch schöne Momente in dieser Zeit: zum Beispiel die Lektüre von *Effi Briest*, *Aus dem Leben eines Taugenichts* und die Auseinandersetzung mit Kleist und Schopenhauer. Mein Deutschlehrer war ein lieber Kerl, und er ließ mich reden.

Auch im Schwimmen wurde ich gut benotet. Wie früher in der Grundschule war es das einzige Fach, in dem ich eine Eins plus bekam.

Berlin schickte mich durch eine harte Schule, in der ich lernte, ohne es zu wollen. Aber es tat mir gut. Ich hatte Freundschaft geschlossen mit Marina, einer Studienfreundin meiner Schwester, die gerade im zweiten Jahr ihrer umfangreichen und sechs Jahre dauernden Promotion stand. Da sie fast täglich in der Staatsbibliothek arbeitete und recherchierte, erhielt sie von anderen Studenten immer die neuesten Informationen über Partys und angesagte Clubs. Freitag und Samstag waren wir eigentlich immer unterwegs. Manchmal war ich Donnerstag, Freitag, Samstag und Sonntag unterwegs. Die Großstadt bot mir unendliche Ablenkungsmöglichkeiten von meiner innerlichen Einsamkeit. Ich versuchte im Ausgehen und Feiern, im »Spaß haben« zu vergessen, dass ich diese Schulzeit einfach nur hasste. Ich zwang mich förmlich dazu, Leute kennenzulernen und »immer« etwas zu erleben. Ich trank, ich tanzte auf den Tischen, ich stand nachts um drei schlotternd auf dem S-Bahnhof, ich ging alleine mit meinem Notizbuch in Bars und beobachtete die Menschen.

Bald zog ich aus dem Gästezimmer in der Schlüterstraße aus und bezog in der Goethestraße die Wohnung eines Bekannten, der sechs Monate nach Mexiko zu VW ging.

Nach einem grausam kalten Winter folgte der Frühling, und es kam der April. Ich verliebte mich zum ersten Mal richtig heftig.

Er hieß Pano und kam aus Kreta, sah aber aus wie ein Norditaliener. Er war kleiner als ich, hatte längere Haare als ich, dunkle, dicke Augenbrauen und eine tiefe Stimme. Unter den Kieferknochen roch er herb, er rauchte, und er zerzauste mir das Haar. Ich sah ihn auf einer dieser Partys. Er stand alleine an einem Tisch und trank Bier. Ich fand, dass er genauso wenig hierherpasste wie ich, und sprach ihn darauf an.

Wir kamen ins Gespräch, und um halb drei Uhr bot er mir an, mich nach Hause zu fahren. Sofort willigte ich ein. Marina war entsetzt: »Du kannst dich doch nicht von einem wildfremden, zehn Jahre älteren Mann nachts durch Berlin fahren lassen«, zischte sie mir ins Ohr. Ich hörte nicht hin.

Pano und ich kurvten in einem dunkelblauen alten Golf nach Moabit, wo wir in einem winzigen Laden Falafel in Fladenbrot aßen und er mir erzählte, dass er Architekt sei. Danach kehrten wir für einen Absacker in eine Bar in Mitte ein und saßen dort bis halb sechs Uhr morgens. Als der Sonntag schon längst begonnen hatte, setzte er mich vor meiner Haustür ab und küsste mich.

Wir trafen uns in den kommenden Wochen nach meinem Schulschluss im Aquarium, sahen uns die Fische an und hielten uns im Arm. Wir aßen gemeinsam zu Mittag, wir telefonierten und redeten bis in die Nacht. Er lud mich zum Essen ein und bezahlte mein Glas Wein, er lachte mit mir – und er ließ mich warten. Jeden Tag wartete ich auf seinen Anruf, eine Nachricht von ihm, ich hoffte, betete, dachte an jede Pore in seinem Gesicht, jede Narbe, jede Falte in seiner braunen Haut. Ich sang, schwieg, seufzte, träumte, klammerte und blinzelte, wenn ich an Pano dachte. Lust war ein Gefühl, das für meinen Körper und mich völlig neu war. Ich war voller Hingabe und fast so weit, die Kontrolle aufzugeben! Seit zwei Jahren schleppte ich den Zwang mit mir rum, nun glaubte ich, Pano könne mich davon befreien. Er verlieh mir Schmetterlinge im Bauch, ließ mich einfach still vor mich hin schmunzeln. Verlassen, heimatlos war ich – er nannte mich ein *enfant terrible,* was mir irgendwie gut gefiel –, doch in seinen Armen fielen all meine Laster von mir ab, all die schweren Gedanken wurden tragbar, und ich konnte mir nicht erklären, wie ich es auf dieser Welt ohne ihn ausgehalten hatte. Er verwandelte mich das erste Mal in meinem Leben in eine Frau. Alles wollte ich von ihm. Er war meine Rettung. Ich hätte ihn auf der Stelle geheiratet und wäre mit ihm nach Kreta gezogen, wo wir glücklich bis ans Ende unserer Tage Ziegen gehütet hätten.

Dann kam das Geständnis.

»Ich habe eine Freundin.«

Ich redete mir ein, er habe gesagt, er würde sich für mich von seiner Freundin *trennen,* mich morgen *heiraten* und mit mir nach Griechenland ziehen, wo wir glücklich bis ans Ende unserer Tage Ziegen hüten könnten.

Wenn ich ihn liebte, musste er mich lieben. Punkt.

Man nennt es auch Sturheit.

Ich hörte also geduldig zu, wenn er mir, auf dem Bett liegend, mit gequälter Stimme erzählte: »Die Situation mit meiner Freundin ist schon seit einiger Zeit sehr schwirig, aber wir sind schon zehn Jahre zusammen. Ich weiß gar nicht, wie das weitergehen soll. Mein Vater liegt im Sterben, ich muss nach Kreta. Und die Arbeit! Ich habe so viel zu tun, zeichne von morgens bis abends an diesen Plänen für die Zahnarztpraxis, und bin nur müde.« Dann sank er ins Kopfkissen, durchbohrte mich mit seinen liebestrunkenen, dunkelbraunen Augen und fragte leise: »Aber, sag mal, kann ich mit dir schlafen?«

Ich verstand ihn nicht. Er konnte doch nicht eine Freundin haben und mit mir schlafen wollen. So was tat man nicht. Nein. Ich erklärte: »Du kannst mit mir schlafen, wenn du dich von deiner Freundin getrennt hast.«

Diese Aussage nahm er zum Anlass, sich wegen fürchterlicher Kopfschmerzen zu verabschieden, er habe noch zu tun. Ich ließ ihn gehen.

Irgendwann rief ich bei ihm an. Mehrere Wochen, in denen ich fortfuhr, an unsere gemeinsame Zukunft zu glauben, folgten. Ich stellte ihm heimlich eine Papiertüte mit Lebensmitteln vor seine Wohnungstür am Prenzlauer Berg, da er nach seiner Aussage »nur am Arbeiten« war und »nicht mal Zeit zum Einkaufen« hatte. Er bedankte sich in einer Kurznachricht. Dann flog er nach Kreta zu seinem kranken Vater und kehrte eine Woche später nach Berlin zurück. In dieser Woche muss ich schon geahnt haben, dass ich ihn nicht würde heiraten können. Denn er ließ in unseren Gesprächen immer mal wieder durchklingen, dass ihn die Krisensituation mit seinem Vater wieder enger mit seiner Freundin zusammengeschweißt habe. Schließlich schlug er ein Treffen am S-Bahnhof Friedrichstraße vor. Ich wusste, es war vorbei, und die Schrecklichkeit einer Zukunft ohne Pano stand wie ein geöffneter blauer Schlund vor mir. Ich aß nicht und fand nächtelang keinen Schlaf.

Freitag stieg ich am Savignyplatz in die S-Bahn zum Hackeschen Markt. Ich hatte mir Mühe gegeben, mich hübsch zu machen. Ich fror bitterlich. Schon am Gleis kam er mir entgegen. Hand in Hand schlenderten wir zum Pergamonmuseum, setzten uns auf einen riesigen Steinsockel und schwiegen. Ich zitterte vor Kälte, vor Angst, er könnte die Worte aussprechen, mit denen er mich verstoßen würde.

Als er sie sagte, schaute er mich nicht an, strich nur mit seinem Daumen, den er sich mal bei einem Fahrradunfall gebrochen hatte, über meine Fingerknöchel.

Völlig entleert taumelte ich an seiner Hand zurück. Er nahm mich in den Arm, küsste mich nur flüchtig. Wie von Sinnen wartete ich auf den Moment, in dem er sich anders entscheiden würde. Wir erreichten die Treppenstufen des Bahnhofs, und er ließ meine Hand los. Ich wollte mich vor ihm auf den Boden schmeißen, mich an ihn klammern, ich war so verdammt einsam hier, er war der Einzige, der – er ging. Er schaute sich nicht um.

Ich erklomm die Treppen. Tränen liefen mir übers Gesicht, ohne dass ich es merkte. Völlig hilflos stieg ich in die S-Bahn. Auf dem Gangplatz eines vollbesetzten Abteils weinte ich stumm vor mich hin. Die Tränen zerplatzten auf dem abgewetzten Linoleumfußboden. Niemand sprach mich an. Alles war mir egal, sollten die von mir denken, was sie wollten. Mit dem Handgelenk fuhr ich mir immer wieder über die Augen.

An meiner Station stieg ich aus dem Wagen. Ich krümmte mich auf dem Bahnsteig, hätte mich beinahe übergeben, fühlte mich kaum kräftig genug zu gehen. Wieder musste ich Treppen überwinden, diesmal abwärts. Unter der Brücke traf ich auf ein Pärchen.

»Entschuldigen Sie«, sprachen sie mich an. Ich blickte auf und sah in das erschrockene Gesicht einer Frau mit sanften Zügen. Sofort wurde ihr etwas klar, aber nun, da sie angefangen hatte zu sprechen, musste sie zu Ende reden. Sehr liebevoll sah sie mich an und meinte: »Wir suchen das Restaurant *Klo,* wissen Sie, wo das ist?«

Hier, dachte ich. Ich bin das Klo. Ich schickte sie zur Leibnizstraße und weinte weiter. Sie wünschte mir »viel Glück« und schlug, ihren Freund am Arm, die entgegengesetzte Richtung ein.

In den nächsten Tagen sah und spürte ich mich nicht. Lustlos streunte ich umher.

Es begann zu regnen und regnete tagelang. Immer wenn es wieder anfing, hatte ich keinen Schirm dabei. Dreimal kam ich völlig durchnässt nach Hause. Alles war mir egal. Die Leere, sie ließ sich nicht mehr auffüllen. Pano schien das Einzige gewesen zu sein, das mein Leben lebenswert gemacht hatte, er war der Einzige, der mir über mein Gesicht gestrichelt und meine Haare zerzaust hatte.

Seine Hände fehlten mir, sein Geruch, seine Augen, ich war verrückt nach ihm.

Ich wusste jede einzelne Stunde nicht, wie ich die kommende überleben sollte. Unansprechbar und wie in Nebel gehüllt war ich. Meine Verfassung erinnerte mich an meinen Zustand, nachdem ich aus Argentinien zurückgekehrt war. Mir ging der Moment, in dem Pano mich noch einmal in den Arm genommen hatte, nicht aus dem Kopf. Er hatte mich geküsst, aber es war nur ein Hauch gewesen. In meiner Trauer hatte ich es gar nicht mehr wahrgenommen, nun versuchte ich mich zu erinnern.

Von jeder Kurznachricht, die ich auf dem Telefon erhielt, hoffte ich, sie sei von ihm, mit jedem Klingeln hörte ich schon seine tiefe Stimme am anderen Ende der Leitung. Aber er rief nicht an und würde auch nie wieder anrufen.

Ich hatte geglaubt, schon alles verloren zu haben, was ich zu verlieren gehabt hatte: das Jungsein, mein Nest, meine Fröhlichkeit, meinen Mut und den Bezug zur Wirklichkeit. Und nun hatte Pano meine Seele geplündert.

Ich begann mich wieder in Frage zu stellen. Aber aus Berlin weg wollte ich nicht, auch wenn es grausam und hart war zu bleiben. Ich wollte mich an der Realität schneiden – ich wollte, dass mir das Leben weh tat. Nun steckte ich mitten drin, und es schmerzte.

6

Als nach Feierabend um 4Uhr nachmittags alle die Farm verlassen haben, sitze ich alleine in der Küche.

Soll ich noch ins Dorf?

Ich brauche nichts.

Soll ich mit dem Mountainbike raus? Das ist keine schlechte Idee. Aber ich bin irgendwie faul, und mir ist nicht nach Keuchen und Schwitzen.

Da hast du deine Einsamkeit. Und jetzt fängst du an, dich zu langweilen?

Müde lege ich mich auf das Sofa. Nichtsnutzige Gedanken kommen und gehen, bis ich kurz die Augen schließe. Im Halbschlaf beobachte ich die Schafherden. Ich höre ihre Rufe in meinen Gedanken, erst die Lämmer, dann die Mütter und dann nehme ich ein Schluchzen, ein ersticktes Schreien wahr.

Ich schlage die Augen auf. Durch das geöffnete Fenster, das zur Straße geht, höre ich langsame Schritte auf dem Kies und wieder ein fürchterliches Weinen. Sofort setze ich mich auf und erblicke hinter den kahlen Apfelbäumen eine ältere, zierliche Frau, die in einer knallbunten Jacke den Wegrand entlangwankt.

Ich sehe, wie die Frau kurz stehenbleibt, in die Knie sackt, sich fängt und schließlich aufheult wie ein gequältes Tier.

Auf dem direkten Weg gehe ich über die Veranda raus auf die Straße, an der vor wenigen Tagen noch Jim gehalten hatte, um mir stolz seinen erlegten Biber zu zeigen.

Zögerlich gehe ich auf die Gestalt zu. »Ist alles in Ordnung?«, frage ich und merke in dem Moment, wie blöd meine Bemerkung ist.

Die Frau bricht in entsetzliches Schluchzen aus. Sie reagiert nicht. »Kann ich Sie mit dem Auto nach Hause bringen? Bald wird es dunkel, und Sie haben keine Taschenlampe dabei – Sie werden sich verlaufen.«

Die Frau kann vor lauter Tränen nicht sprechen. Nach Atem ringend, reißt sie stumm wie ein Fisch immer wieder den Mund auf und presst dabei ihre Hand auf die Brust.

»Jetzt erzählen Sie doch mal, was passiert ist«, hake ich eindringlich nach, um sie zum Sprechen zu bringen und somit auch hoffentlich zur Beruhigung.

Sie schluchzt bitterlich. Dann wendet sie sich mir zu, krallt sich mit den Händen an meinem Pullover fest und sinkt in die Knie. Mit zusammengepressten Augenlidern und einer schrecklichen Stimme bricht sie krampfhaft hervor: »Mein Mann hat mich verlassen! – Nach zweiunddreißig Jahren Ehe!«

O nein, denke ich. Die Situation erscheint mir fast schwieriger, als wenn ihr Mann gestorben wäre – womit ich erst gerechnet habe. Ich löse ihre Finger aus der Wolle meines

Pullovers und greife ihr unter die Achseln, um sie zu stützen, und spüre dabei ihre Knochen unter der grellen Sportjacke. »Kommen Sie, ich begleite Sie ein wenig, und Sie erzählen, was passiert ist.« Wie dumm, denke ich. Was soll ich denn dann mit dem Erzählten anfangen? Nun hätte ich zu gern dieses Regelbuch aller Psychologen und Therapeuten zur Hand gehabt, in welchem unter der Rubrik »Mann lässt Frau nach langjähriger Ehe sitzen« vier Beratungsoptionen stehen, von denen man sich eine aussuchen kann.

Ich lege meinen Arm um die Frau – sie reicht mir bis knapp an die Schultern – und versuche mit ihr zu gehen. Sie riecht nach feuchter Wolle und alter Haut, ihre dünne Windjacke kann sie kaum wärmen. Ich umfasse ihren zierlichen Körper und spüre das Beben und Zittern, das sie durchfährt. Wir laufen ganz langsam. Ich halte sie fest und schweige. Was soll ich nur sagen?, überlege ich krampfhaft. Wo beginnen? Mir wollen keine Worte der Ermutigung einfallen. »Es wird alles gut«, versuche ich sie schließlich in meiner Hilflosigkeit zu trösten.

»Nein«, schluchzt die Frau. »Er hat mit Teenagern in unserem Bett geschlafen, und ich – ich bin ganz allein. Nichts wird gut.« Ich fühle mich furchtbar, denn sie hat recht. Wo soll sie in dieser verlassenen Gegend jemanden finden, der sie zum Essen einlädt oder nachts ihre Hand hält?

Der dichte Wald um uns herum scheint mir stumm und gleichgültig. Sie müsse stark sein, fahre ich fort. Einen Mann, der einfach abhaue, habe sie nicht verdient. Sie solle froh sein, dass er weg sei. Ich finde mich furchtbar platt. Und die Frau gibt mir recht, indem sie »nein, nein, nein« wiederholt und weiter bitterlich weint.

Ich drücke sie an meine Seite und gehe Schritt für Schritt weiter. »Sie sollten wirklich zurück nach Hause, es wird in einer Stunde stockdunkel sein.«

Sie scheint sich zu fassen und nickt stumm.

»Ich wohne hier«, sage ich und zeige auf das Backsteinhaus, »falls Sie Hilfe brauchen, können Sie immer klopfen.« Ich glaube, dass ich ihr mehr als das nicht anbieten kann.

Sie schüttelt erschöpft den Kopf.

»Brauchen Sie Geld für einen heißen Kaffee im Country Store?«, frage ich.

Kopfschütteln.

»Haben Sie jemanden, den Sie anrufen können?«

Kopfschütteln.

Mir bleibt nichts anderes übrig, als zu akzeptieren, dass sie meine Hilfe nicht annehmen will. Ich lasse sie los und beobachte einige Sekunden, ob sie auf eigenen Füßen stehen kann. Sie wendet sich mit einem mühsamen Lächeln und einem kaum hörbaren »Danke« von mir ab und wankt weiter. Ich stehe da und schaue zu, wie sie ihres traurigen Weges geht.

Ich muss an mein Ende mit Pano denken. Seitdem hatte ich mir geschworen, mir nie eine Heirat herbeizusehnen und auch nie zu heiraten. Damals bedeutete die Illusion eines solchen Versprechens für mich, nicht mehr alleine sein zu müssen, den Halt, der mir im Leben fehlte, durch einen Partner zu finden. Heute engt mich der Gedanke, nicht mehr alleine sein zu können, ein. Vielleicht hat sich mit diesem Beschluss, den ich nach der Trennung von Pano traf, endgültig mein Naturell, meine Sehnsucht, ein Cowboy sein zu wollen, Bahn gebrochen: Nur wenn ich nicht festgehalten werde, kann ich glücklich sein.

Die bunte Regenjacke der weinenden Frau ist schon hinter der nächsten Wegbiegung verschwunden. In dem Moment schätze ich mich sehr glücklich und gehe in das Haus zurück.

7

Camus sagt, es gibt im Leben eine große Anzahl kleiner Gefühle und eine kleine Anzahl großer Gefühle. Pano war ein großes Gefühl. Vielleicht muss ich ihm dankbar dafür sein, dass er nicht mit mir zusammengeblieben ist. Ich überwand die Trauer mit der Zeit und lebte das Leben in Berlin weiter.

In dieser Zeit kehrte mein Bekannter aus Mexiko zurück, und ich musste aus der Wohnung raus. Ich fand durch Zufall wieder in der Schlüterstraße eine Ein-Zimmer-Wohnung in einem Gartenhaus, packte meine Taschen und zog ein.

Das Abitur rückte näher. Ich lernte für Biologie und schleuderte meine Bücher durch die Wohnung, weil ich es nie schaffte, das empirische Experiment am Pawlowschen Hund so zu erklären, dass ich es verstand. Ich spazierte zum Teufelsberg, um dort geschichtliche Ereignisse auswendig zu lernen, und genoss dabei den Sonnenuntergang hinter West-Berlin. Kurz vor dem Abitur sollte jeder im »Politische Weltkunde«-Unterricht erläutern, wie seine Pläne fürs Studium aussahen. Als ich an der Reihe war, kam mir die Lehrerin zuvor und meinte: »Louise, ob aus Ihnen jemals was wird, weiß keiner.«

Und dann kam das Abitur. Es war wie ein Spuk, und ich erinnere nur, dass ich in der mündlichen Biologieprüfung beim Erläutern des Paarungsverhaltens der Schwanzmeisen konsequent von der Schwarzmeise sprach. Ich bestand. Die Lehrerin dachte sich womöglich: Ach, lass sie doch mit einer Vier gerade so durchkommen. Die wird's Abi eh nicht mehr brauchen können.

Nach den Prüfungen schnitt ich meine Haare von Kinnlänge mal wieder ganz kurz ab. Meine Eltern kamen zur

Abiturfeier aus Zürich angereist. Es war ein unglaublich stürmischer Sommertag.

Nach langen Reden in der gestauten Hitze des hell erleuchteten Aularaumes nahm ich von meinem Deutschlehrer das Blatt Papier entgegen. Er sah mich in diesem Augenblick wohlwollend an. Ich hatte etwas gut gemacht – zum ersten Mal in meinem Leben etwas zu einem Ende gebracht. Ich glaubte auf dem Rückweg zu meinem Stuhl zu schweben. Für Sekunden war da tatsächlich so etwas wie Genugtuung. Gleichzeitig wollte ich sofort meine Koffer packen und in die große weite Welt ziehen, um endlich meinen Traum zu leben. Ich dachte nicht über Studium oder Universität nach, mir war völlig klar, dass ich niemals, nie wieder irgendeine schulähnliche Einrichtung betreten würde. Ich wollte leben, arbeiten, etwas bewegen, handeln, mich nützlich machen.

Als die anderen Schüler meiner Stufe zu tanzen und zu trinken anfingen, verließ ich den Abiball. Ich hatte keine Lust zu feiern. Ich verabschiedete mich von den Lehrern und wollte mich nie mehr umsehen.

Wenn ich heute zuhöre, wie andere in guter Erinnerung von ihren Schulzeiten erzählen, stelle ich fest, dass ich keine einzige gute Erinnerung an die Schule habe. Ich habe keine Freunde, die mir aus dieser Zeit geblieben sind.

Für mich war das Abitur kein Abschnitt, nichts, worüber ich mich freute, weil es mir Türen öffnete. Ich war nur darüber erleichtert, was die Bildung anging, endlich Ruhe zu haben.

Berlin blieb hart. Die Härte hob allerdings die Härte auf, die ich mir selbst entgegenbrachte, und so war ich mit der Stadt wieder in Einklang und blieb.

In Zürich fühlte ich mich fremder als jemals zuvor. Keine vier Tage hielt ich es in dieser Zwangsjacke aus, dann bekam ich Erstickungsanfälle und musste weg. Wie herrlich erschienen mir dann die riesigen Straßenschluchten Berlins, die zweispurigen Straßen, die abgefuckten Ecken, die vollgepinkelten Treppenhäuser, die stinkenden U-Bahnhöfe. Ich liebte es. Nun war ich es, die Netzstrümpfe trug. Wenn ich in Zürich war, erntete ich entrüstete Blicke, wenn ich die Kellner zu direkt anging. Statt: »Ich hätte gerne«, sagte ich: »Ich will!«, und das wurde in Zürich als grobe Unhöflichkeit empfunden. Da alle alles schon *haben,* kann in dieser Stadt niemand noch etwas *wollen.*

In Zürich kam ich mir immer schmuddelig vor, egal, was ich anhatte. Ich fühlte mich schäbig und schlecht frisiert im Gegensatz zu den perfekt gekleideten und abgerichteten Ehefrauen. Zürich setzte eine Messlatte, die ich nie würde erreichen können. Und nie werde ich in dieser Stadt das Gefühl los, dort vorgezeigt zu bekommen, was ich *nicht* geschafft, *nicht* erreicht habe.

Berlin verdanke ich viel Schmerz, aber ich verdanke dieser Stadt auch den Raum, den ich gebraucht habe, um mich zu entfalten.

8

Am Montag versorgt Francis nach unserem letzten gemeinsamen Ausritt vor meiner Abreise die Pferde, und ich hole Mittagessen im Country Store. Alison, eine der Köchinnen und Bedienungen dort, steht am Tresen und kritzelt mit ihren zarten, fast dürren Fingern meine Sandwich-Bestellung auf einen grauen Papierzettel. Sie schmiert Senf auf die Brotscheibe und fragt, wie es mir geht. Ich sage – und in Vermont entspricht es immer der Wahrheit –, dass es mir sehr gutginge. Sie scheint sich zu freuen und meint feenhaft lächelnd, hier sei das kein Wunder. Sie belegt die Brotscheiben mit Aufschnitt und Käse, stapelt Gurken und Tomatenscheiben aufeinander, schmiert für Francis noch Meerrettich aufs Roastbeef und wickelt die Brote dann in Wachspapier ein.

Da kommt Jim mit einigen mir unbekannten Männern herein und setzt sich. Er grüßt, ich grüße. Ich nehme Papierservietten vom Stapel. Ich wüsste jetzt nicht, was ich sagen könnte, um am Gespräch der Gruppe teilzunehmen. Jim redet mit den anderen über einen Käfer, der die Nadelbäume befällt. Es klingt, als seien gerade alle damit beschäftigt, die befallenen Bäume zu fällen und zu verbrennen. Dann meint ein anderer, dass er gestern auf der Baustelle am Fletcher Hill den großen Radlader in den Schlamm gefahren habe und zwei weitere Fahrzeuge benötigt wurden, um ihn rauszuziehen. Ich drehe mich, die Papierservietten in den Händen, noch mal um, aber die Männer bilden eine solch geschlossene Einheit, dass ich wieder wegschaue.

Und da überkommt mich das Gefühl: Ich werde nie ein Vermonter sein können. Ich werde hier nie »für immer« bleiben können. Ich bin ein Besucher und werde früher oder später weiterziehen müssen.

Alison räuspert sich zart. Sie reicht mir die Brote. Ich nehme alles dankend entgegen, lege es in einen Pappkarton und gehe zum Kühlschrank. Ich habe Jim im Buchladen *Die Aufzeichnungen eines Jägers* von Iwan Turgenjew auf Englisch bestellt und hoffe, dass ich sie morgen abholen kann. Die eiskalten Wasserflaschen in der Hand, nicke ich ihm zu. Er nickt zurück.

Ich versuche zu erwägen, was Jim erwidern würde, wenn ich sagte: »Jim, ich bewundere deine Art zu leben, und ich möchte mit dir durch die Wälder streifen. Ich will so sein wie du.« Ich senke meinen Blick – es ist nicht möglich. Doch was nur müsste ich tun, um einer von ihnen zu werden?, frage ich mich. Und mir wird klar, dass, solange ich auf Birch Hill lebe, ich immer eine Fremde bleiben werde. Ich muss mein eigenes Land finden. Noch ist es die Angst, die mich hier festhält, die Angst, mich meiner eigenen Vorstellung vom Leben in der Natur zu stellen. Schließlich muss ich mit diesem Leben ganz von vorne anfangen. Doch wenn ich wirklich frei sein will, muss ich zurück an meine Basis und mich dort weiter mit dem Gedanken beschäftigen, selbst auf einer Farm zu arbeiten und vielleicht auch irgendwann meine eigene Ranch zu gründen.

Es könnte so einfach sein, hier in Vermont. Doch hier stellte sich mir immer die Frage: »Und, wie lange bleibst du?« Ich will kein Gast mehr sein, ich will mein eigener Herr werden.

Spät am Abend sitze ich im Wohnzimmer und blättere durch das Farmbuch. Es verspricht mir die Apfelblüte im Frühsommer, die Sonnenaufgänge, die lange Gesundheit durch die Arbeit an der frischen Luft, es verspricht einen langsamen, aber steten Gewinn, und es verspricht viele Geschichten.

Es warnt mich vor Klapperschlangen, vor Parasiten und Würmern, die meine Ernte vernichten, es warnt mich vor den Wölfen, die meine Kälber zerreißen, vor Unwettern, die meine Weiden überschwemmen, und vor Stürmen, die meine Elektrizität lahmlegen.

Aber wenn ich all das nicht suchen würde, hätte ich die Schweiz nie verlassen.

Und ich weiß, dass ich es irgendwann sehen werde – mein Land.

Epilog

April 2012. Ich bin nach Montana gekommen, um all die Gedanken, die sich in den letzten fünfzehn Jahren in mir aufgestaut haben, endlich freizulassen. Mit dem Wissen darüber, dass nicht nur dieses Buch, sondern auch meine Reise an einem Ziel angekommen ist, fahre ich endlose Meilen über die Highways, über Pässe und sanft geschwungene Hügel, durch die weiten Täler einer scheinbar unendlich großzügigen Welt. Ich fahre an alten Holzscheunen, die umringt sind von verwitterten Holzzäunen, und an Herden von wilden Hirschen und domestizierten Rindern vorbei. Ich verfolge die Bäche und Rinnsale in den riesigen Weiden, die sich wie fruchtbare Adern glitzernd durch die stumpfen, goldenen Wiesen schlängeln. Ich höre *Vinyl Classics* im Radio und singe die Lieder mit, die ich kenne und liebe. Eine große Zufriedenheit umfängt mich, und ich weiß, dass ich dieses Gefühl von dem Ort, an dem ich lebe, nicht kenne. Meine Suche nach einer Ranch, auf der ich würde leben und arbeiten können, führt mich von Bozeman nach Missoula.

Einige Meilen östlich von Missoula holt mich Mike mit einem grünen Chevrolet Truck aus den Fünfzigern ab. Er nimmt seine Sonnenbrille von der Nase, er kann kaum älter als ich sein, hat einen kurzen roten Bart und trägt ein Käppi. Mike arbeitet für die Mungas Ranch. Sie ist seit vier Generationen im Besitz der gleichen Familie. Nach dem Tod des Vaters führen die Söhne das Geschäft weiter.

Mike hat seine beiden Hunde dabei, sie stehen, freudig mit dem Schwanz wedelnd, auf der Ladefläche des Trucks und sind erpicht darauf, gleich über weite Wiesen zu rennen. Von dem klitzekleinen Hotel an der Broadway Street im nächsten

Ort, wo ich für die Nacht unterkomme, zur Mungas Ranch sind es zwanzig Minuten. Ich steige auf die Sitzbank und knalle die Beifahrertür zu. Sie ist von innen mit grünem, abgewetztem Leder bezogen. Mike startet den Motor. Sofort kommen wir ins Gespräch, während ich in meinem Seitenspiegel die Köpfe der Hunde betrachte, die ihre Schnauzen beglückt in den Fahrtwind halten. Ich erzähle Mike, wo ich herkomme, und empfinde gleichzeitig, wie fremdartig das Wort »Berlin« hier in meinen Ohren klingt. Auf einer Ranch zu arbeiten sei ein Kindheitstraum von mir, füge ich hinzu. »Ich kenne mich mit Pferden aus und kann gut und gerne kochen.«

»Solltest du nach diesem Besuch tatsächlich wiederkommen, finden wir Arbeit für dich – keine Sorge«, lacht Mike. Mein Herz macht einen Sprung. Dann nennt mir Mike die Namen der Besitzer der drei Working Cattle Ranches, die wir passieren. Riesige Ländereien sind es, deren Zaungrenzen sich weit ins Tal hinein erstrecken. Die Gebäude sind aus Holz, und man erkennt, dass sie hier seit hundert Jahren Wind und Wetter standhalten. Die Kälber liegen zu Füßen ihrer Mütter, die Sonne scheint auf ihr glänzendes kohlschwarzes Fell. Pferde stehen im Gras und dösen, andere halten ihre Köpfe hoch oder kratzen sich gegenseitig den Mähnenkamm.

Wir fahren vorbei an den kilometerlangen Bewässerungsanlagen, die die Felder kreisförmig mit Wasser besprühen. Sie laufen wie die Arme eines Zirkels auf Rädern und werden von einer zentralen Wasserpumpe versorgt. Die Straße zieht sich endlos dahin, der Truck schnurrt gemächlich nach Westen, Mike hört Countrymusik.

Wir biegen von der Straße nach rechts ab, und dort sehe ich die Gebäude der Ranch am Fuße eines Hangs. Sie stehen beisammen wie Häuser eines kleinen Dorfs. Die gut präparierte Schotterstraße führt uns durch die Weiden.

Und dann stehe ich da, irgendwo in Montana, und weiß, dass ich es gefunden habe. Auf den mit trockenem Gras bewachsenen Hügeln sehe ich das Weideland der Pferde. Der Zaun markiert eine Grenze, die vor hundertfünfzig Jahren gezogen und seither nicht angerührt wurde. Ich stehe vor den alten Scheunen, der Schmiede, dem windschiefen Wohnhaus mit einer erhöhten, umlaufenden Veranda, auf deren Geländer ein bunter Quilt zum Trocknen hängt und Blumen in Töpfen stehen. Der Holzzaun des Korrals, der nahe den verwitterten Unterständen für die Pferde aufgebaut ist, ist von Wind und Wetter grau und zersplittert, aber er steht da, so wie ihn der Urgroßvater damals in den Boden gerammt hat, als er mit Pferd und Karren und ein paar Rindern in dieses Tal einzogen ist.

Das Sonnenlicht bricht durch die Wolken, die von Südosten her aufziehen und aussehen, als brächten sie Regen oder Hagel. Der Wind ist warm, die Luft ist wie Quellwasser, und kein Geräusch dringt an mein Ohr, da ist nichts, nur die Topographie der Welt vor meinen Augen.

Mike will mir einen Teil des Farmlandes zeigen. Er meint, wir müssten die anderen Mitarbeiter auf den oberen Weiden antreffen, da dort die Rinder gerade vom Nachbarland wieder aufs eigene getrieben werden. Man einige sich hier mit seinen Nachbarn auf Weidemieten – mal grasen die Rinder oder Pferde auf dem eigenen, mal auf dem Land eines anderen. Wir fahren in den Wald und in die Hügel hinein, die sich bis auf 2000 Meter über dem Meeresspiegel erheben. Das ganze Land ist Teil der Ranch. Oben auf einem Plateau, wo wir aussteigen, kann ich kaum glauben, was ich sehe. Hier ist mein Platz. Hier fühle ich mich befreit. Ich sehe die schneebedeckten Gipfel der Saphire Mountains im Westen, dazwischen Land, Land, so weit das Auge reicht. Wir hören nichts, wir sehen niemanden, und es geht kaum ein Windhauch. Mit meinem Fernglas suche ich die Hänge nach Elchen ab – und siehe da! Gegenüber in einer Senke liegt eine Herde von mindestens siebzig Tieren im Gras beisammen. Sie versammeln sich gerne auf Anhöhen, von wo aus sie einen guten Überblick haben. Ich senke mein Fernglas. Mike meint, dass die Elche ihr Winterfell verlieren und man sehen kann, dass sie am ganzen Körper noch schwarze Haarbüschel haben. Er beschreibt mir die hustenden Geräusche, die sie machen, und spricht von dem strengen Geruch, den die Tiere verströmen. Dann meint er, der Wind stünde gut für uns, wenn wir Glück hätten, könnten wir näher an sie heran.

Ich spähe hinaus in die Grenzenlosigkeit und spüre die Realität, das Wahre und Göttliche, das mir keine Religion, kein Mensch, keine Lehre vermitteln kann – was ich nur in der Natur finde. Und ich bin ein Teil dieses Ganzen.

Neben dem Gefühl totaler Faszination und uneingeschränkten Glücks verspüre ich die Verzweiflung, die Trauer darüber, noch in einem Lebensentwurf festzustecken, der nur auf Gewohnheiten, auf dem berechenbaren Alltag beruht.

Ich versuche mein Leben zu rekapitulieren und den Gehalt dieses ständigen Drangs nach Freiheit, nach diesem Cowboyland, zu begreifen. Seit ich vierzehn bin, verfolge ich diesen Traum, strebe an dieses Ziel, und nun bin ich da. Ich bin am Ende der Suche nach diesem Gefühl, das ich in diesem Augenblick verspüre.

Mein Leben ist nichts als eine Geschichte, nichts anderes als das, was alle anderen Menschen auf der Welt genauso besitzen. Ich habe nichts, was mein Leben außergewöhnlicher macht, ich habe nur dieses zehrende, riesige Verlangen danach, das Leben zu führen, das mir entspricht.

Wir beschließen, uns den Elchen zu nähern, und fahren über die Wiese wieder den Berg hinunter. Wir erklimmen einen Hang, und kaum sind wir auf der Kuppe angekommen, ergreifen unter uns siebzig Elche die Flucht. Sie galoppieren keine hundert Meter vor unseren Augen über die Hochebene Richtung Waldgrenze. Mit stockendem Atem verfolge ich die Tiere mit meinem Fernglas. Manche Bullen mit breiten Geweihen bleiben stehen, wenden sich nach mir um und galoppieren dann weiter. Lautlos und spurlos verschwindet die Herde im Dickicht des Tannenwaldes. Siebzig Tiere sind wie vom Erdboden verschluckt. Fassungslos lasse ich mein Fernglas sinken.

»Tja, weg sind sie …«, sagt Mike lachend. Dann schaut er mich an, hebt seine Augenbrauen und stellt fest: »Ist das nicht herrlich: Wir haben heute mehr Elche als Menschen oder Autos gesehen!«

»Das ist wunderbar«, gebe ich ihm recht. »Ein Tag, an dem ich mehr Elche als Menschen sehe, ist für mich ein perfekter Tag.«